Director de la colección: Jenaro Talens

Antonio Holguín

PEDRO
ALMODÓVAR

SEGUNDA EDICIÓN AUMENTADA

Cátedra
Signo e Imagen/Cineastas

Diseño de la colección: Manuel Bonsoms

Documentación gráfica de cubierta:
Abanico y *Carteles y retrato del director,*
de Antonio Holguín

Collages y pinturas: Antonio Holguín
Fotos de collages y pinturas: Juan Carlos Nieto

© Antonio Holguín
© Ediciones Cátedra, S. A., 1999
Juan Ignacio Luca de Tena, 15. 28027 Madrid
Depósito legal: M. 35.924-1999
I.S.B.N.: 84-376-1274-8
Printed in Spain
Impreso en Fernández Ciudad, S. L.
Catalina Suárez, 19. 28007 Madrid

A mis padres y a mis hijos

Agradecimientos

Este trabajo no hubiera sido posible sin la ayuda desinteresada prestada por: Agustín Almódovar, amigos y compañeros (incontables), Bar «Lamentable», Bernardo Bonezzi, Discos «Tabú Records», Fernando Martín Martín, Fernando Pérez Caroco, Hemeroteca de Sevilla, Javier Hierro, Olga Florido, Juan Carlos Nieto, Jefes de Prensa de: «Alphaville», «El Deseo», «Iberoamericana», «Fígaro Films», «Tesauro», «Warner Española», Laboratorio de Arte-Universidad de Sevilla, «Nueva Música», Rafael Utrera Macías, «Record Sevilla», Manuel Martín Summers, Carmen Summers y Ángel Hernández.

Introducción

Al enfrentarnos a este estudio, nos hemos encontrado con no pocas dificultades; debido, en primer lugar, al éxito del director, que nos imposibilitó poder entrevistarle, y, en segundo lugar, la inaccesibilidad a sus primeros trabajos, que no han llegado al gran público.

Sin embargo, su proyección internacional a varios niveles ha hecho que intelectuales, periodistas y críticos se interesen por su obra.

Este éxito internacional, junto con las coordenadas cinematográficas que el director nos presenta, lo han convertido en un soplo de aire fresco para las adormecidas pantallas de todo el mundo.

Su obra, fiel reflejo de la sociedad actual, de cierta representatividad generacional, su personal narrativa, su estética *pop,* la elección de sus actores, así como la temática, han hecho de él uno de los realizadores más originales e inteligentes de la década.

La trayectoria de Almodóvar como cineasta arranca del teatro, y sus inicios en el mundo del celuloide, inspirados en el *underground* americano, así como en el fenómeno conocido como *new wave,* son los nutrientes de su mundo, de los que de alguna manera toma formas, expresiones y contenidos.

Admirado por unos, criticado por otros, sus películas son *cult movie* en Los Ángeles, desde donde Wilder dijo: «Ya puedo morir tranquilo, porque sé que tengo un sucesor»[1]. Ante estas expectativas, a la hora de elaborar este estudio tenemos que rendirnos ante la evidencia del «genio» y su obra creadora, al que Diego Galán definió como «la esperanza del cine español, un director con toques de "genio"»[2].

¿Estamos, pues, ante un «genio»?

Si analizamos su obra, influencias e incluso su proyección en la sociedad, como basta comprobar, resulta aún más paradigmática la utilización del lenguaje almodovariano como norma general en todos los estamentos de la misma, o su influencia en todos los niveles cinematográficos, donde la repetición de situaciones, *gags* y personajes nos retrotraen a la obra del realizador.

Por otro lado, aparece Almodóvar como personaje público. Cuando concede una entrevista, o aparece en algunos de los medios de comunicación, resulta tan agradable de ver u oír como una película suya, ya que salpica su presencia de ocurrentes y originales frases, que llegan a fagocitar al entrevistador y a la propia audiencia.

Tendríamos que detenernos a pensar que el director además controla todo lo relacionado con sus películas: música, decoración, luz, guardarropía, *atrezzo,* etc. Y que aun sin hacer *story-board* es un polifacético autor.

[1] Nuria, Vidal, *El cine de Pedro Almodóvar,* Ediciones Destino, Colección Destinolibro, vol. 285, Barcelona, 1989, pág. 396.
[2] Diego Galán, crítica del film *Pepi, Luci, Bom y otras chicas del montón, El País,* 25 de marzo, Madrid, 1981, pág. 35.

Por ello nos ocupamos de él como personaje único que puede desdoblarse y, en un momento dado, acaparar las funciones de todos sus colaboradores con el fin de encontrar su propio estilo. Entregándose sin reservas a trabajar sobre una idea personal, que no le impide en algún momento desarrollar o abortar, según obliguen sus circunstancias creadoras.

El hecho de filmar un mundo cercano a nosotros, que conocemos, que nos es afín, y recreado de una forma peculiar y única hasta ahora en el cine, hace que nos refiramos a él como «genio» retratista de la sociedad que nos ha tocado vivir de una forma cercana, sin miedos, con entereza, y con una representación antimarginal, que hace que lo más inverosímil resulte creíble.

No es, pues, aventurado, definir su cine como «un cine sin etiquetas». Aunque en su conjunto sea un conglomerado de influencias, éstas quedan asimiladas al convertirse en un estilo propio, paradigma de todas las vanguardias, con una mezcla, que a veces estremece, y una narración inclasificable dentro del mundo de la cultura.

Es, claro está, un cine nuevo, que conlleva en sí mismo una nueva forma de acercarnos a nuestra propia realidad. No podemos, por una cuestión obvia, pasar por alto su formación autodidacta, puesto que el director no ha pasado por ninguna escuela de cine, lo que, sin embargo, resulta en su caso una ventaja más que un inconveniente, ya que no ha sufrido una imposición academicista que condicione su forma de ver el cine. Así, film tras film, ha sabido mezclar con inteligencia su propio yo con su obra.

Comenzando desde cero hizo películas increíbles por su temática e ingenio, y él mismo, según sus espectadores (un reducido grupo de amigos), ponía voz, música y mímica. Comenzando su carrera como los pioneros del cine, llegó a su cenit con una alta comedia al estilo de las clásicas americanas, ejecutando, por decirlo así, los pasos más indicados hacia una meta: su consagración como cineasta universal.

La manera de comenzar su idilio con el cine no es nada casual, puesto que hacer cine en España, aparte de difícil, es una tarea de titanes, donde tanto la Administración como las productoras no apoyan el cine español.

Sin embargo, su comienzo no deja de ser original. Digamos que, como su trayectoria, personalidad y temática, sus últimas películas parecen como un reconocimiento por parte del público y de la crítica a su labor, continuidad y perseverancia.

La obra de Almodóvar sería, pues, como una «Kore» griega que termina en «Victoria de Samotracia», porque ¿no es su éxito internacional una victoria ante aquellos detractores que tachaban su cine de rudimentario, torpe y perpendicular? Es cierto que un director de cine necesita conocer de antemano la técnica y el lenguaje cinematográfico en su totalidad para expresar toda su simbología; sin embargo, saltando las propias leyes de la técnica, creó su propio mundo expresivo y citando sus propias palabras: «he ido aprendiendo película tras película, aprendiendo la técnica poco a poco, pasando de ejes y utilizando el "travelling" y el plano picado según convenía a mi historia»[3].

La factura técnica ha sido para el director un lastre en su carrera, pues muchos críticos, a los que su cine produce miedo, se escudan en buscar imperfecciones técnicas e ignoran una libertad creadora que con el tiempo ha formado parte de su estilo, elemento fundamental en su obra.

La perpendicularidad, referida a sus personajes secundarios, sería otro de sus defectos en cuanto al ritmo de su línea narrativa, pues es obvio que estos personajes diluyen la historia y nos alejan de la temática central, pero no cabe duda de que aun así sus personajes secundarios tienen su propia identidad, por otro lado algo frecuente en la literatura y el cine cuando se ocupan de géneros como el de la comedia.

Este tono coral de su cine, como sabemos, no es nuevo. Berlanga y Bardem fueron los primeros que en España visualizaron una historia coral, puesto que siempre hay personajes e historias paralelas a nuestras vidas que se atraen

---

[3] Nuria Vidal, *op cit.,* pág. 67.

o se repelen. Este tipo de cine es además un reflejo del carácter social del propio Almodóvar, siempre rodeado de una tribu que ha marcado su vida y su obra, llevándolo a la formación de su propia «Factory», emulando a Andy Warhol.

Si situamos al personaje en su contexto vital, rodeado de toda clase de personajes asociados a la llamada «movida madrileña», entenderemos fácilmente cómo el director ha adquirido ese carisma de creador, traspasando a la pantalla su propio entorno artístico, vital y social.

Esta causa es el motivo por el cual una parte de la crítica le califica de «moderno» con cierto aire desdeñoso. Sin embargo, su significación es compleja cuando se refiere al «*corpus* almodovariano», puesto que éste refleja una sociedad en continua evolución.

Esta traslación a la pantalla reviste en él unas coordenadas muy peculiares, puesto que presenta personajes y situaciones marginales de una forma natural. Exposición sabiamente dosificada que causa en el espectador complicidad, risas, angustia, y, en muchos casos, una identificación con las historias y los personajes que lo han convertido en el cineasta más contemporáneo. Motivos por los que hemos decidido analizar en profundidad su obra, como paradigma de algo nuevo, distinto, con valor intrínseco tanto cinematográfico como social y artístico.

El escaso, por no decir nulo, material bibliográfico fiable sobre el autor, nos hace más ardua la labor, al tener que compartir o rechazar opiniones y teorías en torno a la figura y la obra del director; sin embargo, jugamos con una baza importante: su difusión internacional, que ha hecho derramar ríos de tinta en todo el mundo periodístico y revistas especializadas, y, sobre todo, su obra, testigo incuestionable al estudiar a un director coherente dentro de su trayectoria.

El método más racional para llegar a la total comprensión de su obra tendrá que pasar forzosamente por estudiar su mundo a través de su propia vida, su entorno social, económico, político y religioso, para comprender las constantes que pueblan su creación cinematográfica.

El llamado «cine de autor» últimamente desprestigiado,

aunque cuestionada su vigencia en el Festival de Cine de Venecia de 1990, es un derecho por el que abogamos, *a priori,* y que tiene todo artista para llevar a cabo una obra personal, y en el caso que nos ocupa intentaremos demostrar su validez.

En ningún caso Almodóvar ha admitido intromisiones en su mundo. Sus películas son pensadas, imaginadas y llevadas a la práctica, desde el guión hasta su realización, por él mismo, sin intromisiones intelectuales ni estilísticas, aun contando con colaboradores que, en su caso, al ser afines a su mundo, lo engrandecen.

Estos antecedentes constatan que estamos ante un gran creador, en todo el término de la palabra; por ello nuestro método tendrá una triple vertiente, que nos llevará a comprender su obra en toda su extensión:

1. Perfil biográfico.
2. Análisis.
3. Documentación.

Los tres caminos, cada uno en su contexto, nos llevarán a la total comprensión de la obra almodovariana, pues la unión de los tres es la consecuencia y el fin de una obra creativa, de modo que no podemos separar uno de otro para comprender su filmografía en su totalidad.

En primer lugar, realizando una introspección profunda de su contexto sociológico y vital, parcela determinante en la proyección de su obra al ser un autor creativo, su experiencia personal o biográfica determina actitudes, pensamientos y situaciones de muchos personajes de su filmografía, pues cualquier autor al enfrentarse al germen de lo que va a ser su obra experimenta, en soledad, la necesidad de introducir en ella su propia realidad, deseada o vivida, llegando a plasmar inconscientemente parcelas de su vida, y cuando es consciente, resulta todavía más obvio confirmar lo anterior.

Esta actitud viene dada por la no injerencia exterior de un tema ajeno a su yo, ya que Almodóvar es un realizador contemporáneo, que no ha sucumbido hasta ahora a la tentación de las adaptaciones literarias, como Aranda o la mayoría del cine español actual, donde la falta de guionistas e historias multiplica las adaptaciones literarias, como Luis Buñuel. Sin embargo, al citar a Buñuel, no debemos pasar por alto que, al ser un surrealista total, la novela base de la película queda transformada, pasando a cobrar una nueva vida en sus manos.

Almodóvar, tomando la esencia española del surrealismo, ha seguido de alguna forma los pasos de Buñuel. Inspirándose en *La voz humana* de Jean Cocteau, la utiliza para hacer un estudio sicológico de sus personajes; tanto en *La ley del deseo* como en *Mujeres al borde de un ataque de nervios,* elemento narrativo que ahuyenta sus fantasmas personales, ya que Almodóvar trabajó durante varios años en la Compañía Telefónica. Esta doble interpretación es una característica que le acerca al Buñuel de *Nazarin,* inspirada en Galdós, y a *Belle de jour* de Joseph Kessel. Esta unión de la novela como guión con el mundo subjetivo del adaptador sería, pues, una herencia surrealista. La intención del director de adaptar obras de Bowles y Ruth Rendell seguirán, pensamos, esta doble interpretación.

Este mundo interior es un volcán apagado que estalla al entrar en contacto el director con su obra. Su *modus vivendi* refleja todo su mundo cinematográfico, un hombre que refleja la década de los 80 y la inmediatamente anterior. No le interesa otro mundo que descubrir, es un testigo de nuestra época y, como tal, la transfiere a la pantalla, ya que su preocupación es el *hinc* y el *nunc,* por lo que es considerado el «director más contemporáneo de nuestra época», por críticos, periodistas e intelectuales de todo el mundo.

Y ahondando un poco más, ¿qué sería para un pobre niño aldeano el descubrimiento del cine, donde la representación le resulta totalmente inalcanzable? ¿Qué paradoja para él haberse convertido en un ídolo de Hollywood y el único realizador de la historia del cine español que estrena comercialmente en todo el mundo?

Vida y obra llevadas al paroxismo, un investigador de nuestra época, un testigo ocular de nuestro mundo, un autodidacta que no se adscribe a modos y a modas, un expositor del mundo que nos rodea, que no se inclina ante productores ni ante la Administración, antes bien, la utiliza en su beneficio cuando le interesa, prefiriendo incluso trabajar con problemas económicos que aceptar las imposiciones de un productor, como ha ocurrido con la proposición por parte de Hollywood de rodar la segunda parte de *Mujeres...,* que será dirigida por Herbert Ross, o el caso de *Átame,* de la que los americanos compraron sus derechos durante el rodaje aun sin haber visionado ni una parte de la cinta.

Estamos ante un genio del siglo XX, consciente, inteligente, con un bagaje cultural propio que no admite imposiciones ni intromisiones en su obra. Así, obra y vida aparecen entremezcladas; una es consecuencia de la otra, y en su filmografía las películas corren paralelas a su circunstancia personal, de manera que no la podemos concebir separadamente. Esta circunstancia, constante en otros artistas, es el síntoma que diferencia al genio del mediocre; tanto Buñuel como Picasso nos ejemplifican esta teoría.

En todos ellos hay signos que nos llevan a agruparlos, que les son comunes, llegando cada uno de ellos a la creación de su propio estilo, resultando, pues, maestros en su oficio, donde su obra alcanza la categoría de arte, y, en palabras de Hegel: «cuando una obra es original, está pensada como innovadora y no se parece a ninguna, es una obra de arte»[4].

Si hay unas coordenadas mediante las cuales medimos la importancia de una obra personal, todas confluyen de forma general en el corpus almodovariano. El problema de la inspiración como fuente creadora, que ya se encontraba en Grecia, no deja de tener su importancia, puesto que todos los autores se han visto influenciados por ella, o por lo menos ha sido el motor impulsor que les ha llevado a la realización de sus grandes obras.

Veamos, pues, la relación musa-creador.

Cronológicamente, el primer autor que nos cita la inspira-

---

[4] Hegel, *De lo bello y sus formas,* Colección Austral, Espasa-Calpe, número 594, Madrid, 1969, pág. 97.

ción como musa es Hesiodo en su obra *La Cosmogonia*. A partir de aquí, y a lo largo de la historia, muchos han sido los autores inspirados o fortalecidos por alguien o por algo a la hora de materializar su obra. Reconocido por ellos o no, es un hecho evidente que no podemos obviar.

También es un hecho indiscutible la inspiración estimulante y catalizadora de la sociedad en sus distintos estamentos: religión, política, economía, etc., llevando al artista a expresar y comunicar todo su mundo interior, ya sea con una cámara (caso que nos ocupa), un libreto, un lienzo o una hoja de papel.

La relación musa-creador, aunque discutida, tiene una base real; de lo contrario, ¿qué hubiese sido de Dalí sin el surrealismo o sin Gala?, ¿de Picasso sin la guerra civil o sin Jacqueline?, ¿de Saura sin el franquismo o sin Geraldine?, o ¿de Almodóvar sin la «movida» o Carmen Maura?

La musa o inspiración supone para un creador la ruptura o cambio de una obra personal, ya que, en muchos casos, el rompimiento personal de musa-creador provoca también un cambio en su propia trayectoria creativa. Pensemos, pues, en Nietzsche y Lou Salomé, llevando al filósofo a un tiempo al máximo apogeo de su pensamiento y a la locura; o Saura, cuya obra ha sufrido un apreciable cambio desde su separación de Geraldine Chaplin, que incluso llegó a colaborar en varios guiones, y, cómo no, Almodóvar, que ha sufrido un proceso de cambio desde su ruptura con Carmen Maura y su éxito internacional.

Esta inspiración, negada por muchos autores al considerarla negativa para su proyección exterior, es como podemos ver una realidad tangible. En el caso que nos ocupa, Carmen Maura fue el motor que lanzó al director para realizar su primera película comercial; a partir de aquí, la comunicación entre ambos fue estrecha, tanto personal como profesional, de modo que no había guión donde el director pensase dar un papel a la actriz, y, aunque fuese episódico, ella lo aceptaba. Maura ha participado en todas sus películas, exceptuando *Laberinto de pasiones* y las posteriores a *Mujeres al borde de un ataque de nervios*.

La relación ha sido tan profunda, y decimos bien, pues

últimamente prescinden de su mutua colaboración, que ha dado excelentes frutos y ha creado todo el mundo almodovariano, desde la «Pepi» de su primera película, a la «Pepa», de su última colaboración, pasando por «Sor Perdida», «Gloria» o «Tina», han sido los seres de una sociedad cambiante a los que la actriz ha dado todos sus matices, estableciéndose entre ellos y Carmen una lucha interior, llegando a distorsionar su propia realidad.

Tan estrecha fue la relación de ambos que el director con la visión que da el paso del tiempo afirmaba: «no podría ahora imaginar mis personajes con otra actriz; Gloria, Tina, Pepa, son en parte Carmen Maura»[5].

Esta breve exposición corrobora la importancia que antes apuntábamos sobre la relación musa-autor, hecho probado en el caso que nos ocupa, y que el director ha rechazado como fehaciente en continuas declaraciones.

La ambivalencia vida y obra van ligadas en el discurrir de este personaje, dedicándose durante los últimos años a difundir su obra por el mundo, encontrando una crítica totalmente dividida desde su primer estreno como realizador. Por un lado, entusiastas incondicionales, y, por otro, furibundos detractores. Estos últimos, no con mucha razón, echaban de menos una técnica depurada, a la vez que la frescura de los personajes les repelía.

En este punto tropezamos con la consabida disyuntiva de la objetividad o no de la crítica, tema que está siempre en el tapete de todos los cenáculos de la intelectualidad.

En realidad ser objetivo es difícil, ya que *a priori* hay factores personales que predisponen a una parte de los críticos hacia ciertos directores y películas que les lleva a encumbrarlos o a odiarlos, desconociendo, en parte, la función que deben cumplir dentro de la sociedad. Esta función, que debe limitarse a ser orientativa, aparte de relacionar y estudiar el asunto de que se trate, es sustituida en la mayoría de los casos por un cúmulo de simpatías o antipatías, dependiendo del autor y de la obra de que se trate.

---

[5] Nuria Vidal, *op cit.,* pág. 245.

Este eterno problema de la objetividad de la crítica será siempre un hándicap a la hora de enfrentarnos a un material fiable, ya que estamos estudiando a un autor actual del que se ha escrito muy poco. Tenemos que indagar en las hemerotecas para llevar a cabo nuestro estudio; por esta causa, hemos de detenernos en evaluar minuciosamente la función, alcance y objetividad de la crítica en la obra de un creador. No en vano, en los Cursos de El Escorial del año 1989, se dedicó un estudio al papel de la crítica en la sociedad actual.

La palabra crítica, que procede del vocablo griego *criticós,* pasó más tarde al latín como *criticus* y significa: el que juzga objetivamente. Esta acepción del vocablo no ha variado a lo largo del tiempo, pasando al castellano con su total significación. Sin embargo, ¿por qué está tan desprestigiada entre nosotros? Desde luego hay varias causas, entre las más importantes: la falta de objetividad, la escasa preparación intelectual y el desconocimiento de las obras que se analizan. Por esto el papel de la crítica ha dejado de interesar y no se considera fiable.

La frase «dentro de cada crítico hay un artista frustrado», no por tópica menos cierta, nos demuestra, en germen, el porqué de una crítica caduca, pacata, subjetiva y llena de errores. Muchos críticos han pasado tras la cámara, de forma que terminan por imitar a aquellos autores que detestan; sin embargo, existen excepciones, como había ocurrido con Truffaut, Godard desde *Cahiers du cinéma* o Fernando Trueba en *La guía del ocio de Madrid,* y que más tarde editó *Papeles de cine Casablanca,* que terminó por desaparecer.

Estos tres casos, modelos equiparables, aunque el caso de Trueba sea de menor calidad que aquél de Truffaut o de Godard, es el único caso que tenemos en España que se les asemeja. Truffaut comenzó como crítico y se convirtió en uno de los mejores directores del mundo; trabajando como actor para producirse sus propias películas, consiguió elaborar su propio estilo, e incluso como director consagrado retomó su papel de crítico en *Cahiers du cinéma.*

Godard representa la proyección teórica de un nuevo movimiento cinematográfico la *nouvelle vague,* que desde

Cahiers revolucionó el panorama del cine y al que éste le debe parte de lo que es. Crítico y teórico, presupone un modelo único en su género, aunando todos sus esfuerzos en un cine personal que es ya historia.

Fernando Trueba, el ejemplo español, saltó al panorama cinematográfico español con su película *Ópera prima,* lanzando un género llamado «comedia madrileña». Trueba, que pretendía emular a los franceses, terminó por cerrar su revista e intentar intelectualizar su cine, estrenando su película *El sueño del mono loco,* hecha con grandes medios y un plantel de actores internacionales, en el Festival de Venecia 89, pero no consiguió ningún galardón y pasó a la comedia con *Belle Epoque,* ganadora del Oscar a la mejor película extranjera en 1994.

Almodóvar, con la creación de su propia productora El Deseo S.A. y la editorial Kantimplora, gracias a la venta a los americanos de la distribución de *Mujeres...,* intenta lanzar a directores y literatos desconocidos.

Con el estreno de *Pepi, Luci, Bom y otras chicas del montón,* su primera película comercial, hubo opiniones para todos los gustos. Tachado de provocador por bienpensantes, reprimidos y reaccionarios, no repararon en condenar su cine, olvidando analizar la película y descubrir cuáles eran sus claves. De todas las críticas que recibió, pocas vieron en él la promesa de nuestro cine.

Muchos fueron los críticos que, ante la libertad que se encontraban en temas «tabú», se lanzaron con ahínco a destacar la torpeza técnica de la película, sin conocer la evolución ni los avatares que la rodearon hasta su total realización, y que en su caso es más un sello de estilo que una torpeza, como el tiempo ha venido a demostrar.

Sin embargo, esta actitud tiene su explicación. Un país que acaba de salir de una dictadura de derechas, con una prensa fascista, caduca, que todavía no ha perdido el miedo a llamar a las cosas por su nombre, ver en una pantalla situaciones y seres marginales supone un rechazo para una prensa anclada en el pasado, ignorante de la evolución del país y cerrada a todas las innovaciones que se estaban produciendo en todos los terrenos de las artes. Además, el hecho de enfrentarse a una temática considerada digamos «amoral», hace que el crítico desapruebe la película, tachándola de escandalosa, zafia, burda y terrible plaga que hay que exterminar.

Éste ha sido para Almodóvar el cáncer que ha minado su obra, y que lo ha llenado de detractores. El título de escandaloso le perseguía en cada película que estrenaba, a las que la Administración le negaba sistemáticamente subvenciones, pero que ha conseguido llevar a término. Paloma Chamorro le sugirió hacer un corto para su programa televisivo *La edad de oro;* Almodóvar aceptó y lo convirtió en publicidad para su película *¿Qué he hecho YO para merecer esto!* Este problema con la Administración lo zanjó Almodóvar con estas palabras: «Aunque ahora me han subvencionado una película, no pienso cambiar en absoluto mi temática; haré lo que me apetezca, por muy escandaloso que les resulte, porque yo no veo que mi cine lo sea»[6].

Seguido por el público de forma incondicional, cada película estrenada resultaba más y más exitosa, pero parte de la crítica seguía reprochándole defectos técnicos y narrativos. Incluso sus compañeros de profesión lo siguen boicoteando, pues si ya lo hicieron en los Premios Goya de 1988 lo siguieron haciendo en los 90, después de haber obtenido 30 nominaciones en dos años.

Imprescindible en cualquier *Semana de Cine Español* de cualquier parte del mundo, ha pasado por casi todos los Festivales Internacionales: Sevilla, San Sebastián, Nueva York, Venecia, Cannes, Los Ángeles, Berlín, etc., hasta llegar a las puertas del Oscar, lo cual supuso su reconocimiento internacional, llegando a acaparar en su mayoría todos los premios del año 1989 y el «César» del año 92.

A raíz de este éxito, la lluvia de críticas en todo el mundo ha sido enorme, siendo positivas el 90 por 100 de ellas, por lo que están proyectando toda su filmografía. Además de la proliferación de análisis y escritos, con la aparición en el

---

6 Paula Ponga, entrevista a Pedro Almodóvar, *Nuevo Fotogramas,* número 1.723, octubre, Barcelona, 1986, pág. 54.

mercado editorial de tres monografías dedicadas al realizador, han acercado su obra al gran público.

Todas estas circunstancias hacen que estudiemos a este polifacético personaje a través de todas sus manifestaciones. Nuestro objetivo será, pues, hacer un exhaustivo y coherente estudio que va desde su perfil biográfico y su paralelismo cinematográfico, para en el siguiente capítulo adentrarnos en las corrientes y autores que han influido o inspirado de algún modo la obra del director.

Los restantes capítulos se dedicarán a las constantes que pueblan su universo. A partir de ellos haremos una incursión en su peculiar mundo narrativo, demostrando su validez ante los riesgos de la improvisación, que de forma cronológica nos situará al cineasta en su propio contexto para llegar a demostrar su madurez artística.

Mención aparte merece el capítulo dedicado al arte, en el cual el realizador está inmerso desde sus inicios en el cine, suponiendo uno de sus rasgos más personales, como ocurre también con la música. Elementos que adquieren en sus manos una dimensión inusitada dentro del celuloide.

Terminaremos con una descripción de sus películas dentro de su adscripción a los más variados géneros. El epílogo, su discografía, su incursión en la literatura, presentaciones y premios, además de las letras compuestas por él para distintas canciones.

Por todo ello, acusamos su inteligencia de gran creador, que ha sabido conjugar la modernidad con el mundo clásico sin desvincularse de la cultura netamente española. Consiguiendo crear un nuevo estilo artístico lleno de tintes universales, razón por la que su cine es comprendido en todo el mundo, como ocurre con todos los demás artistas reconocidos a lo largo de la historia como innovadores, y a la postre clásicos. Recordemos a Fellini, Visconti, Buñuel, Monet, Woody Allen o Cervantes, y comprenderemos su importancia.

A modo de biografía:
Pedro Almodóvar, su vida y el cine

Pedro Almodóvar nace un 25 de septiembre de 1951 en un pueblo castellano, Calzada de Calatrava (Ciudad Real), el año de la realización de *El extraño viaje,* realizada por Fernando Fernán-Gómez, que asociamos concretamente con el propio director y algunos personajes femeninos que vienen a triunfar a la capital en el mundo del arte.

El personaje de Sara Lezana en la película de Fernán-Gómez, típico de la comedia negra española y el cine coral, toma nuevos tintes en manos del director manchego. Desde Kiti Manver, la andaluza que viene a la capital para triunfar en el mundo de la canción, pero a la que a su vez intentan prostituir, pasando por la Cristal de Verónica Forqué, la prostituta inocente que pretende triunfar en Las Vegas, hasta terminar en la Candela de María Barranco, la andaluza que vive del mundo de la moda y la publicidad, representan la huida hacia un mundo urbano que les promete la independencia, la fama y la gloria.

Tampoco deja de ser casual que el mismo año de su nacimiento se estrenase *Bienvenido Mister Marshall,* de Berlanga, fiel reflejo de una España de «charanga y pandereta» que espera con ilusión la llegada del capital americano que la salve de la penuria económica en que se encuentra desde la posguerra. Esta ilusión rota permite que el director se solace en la recreación de tipos y personajes característicamente hispanos.

Esta forma de hacer cine es una de las fuentes de referencia berlanguiana en la obra de Almodóvar. Estos hechos coincidentes en el cine español junto con la fecha del nacimiento de Almodóvar nos obligan a hacer una reflexión sobre su vida en relación con el cine.

Almodóvar pasó toda su infancia en Calzada de Calatrava, en el seno de una familia humilde, socialmente de clase media-baja, que vivía de las labores relacionadas con el campo, de las cuales se ocupaba el cabeza de familia. Este origen rural de la vida del realizador condiciona de alguna manera su obra, y queda sintetizado en su film *¿Qué he hecho YO para merecer esto!*

Su vida en una pequeña aldea de La Mancha transcurría paralela a la de cualquier otro niño de su mismo estrato social en cualquier punto de España, que el antropólogo y sociólogo Isidoro Moreno reflejó en un estudio de los años 70[1]. Un mundo lleno de penurias al que sólo le preocupaba su supervivencia, obviando todo lo demás, ya que sabían que nunca llegarían a alcanzarlo.

Mundo retratado por el cine «neorrealista» italiano y que marcó el cine español por las connotaciones e igualdades

---

[1] Véase Isidoro Moreno, *Propiedad y clases sociales en la Baja Andalucía,* Madrid, Editorial Siglo XXI, 1975.

Pedro Almodóvar con su padre

socioculturales que se establecían entre ellos, y que Buñuel retrata también sin piedad en *Los olvidados,* aunque esta película se base en la disolución de la marginalidad de un barrio periférico de la ciudad de México.

Un mundo que también está presente en la literatura de la mano de Delibes, que más tarde pasó al cine adaptado por Camús con su mismo título *Los santos inocentes.* El mundo rural vivido por Almodóvar le hizo ser observador e inteligente y más tarde le sirvió como válvula de escape y fuente de inspiración. Estuvo en La Mancha hasta los ocho años. En este contexto, rodeado de campesinos y labriegos, con pocos recursos económicos, asistiendo a la Escuela Nacional donde se repartía la leche en polvo y el chocolate, se desarrolló su infancia.

Su familia, formada por seis miembros: padre, madre y cuatro hermanos, salieron adelante con el trabajo del cabeza de familia que, parece ser, fue uno de los últimos arrieros de La Mancha[2], aunque terminó como enólogo. Por su casa, típica de aldea agrícola, veía pasar: burros, conejos, gallinas y patos, que iban al «corral» o vivían en él. Es un mundo de animales que retrata en *Entre tinieblas, ¿Qué he hecho YO para merecer esto!, Mujeres al borde de un ataque de nervios, Átame* y *Tacones lejanos.*

Recuerdos y vivencias de su pueblo manchego que están en su cine, como las charlas de «comadres» y vecinas, y todo un mundo rural femenino y *kitsch,* del cual era testigo. La España franquista dictatorial que había salido de la guerra civil, donde las oportunidades eran escasas, provocando la inmigración y la emigración a zonas y países más industrializados. Hechos que recogen muy bien Delibes, Cela y el cine español de los 60[3-4].

---

[2] María Antonia García de León y Teresa Maldonado, *Pedro Almodóvar: la otra España cañí* (sociología y crítica cinematográficas), Ciudad Real, Área de Cultura, Diputación Provincial de Ciudad Real, 1988, pág. 26.

[3] Véase *Los santos inocentes,* de Miguel Delibes. Adaptada al cine por Mario Camús. Esta novela se encuentra en Colección Popular, Editorial Planeta, Barcelona, 1991.

Véase *La familia de Pascual Duarte,* de Camilo José Cela. Adaptada al

A los ocho años se trasladó a Cáceres. Durante estos años el cine español vivió una serie de avatares que culminaron en *Las conversaciones de Salamanca,* donde se discutieron los problemas del cine patrio. Bardem lo definió así: «políticamente ineficaz, socialmente falso, intelectualmente ínfimo, estéticamente nulo e industrialmente raquítico»[5].

En éstas se pidió un nuevo Código de Censura, que era uno de los principales problemas con que el cine español contó durante toda la época del franquismo y que acabó con muchas inquietudes, ideas e iniciativas de realizadores nacionales, así como la imposible visión de un cine internacional renovado y progresista. Todos estos hechos están recogidos en *Un cine para el cadalso,* de Roman Gubern y Doménec Font.

Se pidió asimismo un nuevo sistema de protección más justo y eficaz, que dejaba indefenso al cine español frente al americano, ya que por cuatro días de exhibición de una película extranjera sólo se proyectaba un día de película española, de modo que, si durante un año había un éxito español, se cambiaba de sala para cubrir el cupo, pasando las demás películas españolas sin pena ni gloria.

Además, se pidió una federación de cine-clubs, puesto que eran el único medio de ver cine de calidad; ayuda estatal al I.I.E.C., ya que la que tenía era ridícula, y el fin del monopolio del NO-DO en el documental, que impedía el conocimiento por el público de otros documentales y cortos de interés, al considerarse a éste como un noticiario franquista, desapareció a la muerte del dictador.

En los años 60, el sistema legislativo sigue como hasta ahora y sin ninguna esperanza de cambio, pero a nivel artístico esta época supone un avance en toda la configuración del panorama cinematográfico español.

La década comienza con la ansiada llegada de Buñuel a

cine por Ricardo Franco. Esta novela se encuentra en Editorial Destino, colección Destinolibro, vol. 4, Barcelona, 1982.

[4] Véase *Las que tienen que servir* y *Pero ¿en qué país vivimos?,* ambas de Pedro Lazaga.

[5] Augusto María Torres, *Cine español: años sesenta,* Barcelona, Editorial Anagrama, 1973, págs. 17 y 18.

Madrid para rodar *Viridiana;* cuando finalizó el rodaje, se decidió que ésta iría representando a España al Festival de Cannes 1961. Allí la película obtiene la *Palma de Oro,* pero unas críticas del *Osservatore Romano,* que la acusaban de blasfema, y, más tarde, el problema de la propiedad de la obra, de la cual todavía hoy no conocemos a quién pertenece, provocaron «la inmediata prohibición de la película en todo el territorio nacional y la destitución del Director Nacional de Cinematografía»[6].

Después de estos acontecimientos, Buñuel no regresó al país hasta el año 1969, año en que rodó *Tristana,* adaptación libre de la novela de Galdós.

A la vez que *Viridiana,* apareció en las pantallas *El cochecito,* de Ferreri, con guión de Azcona, el guionista español más solicitado de la época, y de los cuales Almodóvar siente su influencia en situaciones y personajes.

Tenemos, pues, dos mundos que, unidos a un tercero, representado por Carlos Saura, y a su vez todos ellos transgredidos por el estilo «pop» en su versión americana, componen un trío-base de la obra y la vida de Almodóvar:

— El surrealismo buñueliano, que queda convertido en el más puro «pop», con una influencia muy clara, en temas, personajes y actores, donde está muy presente incluso la obra del propio Andy Warhol[7].

— El simbolismo-escandaloso que rodea la obra de Ferreri y el mundo hispánico de las películas de Bardem, Berlanga y Azcona.

— El universo sauriano, por supuesto en otro contexto histórico y social.

Si los autores anteriormente citados fueron producto de una guerra, Almodóvar es un fruto de la posguerra y del franquismo, que ha asistido al cambio democrático que

---

[6] Véase nota anterior.
[7] Véase Andy Warhol, *Ma philosophie de A á B,* Editorial Flammarion, Saint-Amand-Montrond, 1977. Véase Pedro Almodóvar, *Patty Diphusa y otros textos,* Editorial Anagrama, Contraseñas, Barcelona, 1991.

Pedro con su hermano

experimentaba la sociedad española. Este cambio político ha sido la causa de que su cine sea éste y no otro.

Durante esta época viene a España un productor americano: Samuel Bronston, que atraído por el bajo costo con el que se hacía cine en España, y las facilidades de rodaje, fundó en Madrid una productora y unos estudios, que si bien en un principio dio trabajo a técnicos y a algunos actores españoles, no desarrolló la industria cinematográfica española, pues en estos estudios, como se firmó en su concesión, no se rodaban películas españolas, y los actores pasaron a ser meros comparsas en estas grandiosas superproducciones a medio camino entre el cine de «cartón-piedra» y la producción *made in Hollywood*.

Sin embargo, sí hubo algo positivo en estos rodajes, como el hecho de que España fuese punto de mira de otros países, y que Almería se convirtiese en el espacio geográfico de un nuevo género; el «espaghetti western».

Durante esta década, el director se instala en Madrid con su hermano Agustín. Con el Bachillerato terminado, decide buscarse la vida por su cuenta. Al llegar a Madrid, un muchacho de aldea castellana, que procedía de una capital de provincias donde cursó el Bachillerato gracias a su voz, ya que pertenecía al Coro del Colegio Franciscano de Cáceres en una época en la que cualquier niño pobre que tuviese dotes artísticas o deportivas era becado en «agradecimiento» al lucimiento de la Institución, significó el descubrimiento de un mundo nuevo, más libre y culto, que provocó el desarrollo de su formación cultural y personal.

¿O hubiera sido lo mismo habitar en una ciudad de provincias?[8].

Angustiado por una sociedad pueblerina y hostil, a la par que inculta, encuentra en la capital su «ambiente». Allí descubre el cine, la literatura, el amor, la amistad, el sexo, todo lo que es sinónimo de libertad y cultura.

Se apunta a todo lo que va surgiendo y hace un viaje a Londres, la capital europea más tolerante en este momento,

---

[8] Véase David Bourbon, *Warhol,* Editorial Anagrama, Barcelona, 1989, pág. 14. Véase nota 2, pág. 29.

Almodóvar en el servicio militar

liberal y moderna. Muy pronto se convierte en un provoca-dor y personaje conocido. Simpático, ocurrente e inteligen-te, acudiendo a todas las fiestas se convierte en el eje de las mismas.

En estos años, el cine español descubre nuevos valores; la influencia de la «nouvelle vague» es notoria durante esta época en nuestro cine. Directores como: Saura, Summers, Fernán-Gómez, Antonio Eceiza, Picazo, Grau, Aranda y Patino, hacen un cine personal totalmente válido, que, en algunos casos, proyectan el cine español al extranjero, sobre todo a través de Festivales como Berlín, Cannes y Venecia, aunque no con pocas dificultades.

Después del escándalo de *Viridiana* en Cannes, el cine español vio perjudicada su difusión, y el Ministerio de Información y Turismo se cuidó mucho de hacer el ridículo de nuevo, y estudiaba al milímetro la película que represen-taba a España en cualquier Festival, por lo cual muchos directores y productores optaron por presentarse sin protec-ción oficial, pues los festivales eran la única plataforma para la difusión del cine español.

Al final de la década, el cine español continuaba funcio-nando como antes de *Las conversaciones de Salamanca,* a pesar de que había auténticos valores que se reunieron bajo el epígrafe de *Nuevo Cine Español,* pero siempre toparon con la censura, la cual era doble: primero, porque obligaban al director y al guionista a autocensurarse, y segundo, por las continuas censuras que se producían hasta el estreno de la película, que, aun así, podía sufrir cortes o secuestro.

La censura fue un mal endémico en nuestro cine durante cuarenta y cinco años: «a la que siempre los directores españoles achacaron que tuviesen que presentar para el permiso de rodaje un guión previo, y que las películas extranjeras fuesen simplemente mutiladas en algunas esce-nas»[9].

Esta situación dejaba al cine español indefenso frente al cine americano y el cine europeo que llegaban a España, de

---

[9] Antonio Castro, *El cine español en el banquillo,* Valencia, Editor Fernan-do Torres, 1974, pág. 10.

Pedro y Agustín

tal modo que incluso situaciones y personajes de muchas películas españolas se cambiaban a países foráneos para que los directores pudiesen rodar sus películas.

Sin embargo, hay un hecho histórico que va a cambiar la mentalidad de toda una generación, trayendo consigo la liberación del individuo y la búsqueda de un mundo mejor y más libre: el Mayo francés del 68.

Este movimiento político-cultural terminó por influir toda la sociedad de la época y dignificó a la persona humana frente a la imposición política dictatorial.

El movimiento «hyppie» crece y se difunde rápidamente por todo el mundo, pidiendo libertades con el lema «Haz el amor y no la guerra», además de un cambio de sociedad menos ecléctica, más libre y más igualitaria.

En España se intentó interceptar estos movimientos cerrando las fronteras, pero, como en todos los países, su influencia se dejó notar, y, en cuanto al cine, Barcelona, en estos momentos la ciudad más europea de España por su cercanía fronteriza con Francia, creó la llamada *Escuela de Barcelona,* que fue en su momento la cinematografía española más avanzada, a la par que la más personal, culta y libre.

Desde el año 1969 y su llegada a Madrid, Almodóvar tomó contacto con lo más variopinto de la ciudad. Su escuela: la calle, su ambiente: la modernidad, como un personaje desarraigado que va asimilándolo todo como una esponja. Durante un tiempo se identifica con la estética y el movimiento de más actualidad, vende collares y pulseras y comienza su andadura por el mundo del cine.

Con una cámara Super 8 m/m hace sus primeros cortos y los proyecta a un grupo de amigos; sin embargo, la acuciante necesidad económica le hace convertirse en un opositor, aprueba unas oposiciones a la Compañía Telefónica, siguiendo con su afición al cine inscrita ya en el mundo del «pop».

En la década de los 70, el cine en España toma dos caminos: el cine culto, representado por la *Escuela de Barcelona* o *Cine Independiente,* valores ya consistentes en el cine español, conocidos en Festivales Internacionales, y que hacen el llamado «cine personal o de autor»; y un cine comercial con Lazaga y Ozores a la cabeza, que era el preferido por el gran público y que ocasionó no pocos males al cine español, aunque actualmente se considere a éste fuente antropológica y social de una época[10].

En este contexto, la legislación cinematográfica española sigue estancada, por lo que nunca existió una industria cinematográfica netamente española, ya que a la Administración no le interesaba apoyar el cine que se hacía en esos momentos en España.

Durante esos años se crearon las salas de *Arte y Ensayo,* que en principio fueron pensadas para acoger cine intelectual para públicos minoritarios, pero acabaron por convertirse en un reducto morboso, donde un público reprimido consumía los desnudos con voracidad, como ocurrió con *Cuerno de cabra* o *Taking off,* películas de calidad que estuvieron meses en cartel por un simple desnudo, impidiendo la visión de cine de calidad y autores del momento. Resulta curioso comprobar cómo el paso de los años terminó por reconvertir estas salas en las llamadas «X», templo del porno a la vez que de la prostitución masculina.

Desde 1970 a 1975, año en que muere Francisco Franco,

---

[10] Véase programación cinematográfica de los distintos canales televisivos, verano de 1992.

el cine español se vio invadido por una oleada de destape, donde la taquilla guardaba estrecha relación con el desnudo a medias. En esta época, aunque estuvo plagada de mediocridades, significó el conocimiento por parte de la cinematografía mundial de Saura, Buñuel (a caballo entre Francia, México y España), la continuidad de Berlanga y Bardem, y las inquietudes de un público que esperaba ver plasmada en una cinta la sociedad en que vivía.

Con la muerte del dictador se esperaba un resurgir del cine español. Sin embargo, la instauración de la democracia se convirtió en sinónimo de «abajo los corsés», puesto que, no sin razón, se llamó a la democracia española «democracia de tetas». El destape parcial fue el pastel que atrajo público a los cines, ávido de sexo, cuando apareció el desnudo integral, las salas de cine estaban abarrotadas de tal forma que esta época se convirtió en etapa dorada del cine español. También hubo grandes hallazgos y se pudo recuperar la visión de las películas prohibidas durante el franquismo, aunque para los «mass media» no pasó de *El último tango en París;* sin embargo, supuso un paso adelante en la libertad temática y creadora del cine en España.

Almodóvar por estos años iba forjando lo que más tarde sería su universo cinematográfico. Trabajó como extra en teatro y cine, formó parte del grupo de teatro *Los Goliardos,* escribió fotonovelas, creó el personaje de Patty Diphusa en *La Luna* de Madrid. Siguió haciendo cortos en Super 8, se formó bebiendo de todas las fuentes posibles cercanas al «pop»: el «comic», la fotonovela, la prensa del corazón, revistas femeninas, la moda, todo un universo femenino que le dio pie para desarrollar su estilo y sus personajes. Así se convirtió en un gran director de actrices y un conocedor del alma y del mundo de la mujer. Además componía letras de canciones y actuaba junto a Fabio MacNamara (hoy Fabio de Miguel) en el Rock-Ola de Madrid, donde conoció parte de la «variopinta fauna» de que se nutre en sus guiones.

Influenciado por el cine de Warhol, Pekas y el «underground» americano, por Colomo y su primera cinta *Tigres de papel,* Padrós y su *Shirley Temple Story,* Buñuel, el melodrama y los seriales americanos de Berlanga, de Sirk y de

Wilder en el cine, de Anita Loos, Genet, Cocteau en literatura, fue creando un estilo revulsivo, que al igual que hizo Warhol con el «pop» y Tzara con el «dadá» fue asimilado por la sociedad alcanzando unos niveles de popularidad incuestionables.

Su procedencia social, como Warhol, le obligó a llegar al mundo del arte por medio del autodidactismo, como muchos otros creadores que han salido adelante a fuerza de prepararse por su cuenta, y una vez lanzadas sus «óperas primas» configuran su propio espacio creativo y estilístico.

Además en este campo tocamos el tema de la desaparición de la Escuela de Cine, por la que pasaron Saura y Gutiérrez Aragón, clausurada por el franquismo, según el entonces ministro de Educación y Ciencia, «porque era un nido de rojos y comunistas»[11].

La opción, pues, para acceder al mundo del cine era doble: marcharse fuera (París, Londres, Roma o Nueva York), o rodar pequeños cortos, hacerse conocido y empezar, con dificultades, su carrera cinematográfica.

Tras la desaparición de la Escuela de Cine y hasta la creación de la Facultad de Ciencias de la Información, se apagaron muchos talentos que no tuvieron acceso al mundo del cine, y aunque la Escuela tuviese sus inconvenientes, los alumnos entraban en contacto con la técnica cinematográfica desde el primer curso. La creación de la Facultad vino a acallar las voces de la tan pedida y nunca concedida apertura de la antigua Escuela de Cine, que al estar más difuminada, sin medios y casi ninguna técnica, no podía ocupar su lugar, por lo que aún hoy es un tema pendiente de la Administración desde que Pilar Miró y Fernando Méndez Leite ocuparon el sillón de la Dirección General de Cinematografía.

De manera que de esta Facultad no ha salido todavía un alumno que sea equiparable a los de la antigua Escuela, por lo que muchos han accedido al mundo del cine a través de un descubrimiento personal, como el ejemplo que nos ocupa.

---

[11] Enrique Brasó, *Carlos Saura,* Madrid, Taller Ediciones J.B., 1974, pág. 100.

Pedro Almodóvar con su madre, presente en muchas de sus películas

Pedro con su hermano Agustín

Almodóvar, al no tener medios económicos, comienza solo su andadura cinematográfica, siendo él su mejor relaciones públicas. Es, en sí mismo, un «showman», de manera que autor y obra establecen una estrecha relación cuyo modelo es único e irrepetible en el cine. Nadie como él acerca su obra al público.

La técnica rudimentaria que aparece en sus cortos y en sus primeras películas, característica común, por otro lado, a todas las vanguardias, la ha ido puliendo a medida que ha ido familiarizándose con la cámara. Esta falta de depuración técnica es el último eslabón que nos lleva a conocer su obra como un símbolo técnico de la situación de sus personajes, sentidos como marginales, fuera del contexto social, pero que existen, están ahí; a ello se debe la utilización de «travellings», planos picados y choques de planos, elemento estético que se ha convertido en su propio lenguaje, aunando historia y técnica para llegar a su máxima expresión, huyendo de un lenguaje lineal y equilibrado.

Producto de la llamada «movida madrileña», que dio sus frutos más sobresalientes en la década de los 80, un movimiento artístico-literario que surgió en la capital de España, ciudad donde se dieron cita una serie de personajes, que a la manera de los surrealistas en Francia o los de la «Bloomsday» en Inglaterra, aglutinó los cerebros más interesantes de la época, y que como Aragón, Virginia Woolf o Cocó Chanel, saltaron desde Madrid al mundo durante la década de los 80, aparte de José María Sicilia, Sybilla, Jesús Ferrero, Pérez Villalta, Mecano, Alaska y otros menos significativos que, sin embargo, están abriendo lentamente su camino dentro del panorama internacional de las artes.

El término «movida» fue acuñado, parece ser, por un periodista de Madrid, absorto ante la vida nocturna de la ciudad donde deambulaban una serie de personalidades que, además, mantenían relación amistosa, y que en poco tiempo convirtió a la capital en el centro de atención, no sólo de la Península, sino de todo el mundo[12].

---

[12] *Interview,* mayo, Nueva York, 1990. *Elle,* abril, París, 1987. *El Correo Catalán,* Barcelona, 8 de octubre de 1983.

Este renacimiento artístico español fue muy bien acogido; incluso se creó el lema «España está de moda», que la Administración Socialista aprovechó para lanzar una imagen de España moderna, para que se olvidase para siempre de la España de «charanga y pandereta» que había exportado el régimen franquista.

Estos años de la llamada «movida» fueron tan fructíferos que en poco tiempo las ciudades españolas más populosas intentaron hacer sus propias «movidas», incluso acuñando su propia terminología. Así surgió en Sevilla el «neocateto», en un intento de emular la eclosión madrileña, pero quedó en agua de borrajas, y como la madrileña terminó por disociarse, aunque, de alguna manera, unos y otros están recogiendo sus frutos.

La «movida», de cita obligada en relación a la década de los 80, tanto en *Le Monde* como en el *Time,* cuando se refieren a personalidades de la España actual, también acuñó el sobrenombre de «posmodernidad». Es curioso constatar cómo la prensa extranjera la asocia a la Administración, cuando ésta lo único que ha hecho ha sido utilizarla para dar la imagen de un gobierno moderno, que en la mayoría de los casos resulta inadecuada, por no decir vergonzosa, acabando con la negación de muchos de sus componentes al movimiento.

El cine español, a la vez que el cine mundial, escasea en cuanto a la elaboración de guiones originales, inclinándose por la literatura, convirtiendo a ésta en una especie de caja de Pandora. El cine y la televisión se dedican a hacer continuas adaptaciones, sólo como prestigio intelectual.

El abuso de las adaptaciones llegó a cansar por su arbitrariedad. Del mismo modo, el tema de la guerra civil seguía tratándose con insistencia, aunque la gran película sobre ella esté aún por hacer.

Si añadimos a ello la proliferación de «vídeo-clubs» y la adquisición de aparatos de vídeo, tendríamos aquí el testimonio de la constatación de la crisis del cine español, en particular, y del mundial, en general. Y que a medida que pasa el tiempo se está convirtiendo en una grave situación para la industria.

Este problema, que ya es endémico, se agrava con el escaso apoyo de la Administración y el desprecio que siente por la cultura en general, ya que sólo se ocupa de subvencionar películas, espectáculos y literatura que ofrezcan una imagen culta al extranjero de un país gobernado por políticos para los que la cultura no se siente, se muestra como imagen y no como realidad.

En este contexto, Almodóvar planea como el único artista original, contemporáneo y retratista de una sociedad hedonista, la nuestra, que no encuentra reflejo en otra cinematografía, convirtiéndose de la noche a la mañana en el director más famoso de nuestro país, con cierto paralelismo con lo que ocurre en otros países o en España con Agustí Villaronga, Bigas Luna o Alex de la Iglesia, al que produce Almodóvar.

Éstos son, junto con el manchego, los directores más prometedores de la cinematografía nacional, que, sin embargo, al contar con escasos medios económicos no pueden trabajar, al igual que Iván Zulueta, al que se le ha dedicado una retrospectiva en el verano de 1990 en la Universidad de Alcalá de Henares.

Almodóvar, a partir de su segundo largometraje comercial, rueda una película al año[13].

Durante estos años el Ministerio de Cultura continuó manteniendo el descontento entre toda la profesión; a pesar de que por la Dirección General pasaron figuras interesadas en la proyección del cine español (Pilar Miró, Fernando Méndez-Leite o Julián Marías) éste no consiguió despegar.

El panorama del cine español seguía siendo desolador, los exhibidores sólo proyectaban películas nacionales para cumplir la ley, y no les interesaba el apoyo o la continuidad de una cinta española en cartel, porque las americanas, precedidas de éxito y comercialidad, les interesan más.

Como contrapartida, los costes de producción en España se disparan, y el mínimo para hacer una película aceptable es de 150 millones de pesetas. El 50 por 100 de la subvención

---

[13] *Entre tinieblas, ¿Qué he hecho YO para merecer esto!, Matador, La ley del deseo, Mujeres al borde de un ataque de nervios, Átame* y *Tacones lejanos.*

estatal, que en algunos casos beneficia, pero en otros, al estar la película sólo tres días en la cartelera y no llegar al público por prensa, radio o televisión, no amortiza su coste, ni llega al gran público, ocurriendo hechos deleznables, como sucedió con el film *En penumbra,* que siendo de estimable calidad, fue pasada por televisión justo al año de estrenarse en Madrid, y estuvo tres días en cartel para dar paso a una superproducción americana; o los más recientes, *El niño de la luna* y *Boom boom,* premiadas en festivales y semanas de cine, han sido la espera para el estreno de una película que procedía de una multinacional norteamericana.

La imagen que pretendía dar el gobierno con el nombramiento de Jorge Semprún (literato y exiliado comunista) al frente del Ministerio de Cultura hizo que la cinematografía española sufriera el golpe más duro de esta década.

Almodóvar en estos años no consigue subvenciones para sus películas, pero sí alguna ayuda, sobre todo por el éxito internacional que tiene su obra. Dejó atrás su trabajo en la Telefónica, pidió excedencia y se dedicó por entero a escribir, rodar y promocionarse. Se presenta a Festivales, y elogiado por público y crítica logra estrenar comercialmente en Roma, París, Los Ángeles y Nueva York. En Francia censuran el cartel de *La ley del deseo,* que si bien en España era un triángulo de Ceesepe, en Francia se cambió por un fotograma del film que contenía una escena masculina de cama, que levantó polémica y fue sustituido por el original español según órdenes dadas por Jack Lang, el entonces ministro galo de cultura. Este cartel, sin duda, hubiese creado todavía más expectación que la que había entonces en este país alrededor del director. *Première* en su número de mayo de 1988 recriminó la censura por parte del Ministerio, así como la actitud del ministro[14].

En España se convierte en un mito y la mención al realizador y su obra es obligada para todos los «snobs», al igual que ocurre en el resto del mundo. Cualquier cita referente al cine español pasa indefectiblemente por su persona, y no sólo como tal, sino también como elemento

---

[14] *Première,* núm. 134, mayo, París, 1988, pág. 25.

catártico de la sociedad, que ve en él a su defensor, su modelo.

En Berlín se le compara con Fassbinder, y conoce a su musa, Hanna Schygulla. En Italia se le compara a Fellini, De Sica y Buñuel. En Estados Unidos se convierte en un mito, recibiendo la ovación más larga de toda la noche en la entrega de los Óscar del año 1989. En Buenos Aires le dedicaron un homenaje, proyectando su obra, y sus actores, que lo acompañan siempre en todos los eventos, eran materialmente avasallados por las calles.

Mujeres al borde de un ataque de nervios, el film que le dio fama internacional, se convirtió en el más taquillero de la historia del cine español, superando a *La vaquilla* de Berlanga, acaparó todos los premios en España y en el extranjero, se vendió para su distribución a todo el mundo a «Miramax», estando a punto de conseguir nominaciones a los actores y a la mejor película, pero el idioma la relegó a la nominación a la mejor película extranjera, y, sin obtener premio, fue la ganadora moral de la edición.

La anquilosada Academia americana se lo concedió a *Pelle el conquistador,* celebrando Almodóvar una fiesta paralela a la oficial, donde acudió todo el mundillo hollywoodiense. Antonio Banderas recibió una oferta americana, Carmen Maura otras, y Assumpta Serna hizo un papel en la serie *Falcon Crest.*

Recibe propuestas para hacer cine en EE. UU., pero las rechaza, y está deseando volver a Madrid para rodar su próxima película, *La mujer tóxica,* pues según sus propias palabras: «estoy asustado de tanta fama, y que todo gire en torno a mi persona; pienso que a la larga me va a perjudicar»[15].

Se crea el Óscar Europeo que se concede en Berlín, obteniendo Almodóvar el Premio al Director Joven, y Maura el de la Mejor Actriz. El del año siguiente lo entregó él en París acompañado de Hanna Schygulla, que le llamó símbolo de la libertad, y le entregó como recuerdo un trozo del recién caído Muro de Berlín.

---

[15] Véase nota núm. 1 de la Introducción.

En el verano de 1989 comienza el rodaje de su siguiente cinta, que cambia de título, pues pasa del anterior a *Átame*. Sustituye a Carmen Maura por Victoria Abril, una de las actrices más internacionales que ha dado el cine español, pues trabajó con Lester, Bieneix y Oshima, y que se ha convertido en su nueva musa.

A partir de su éxito y la creación de su productora, se vuelve inaccesible para la prensa, su presencia está superdosificada, sobre todo por el empacho que le supuso promocionarse, decide limitar la difusión de su película en los medios de comunicación. Jugando con el elemento sorpresa aparece en contadas publicaciones, repartiendo su productora el material fotográfico de la cinta con cuentagotas.

Franceses, italianos, españoles y americanos están esperando la finalización de la cinta. Los americanos, aun sin ver una copia, compran los derechos para hacer un «remake» y distribuirla por todo el mundo. Al mismo tiempo, se hace en EE. UU. el recuento anual de taquilla, quedando *Mujeres...* como la segunda película extranjera más rentable, detrás de *Sexe, lies & videotapes*.

En diciembre del mismo año el realizador comienza la promoción con un estreno restringido para periodistas y amigos en Madrid, y ante la invasión navideña de las multinacionales retrasa su estreno al 22 de enero de 1990.

Ante esta situación, que se prevé duradera, pues desde la llegada de Semprún y la promulgación de su Decreto, publicado el 28 de octubre de 1989 en el Boletín Oficial del Estado, las subvenciones, mínimas y concedidas a «amigables», resultan además escasas y pobres.

La imagen que tienen de «fantasmas» en el mundo de la cultura produce auténtica sorna en los cenáculos más cultos del país, que además cuenta con una población con unas inquietudes intelectuales que reclaman más atención por parte de la Administración.

Las dimisiones, cambios y decretos son criticados por todos. La expulsión de Miguel Narros del Centro Teatral dependiente del Ayuntamiento de Madrid después de haber realizado una labor encomiable, el despreciable Decreto Semprún y la retención de entradas de «uso administrativo» para los mejores espectáculos, ha provocado que la mayor parte de ellos hayan optado por prescindir de la Administración, intentando realizar una obra coherente y sin imposiciones, evitando pasar por los despachos petitorios de la Administración.

Almodóvar, teniendo su propia productora, se inhibe de pasar por unos trámites que llegan a ser indigestos, y se autoproduce a sí mismo, aunque la Administración últimamente le preste alguna ayuda, como hizo Pilar Miró.

Considerado como trabajador incansable, cuenta con varios guiones en su mesa de trabajo; escritor frustrado, está continuamente creando historias que van sufriendo transformaciones o abandonándose por su imposible realización.

El 22 de enero de 1990 se estrenó por fin *Átame,* levantando una gran expectación entre crítica y público, dando después del estreno una fiesta al estilo de los más famosos «happenings» de Andy Warhol. Las críticas que recibió la película tras su estreno fueron diversas, destacando por su objetividad las de Ángel Fernández Santos[16] y Carlos Boyero[17]. Seleccionada para el Festival de Berlín y coincidiendo con la Caída del Muro, no obtuvo premio, ya que éstos fueron totalmente politizados. Desde el Oso de Oro a Costa Gavras, el cineasta independiente rendido a las multinacionales americanas, a un especial inexplicable a Oliver Stone, dieron un saldo negativo a la vez que oportunista de estos premios berlineses.

A partir de aquí se dedica a promocionar su película a través de todo el mundo, donde se le considera el director más conocido de la historia del cine español, superando incluso a Buñuel y a Carlos Saura.

Estrenada la película en Nueva York, fue clasificada «X» por la censura americana, al mismo tiempo que las últimas cintas de David Lynch y Peter Greenaway. Organiza una

---

[16] Ángel Fernández Santos, crítica del film *Átame, El País,* 24 de enero, Madrid, 1990, pág. 39.

[17] Carlos Boyero, crítica del film *Átame, El Mundo,* 24 de enero, Madrid, 1990, pág. 46.

fiesta amadrinado por Liza Minnelli, donde reunió a grandes figuras del cine americano, y con una tarta en forma de «X», Almodóvar, a modo de Tzara y el movimiento dadá, se refería así a la censura americana: «comámosla y defequémosla luego»[18]. A través de una apelación, la distribuidora americana, ante la negativa del director de cortar escenas, consiguió que se restringiera su visión a mayores de diecisiete años. Estrenada más tarde en los países francófonos, recibió un 90 por 100 de críticas favorables.

Desde entonces, la labor del director ha sido elogiada por realizadores y actores de todo el mundo, desde Bergmann[19] a Kazan[20], pasando por Gérard Depardieu[21] a Madonna, que en su film *In the bed with Madonna,* de corte documental, lo recuerda en una escena de la misma.

De vuelta de su promoción, Almodóvar comienza la preparación de su próxima cinta, *Tacones lejanos.* Sus protagonistas, cambiados a última hora a causa del trabajo de Antonio Banderas en Hollywood, serían definitivamente Marisa Paredes, Victoria Abril y Miguel Bosé, en lugar de Esperanza Roy y Banderas. El cambio de los actores provocaría en la historia un nuevo giro.

Durante este año, su pueblo natal le hizo un homenaje dedicándole un parque al que se le puso su nombre. Presentó en la discoteca *Stella* de Madrid un disco con las bandas sonoras de sus películas realizadas por Bernardo Bonezzi, y, en el mismo lugar, un libro, éste editado por «Anagrama», titulado *Patty Diphusa y otros textos,* recopilación de historias y artículos publicados en varios medios de comunicación. Esta recopilación recibió gran cantidad de críticas elogiosas, y en palabras de Francisco Umbral: «en esta pequeña obra se encuentra la auténtica "nueva narrativa"»[22].

[18] Ángel Fermoselle, crónica desde Nueva York, *El Mundo,* Madrid, 5 de mayo de 1990, pág. 46.
[19] Entrevista a Bergmann, *El País Dominical,* Madrid, 17 de febrero de 1991, pág. 34.
[20] Entrevista a Elia Kazan, *El País,* Madrid, 21 de abril de 1992, pág. 35
[21] Entrevista a Depardieu, *Diario 16,* Madrid, 12 de febrero de 1991, pág. 49.
[22] Francisco Umbral, columna diaria, *El Mundo,* Madrid, 3 de abril de 1991, pág. 6.

A mediados del mes de abril comenzó el rodaje de *Tacones lejanos,* concluida a mediados de julio; se estrena en noviembre en Madrid, seguida de una gran expectación; a continuación se estrena en toda España, y abre el Festival de Nueva York. Es elegida para el Óscar americano, para el Óscar del Cine Europeo, y obtiene el César francés.

Este año, aunque se han rodado más películas, el cine español sigue sin convertirse en la gran industria competitiva que todos deseamos. La Asociación de Directores de Cine y la Academia del Cine Español, ante el proyecto actual de ayudas al cine, llegaron incluso a plantearse una huelga del sector, puesto que, como siempre, el cine sigue siendo la «cenicienta» de la Administración. Jordi Solé Tura, ministro del gabinete felipista, prometió durante el Festival de Cine de San Sebastián (1991) la ayuda de mil millones para todo el año, olvidando la contribución que la Fundación Quinto Centenario concedió (mil millones) a sendos rodajes sobre la obra y figura de Cristóbal Colón, a cargo de directores foráneos.

Almodóvar comienza el rodaje de *KiKa.* Se adaptan al teatro dos películas suyas: *Entre tinieblas* y *La ley del deseo.* Carmen Alborch, directora del Museo de Arte Contemporáneo de Valencia, es nombrada nueva ministra de Cultura con el fin de prestigiar el Ministerio. El cine europeo hace frente al monopolio americano mediante el GATT, en un intento de difusión más general.

El día 28 de octubre de 1993 se estrena *KiKa* en Madrid, y el 29 en toda España, con una incomprensible división de la crítica.

Estrenada en todo el mundo durante los primeros meses de 1994, *KiKa* es censurada en EE. UU. por el MPAA, como ocurrió con *Átame,* y en Londres se censura un cartel con la imagen de Victoria Abril con un modelo de Gaultier. Almodóvar baraja ya varios proyectos para su próximo film y *KiKa* ha obtenido críticas favorables en su estreno americano.

Todos los sectores del cine español llegan a un acuerdo en la aprobación de la Ley de Cine, llamada «Ley Alborch», después de varios meses de conversaciones, además de la primera huelga de exhibidores conocida hasta la fecha.

Almodóvar recibe el premio «Diálogo», que promueve el intercambio cultural entre Francia y España, en la Embajada Española en París.

El día 30 de junio se estrena *KiKa* en el Reino Unido.

El director prepara su próximo film con el probable título de *La flor de mi secreto*.

Corrientes y autores que han influido en la obra almodovariana

El cine de Almodóvar, que ha pasado por varias etapas, se ha ido nutriendo de influencias que, a lo largo de ellas, han ido conformando su estilo, creando unas coordenadas individuales que le identifican.

Su primera etapa, marcada por el «cinema-verité» o la «nouvelle vague», movimiento surgido en Francia de la mano de Jean-Luc Godard, que consistía en rodar con pocos medios y cámara al hombro todo el entorno, con personajes reales, unas veces actores, otras gente de la calle, que en los años 60 cambió los estereotipos que imponía el cine americano, llegándose a dividir el cine en dos grandes grupos:

— Uno, el cine europeo, con poco presupuesto, pero culto e innovador.

— Otro, el americano, con grandes producciones, gran presupuesto y grandes «stars», pero vacío de contenido, que intenta, como en sus primeros tiempos, captar a los grandes directores y actores europeos.

Esta dualidad, europea-americana, es el eje que mueve toda la cinematografía.

Los americanos hacen «remakes» de películas europeas, entre ellas *A bout de souffle,* el paradigma de la «nouvelle vague», que difundió el movimiento junto con la revista *Cahiers du cinéma*[1]. Este «remake», titulado en España *Sin aliento,* fue la concesión del cine americano a la brillantez de un cine más rico, estética y culturalmente, que ellos imitan.

La «nouvelle vague» estuvo vinculada al «nouveau roman», movimiento literario con las mismas connotaciones estilísticas y temáticas, y, al igual que éste, tuvo teóricos y críticos, novelas paradigmáticas que pasaron a la pantalla y escritores que pasaron a colocarse detrás de la cámara.

Resulta curioso comprobar cómo estos movimientos nacidos en Francia tuvieron su origen en el «neorrealismo» italiano, aunque éstos, teñidos de intelectualidad y al desarrollarse en una época diferente, los años 60, y no a la «resaca» de la Segunda Guerra Mundial, respondan a unas pautas marcadas por la situación política y social en las que los tres se desarrollan.

Si el «neorrealismo» es una mirada sin concesiones a los desastres de una guerra larga y cruenta sobre la población italiana, y decimos bien, pues este movimiento surgió en base a una reflexión social sobre las injusticias de las guerras que se ceban en las clases más humildes, las cuales recurren a toda clase de procedimientos para sobrevivir.

Recordemos *El ladrón de bicicletas, Roma, cittá aperta* o

---

[1] Véase *Cahiers du cinéma,* núms. 443-444, París, mayo, 1991.

Rocco y sus hermanos. Este movimiento perduró varios años en Europa y se ha convertido en un baluarte cuando se refleja en la pantalla una realidad social, de tal modo que muriendo al cambio social perduró su estilo y su nomenclatura. Pues no existe dentro del cine una corriente «neorrealista», pero sí el concepto.

Este movimiento dio paso al francés, y aunque no como continuador, puesto que las circunstancias políticas y sociales eran otras, sí guardaron una estrecha relación en cuanto a los costes de producción, temática, forma y realización.

Ambos movimientos quedan, pues, configurados con coordenadas comunes, con formas paralelas, pero conceptualmente diferentes. Pues si bien el italiano representa una cierta clase social, exprimida, pisoteada e inculta, el segundo representa un mundo burgués, culto, pero con afán intelectualista y libertario. Son, pues, la misma forma en dos vertientes distintas que conformaron la cultura durante años, a los que Almodóvar no es ajeno.

De ellos surgieron directores como: De Sica, Rossellini, Fellini, Pasolini, Truffaut, Ferreri, Berlanga, Bardem, Fernán-Gómez, Visconti o Saura, y, de alguna manera, bebiendo unos de una fuente y otros de otra, contemos con el factor tiempo, mezclados con el costumbrismo autóctono y las circunstancias históricas que vivieron en su día, hicieron una obra impregnada de una u otra corriente.

Almodóvar, pues, se ve influenciado por estas dos corrientes en su filmografía. Por un lado, en el reflejo de una clase social determinada, que es, además, una constante en su obra. Reflejo que es una propia representación social de cualquier autor; como Visconti representa la nobleza de sangre o Saura la burguesía, Almodóvar es un hijo de la posguerra de clase humilde. Por ello, su condición social es un desencadenante tanto estético como temático de un gran peso emocional y estilístico.

En estos tres autores encontramos, pues, un paralelismo vital, cultural y estético, que han encontrado en estos movimientos su vía más auténtica.

Visconti, a pesar de ser noble, por su vinculación con la izquierda comunista; Saura, burgués que vivió la guerra civil en su infancia, quedó marcado por ella y su condición de militante de izquierda y, como Visconti, le llevó a la denuncia de situaciones que en forma de «elipsis» inundan su obra; y el último caso, Pedro Almodóvar, niño de posguerra, criado en el franquismo, producto de la democracia, que por circunstancias personales refleja un movimiento social que él mismo ha vivido y que vierte en su obra de una manera voluntaria y personal.

Los tres autores, aun con una propia trayectoria personal y artística, son un claro ejemplo de vidas dedicadas al cine.

El «Mayo del 68» francés y el movimiento «hyppie», los cantautores, el mundo de las drogas y el rock, conforman una forma de sentir y vivir la vida, que la meca del cine retrata sólo como estereotipo.

Hollywood «decora» sus películas con un «toque moderno», pero no afronta ni asimila el momento actual.

Se hace un cine burgués frente a la corriente que surge en todos los ambientes, pero aparecen cineastas independientes que muy pronto van a formar una visión del cine acorde con el mundo que les rodea.

Aparece entonces en las pantallas *Easy Rider,* que se produce entre amigos, y la mayoría termina por trabajar sin percibir ningún emolumento económico. Dennis Hopper junto a Peter Fonda llevan adelante su proyecto, resultando éste completamente novedoso, pues la sociedad y la juventud que reflejan en él resultan tan reales como la propia cultura que representan. Obtiene premios en varios festivales y se convierte en el testimonio de la nueva sociedad libertad, sexo y drogas.

Es la primera «road movie» donde se descubre una nueva forma de entender el cine, el independiente, marcando el paso hacia su forma más actual: el «underground».

De este cine independiente, que los academicistas llaman «moderno», sobre todo por aquellos que tienen un puesto privilegiado y temen perderlo ante las nuevas corrientes artísticas con las que ni se identifican, ni entienden, ni comparten.

Algo que ya se había constatado con el «surrealismo», el «expresionismo», el «dadá», o el «pop», y que, sin embargo,

La comedia española, Warhol, el cine lesteriano, el mundo urbano de Allen, el bolero y su consideración por *Cahiers du Cinéma* como uno de los directores destacados para el año 2001

pasaron a la Historia del Arte y se convirtieron en clásicos.

El «underground» americano se basó en principio en estas premisas: el derecho de todo artista a realizar su propia obra sin cortapisas. La pauta la marcó *Easy Rider,* pero en el mundo comenzaron a surgir cineastas, literatos, escultores, pintores, fotógrafos, etc., que se adscribieron a esta escuela.

Surgieron cineastas marginales, que en el campo de la contracultura consiguieron hacer comerciales productos que en un principio eran para un público restringido. Como en la década de los 80 ha ocurrido con Adlon, Greenaway, Soggerbech o Almodóvar, y, en menor medida, Villaronga, Padrós o Iván Zulueta.

La ciudad, las drogas, el sexo, el rock y la sociedad de consumo eran su inspiración, y de esta manera surgió una fuerte personalidad artística, Andy Warhol, que creando un nuevo estilo (aunque casualmente preexistente en Inglaterra), el «pop», dio un nuevo giro a toda la actividad artística del siglo XX. El feísmo y el arte al servicio de la sociedad de consumo se convirtieron, como había ocurrido con los carteles del *Art Nouveau,* en obras de arte.

Warhol, al frente de una «Factory» que había creado en Nueva York, lanzó actores, pintores, literatos y seres marginales que eran muy bien aceptados dentro de la restringida sociedad artística. Almodóvar es, por decirlo así, el paralelo español de Warhol.

Los objetos cotidianos toman nueva vida en su obra, se acentúa su vulgaridad y lo inimaginable se convierte en arte.

El anuncio de las sopas *Campbell,* los retratos y serigrafías seriadas que hizo de Elvis Presley, Marilyn Monroe e incluso de Miguel Bosé (por encargo de la compañía CBS para el «cover» de un disco), así como sus películas con esos títulos, personajes y situaciones tan peculiares, son como la misma obra de Almodóvar, arte.

Este reflejo de una sociedad mercantilista y los seres que la pueblan, sin hacer ningún tipo de moralina o recriminación social, su forma de visualizar a través de planos cortados como un documental estilo «nouvelle vague», con toques neorrealistas y un discurso «dadá», es la base del arte «pop» y una de las influencias más evidentes en el cine de Almodóvar, que éste retoma para reflejar la sociedad española, aderezado con un toque «kistch», contando además en su cine con la influencia del más puro estilo del «melodrama surrealista español», mezclado además con un universo femenino con pinceladas de «comic», hacen de Almodóvar un director laberíntico en su concepción espacial y temporal de la narrativa cinematográfica, difícil de etiquetar en cualquier estilo artístico conocido.

Este «melodrama», también llamado «melo», fue un producto que generó el franquismo y es esencia en la obra de Almodóvar. Su origen primario, que estuvo en el teatro griego, proyectó una fuerte conmoción en toda la Historia de la Literatura; sin embargo, en nuestros días su papel pasó al cine y más tarde a la televisión, que en forma de series de lujo, tipo *Dinastía* y *Falcon Crest,* o puramente «cutre», llamadas «culebrones», propias de países latinoamericanos, copan incomprensiblemente todas las pantallas televisivas del mundo.

Desde *Edipo* a *Otelo,* pasando por *La Celestina* y *Hamlet,* Buero, Beckett, Tennesee Williams a Fassbinder, Saura o Almodóvar, la tragedia ha sido una temática que, en una u otra vertiente, ha llenado muchos aspectos de la vida, calando hondo en el espíritu español.

La lucha por un ideal imposible ha sido y es temática habitual en toda la historia, tanto política, literaria, como social de la humanidad. Reflexionemos un momento sobre personajes tanto literarios como reales (Edipo, Medea, Sócrates, Calígula, Lear, Ofelia, Danton, Trotsky, «Che» Guevara, «El Nani», John Lennon, James Dean, Marylin Monroe o el caso de Puerto Hurraco) y veremos cómo todos ellos han visto sus vidas rodeadas de un fin trágico.

El paso del tiempo y las circunstancias ambientales han ido cambiando, en esencia, el sentido melodramático en su concepción más antigua, que el director manchego transgrede dotándolo de un sentido cómico-dramático con pinceladas surrealistas.

Los surrealistas y Buñuel planean, pues, continuamente sobre su cine, siendo la obra del aragonés un «anticipo» de la obra del manchego, existiendo, sin embargo, entre ambos una diferencia de clase social, entorno histórico, y un gusto sexual diferente. Son personajes netamente españoles que acentúan sus raíces, perviviendo en ellos la esencia del surrealismo español. Lo absurdo, campo donde se mueven «como pez en el agua» tanto Berlanga como Bardem, se presenta como un revulsivo contra una realidad social que a menudo la supera, y para restar dureza, se recurre a la comicidad. De tal manera que lo tragicómico, que había sentado cátedra en el teatro de Arniches y Jardiel Poncela, ha convertido al cine en el sucesor de una escuela de pura raigambre española, herencia que además de los citados han tomado Paco Betriú, Carles Mira (en una versión regionalista de carácter valenciano o, como se ha dado en llamar, «fallero»), Gonzalo García-Pelayo, y otros de menor relevancia.

Se debe precisamente a Almodóvar el haber conseguido trasladar y darle vigencia en la actualidad a un género que estaba en decadencia y convertirlo en bandera de la modernidad. Este género, unido a la zarzuela, la comedia musical netamente española y el entremés, nos remiten al otro punto esencial de la influencia española en su obra.

El entremés, llamado también «sketch», y la música en su obra funcionan de forma paralela, de modo que imagen y música se complementan entre sí, creando un todo indivisible. Dentro de la concepción espacial melodramática, resulta obvio el empleo del bolero como explicación sentimental de los personajes. Esta adecuación de la música latinoamericana resulta tan evidente en el contexto español que, desde su utilización por Almodóvar, y a lo largo de estos últimos años, ha generado un gusto general por la música latina, y en España se han multiplicado las salas destinadas a la música de salsa.

El amor desgarrado, la pasión desatada, la desesperación y la ternura, temas favoritos del director, expuestos de una forma diáfana, alcanzan en la música su «clímax» más explícito.

En cuanto a la música actual, sirva como referencia la utilización de la música rock con toque «punky», eje de la música moderna y contrapunto antagónico del cine almodovariano, algo que también hizo Warhol con los Velvet Underground, y que Almodóvar protagonizó a dúo con el inefable Fabio MacNamara.

Así la vanguardia alcanza su punto culminante, con la colaboración e influencias, claro está, de Ceesepe, Jesús Ferrero, Guillermo Pérez Villalta, Montesinos, Alvarado, Sibylla, Dis Berlin, *Los Costus,* Iván Zulueta o Juan Gatti, grupo que, aunque no compacto, colocó los pilares de la modernidad y a los que el director es afín.

La mayoría de sus personajes son una recreación de este mundo, y unido a él aparece lo «cutre», lo barriobajero y, por antonomasia, el «lumpen». Drogas y modernidad forman un ensamblaje perfecto en las grandes ciudades, y Madrid, la pionera, supone para el director, un chico de aldea, el conocimiento de esta fauna humana de la que él forma parte.

Todas sus historias se desarrollan en Madrid, la metrópolis moderna por excelencia, como lo fue en su momento Nueva York para Warhol, o como lo es por residencia para Woody Allen. Éstas han sido siempre tradicionalmente en la comedia el eje donde se desarrollaba toda la acción, tanto en las comedias americanas, que fueron las pioneras, como en las europeas, por fórmulas meramente miméticas.

Esta tradición urbana es, pues, una constante que dominó el género de la comedia y, como tal, al ser cultivado por Almodóvar, es una influencia en su cine de la inevitable comedia por antonomasia del cine: la americana.

Hay también otro aspecto fundamental en la obra de Almodóvar, que es una constante y, como el anterior, influencia de la comedia americana: la presencia de la mujer.

Cuando todas las actrices se quejan de la carencia de papeles femeninos, Almodóvar los recrea, los mima y reivindica el papel de la mujer en la sociedad. Este interés inusual de la representación del mundo de la mujer es una consecuencia de su entorno familiar y social, donde el matriarcado y el machismo imperante marcó su existencia y su obra. Devorador de revistas y «comics» eminentemente femeninos, le han convertido en un fustigador del machismo en todas sus manifestaciones. Es, por tanto, un profundo conocedor del alma femenina. Su mundo femenino, real, mal que pese a muchos, es una continuación de los grandes directores de actrices de la comedia americana como Cukor, Wilder o Sirk.

La filmografía almodovariana presenta además una marca que la hace única: la introducción del suspense, género al que el director es adepto. El suspense visto como «thriller moderno» es un elemento fundamental en su obra, heredado del maestro del suspense Alfred Hitchcock, al que incluso rinde homenaje en algunos de sus films.

Todas estas influencias componen el mundo almodovariano que, heredero de la más pura comedia negra (Berlanga y Bardem), ha creado un estilo original, como buen cinéfilo, de los géneros preexistentes, que conforman su «collage».

Las constantes de un «Collage»

«Puzzle», es una palabra anglosajona que significa enredo, embrollo. El vocablo se utiliza para designar un juego que consiste en ensamblar unas piezas cuyo resultado final es un todo homogéneo.

Junto a ella, la palabra francesa «collage», pegar, se utiliza para designar una técnica unida a la pintura, elementos de distinto origen que, pegados a un papel, sugieren un todo homogéneo.

Estos dos vocablos definen bastante bien el estilo de nuestro director, elementos de distinto origen, que conforman una totalidad coherente, novedosa, unas formas al servicio de una idea.

También podríamos utilizar otros vocablos que definen el estilo de Almodóvar: laberinto o caleidoscopio. Pero las dos anteriores nos acercan con más precisión, aunque éstas podríamos utilizarlas en el estudio que estamos llevando a cabo.

Su estilo, consecuencia de dos mundos: lo genuinamente español y el «pop» americano, ramificados a su vez en otras formas, ha ido generando una serie de constantes repetidas en toda su filmografía, característica, por otro lado, común a la obra de un autor, por las que distinguimos su obra como original frente a todas las demás. Estas constantes, reflejadas en la frase «todos los genios se repiten», no por tópica menos real, existen en todos los campos del arte; desde Woody Allen a Jesús Ferrero o Picasso, todos las presentan como parte reconocible e imprescindible de su obra.

El mantenerse fiel a sus ideas hace que los distintos autores mantengan una unidad frente a un mercado diversificado del arte, donde el artista destaca por la constatación de su propia personalidad creadora frente a lo conocido por manoseado o imitado.

El mundo del arte, actualmente carente de ideas y de imaginación, está continuamente buscando la irrupción de autores novedosos ante la saturación imitadora y repetitiva a que estamos asistiendo. Si la época prehistórica supuso un ciclo completo en la Historia del Arte (desde el naturalismo al abstracto[1]), desde entonces los estilos se han ido sucediendo hasta llegar a los llamados «ismos» del siglo XX, cerrando por completo el ciclo artístico. Llegamos al punto hoy en que lo novedoso pierde vigencia, y son poquísimos los genios que han surgido después de Picasso, Mann y Le Corbousier. El cine, que es un arte de cortísima vida en comparación a las demás artes, presenta unas características diferentes.

En primer lugar, al ser un arte nuevo, su agotamiento es más lento. Es, con respecto a la literatura, la música y las

---

[1] Arnold Hauser, *Historia social de la literatura y el arte,* Madrid, Editorial Guadarrama, 1974, tomo I.

Títulos de crédito, fotocromos y publicaciones sobre el director

artes figurativas, un arte virgen, de modo que todos los demás, de alguna manera, lo complementan, y, en segundo lugar, porque al refundir todos los estilos apropiándoselos sufre la misma falta de ideas e imaginación; este fenómeno, acompañado de la extensa difusión del vídeo, han provocado este colapso creativo.

A pesar de este problema, los valores cinematográficos son más numerosos que en las otras artes, pues el ciclo del cine está aún abierto. Dentro de este ciclo podemos citar ya como auténticos valores a los directores mencionados anteriormente, que por su originalidad y constancia han llegado a elaborar su propio estilo marcando nuevas tendencias en el cine del mundo actual.

Desde sus primeras películas, Almodóvar ha ido manteniendo sus constantes hasta su última película hasta la fecha: *KiKa,* realizando una introspección en beneficio de la depuración técnica y estilística que lo sitúa ya entre los clásicos más comerciales del cine.

Su obra, como ya dijimos antes, es un «collage», que a lo largo de sus cintas ha ido cambiando en sus formas, pero no en su fondo; cambia o profundiza temas, pero en general es lo mismo.

Cada film es más perfecto que el anterior, ampliando el abanico de posibilidades que le ofrecen su galería de personajes, así como la actualidad. Cada uno es un reto, tanto personal como profesional, de tal manera que obra y personalidad confluyen en una misma corriente.

Su filmografía atiende a la consecución de su personal estilo, el cual se ha ido configurando poco a poco y, ateniéndose a sus constantes, certifica su autoría; de ahí que sus películas acuñen el marchamo de «un film de Almodóvar», símbolo de su independencia creativa.

Estos «collages» que son sus películas presentan, aun variando su conformación, los mismos componentes, y han originado las constantes que vamos a analizar ordenadamente.

Destacan por su originalidad y sentido exacto de lo que vamos a ver a continuación.

Son lo primero que nos llega de un film, y, en Almodóvar, son de vital importancia. Reflejan su forma de hacer y ver el cine, y magnifican la dureza, marginalidad, e incluso el diálogo de sus personajes, formando junto con sus películas un todo indivisible.

Desde *Folle...Folle...Fólleme...Tim,* tanto *Dos putas o historia de amor que termina en boda,* como *Sexo va, sexo viene,* títulos impublicables de sus primeras películas, explicitan claramente una de las constantes de su cine: el sexo como disfrute. Así, lo soez, o lo que vulgarmente llamamos «taco», pasa al espectador de forma natural.

De sus largometrajes, los títulos asombran, no por el rebuscamiento dialéctico, por el contrario, asombran por su naturalidad y frescura. Frases, textos, e incluso palabras que nunca hasta entonces presidían ningún tipo de obra.

También de sus primeras películas *Salomé* y *La caída de Sodoma,* que representa su mundo religioso. *El sueño* o *La estrella,* puramente americano. *Film político,* tema casi ignorado por el director. Y aquellos puramente «pop», «spots» televisivos que han pasado a toda su obra posterior como *Blancor, Las tres ventajas de Ponte* o *Complementos* («trailers» de sus películas), y dentro de su cine amateur, una muestra de la influencia del mundo americano en *Trailer de Who's Afraid of Virginia Woolf?*

Pepi, Luci, Bom y otras chicas del montón representa la preferencia del director por los personajes femeninos. Fue su primer largo comercial y, utilizando un lenguaje puramente coloquial, retrata fielmente el espíritu de la película: chicas modernas y originales. Las reminiscencias del comic, como toda la cinta, son fruto del «pop».

Laberinto de pasiones, bajas pasiones con toques de película coral, que define muy bien su cine, resulta un laberinto dentro de su propio «laberinto» fílmico.

Entre tinieblas, título con un sentido puramente melodramático y genuinamente español, es un paradigma de la película: monjas, conventos, drogas, canciones y amores no correspondidos. El título, tan claustrofóbico como el film, cuya luz es un claroscuro barroco.

¿Qué he hecho YO para merecer esto!, pregunta de desesperación ante la realidad social que envuelve a la protagonista, se inscribe también como puramente «pop», además en la más pura tradición neorrealista y dadá.

Trailer para amantes de lo prohibido es un mediometraje que hizo el director para la televisión como complemento de su película anterior, y a la vez su primera toma de contacto con el medio televisivo. La palabra «prohibido» conecta directamente con el papel de Bibí Andersen.

Matador rubrica su contenido netamente español. Aunque tenía varios títulos, como ocurre casi siempre con las películas de Almodóvar, se decidió por éste, debido a su carácter internacional y su trama policíaca. Por su simplicidad se acerca a los de Warhol-Morrisey y Bigas Luna, pero sigue siendo contundente.

La ley del deseo, uno de los temas favoritos del director, elevado a la categoría de *La ley del asfalto, La ley de la calle* o *La ley del más fuerte,* dio nombre a su productora El Deseo S.A.

Mujeres al borde de un ataque de nervios enlaza con *Pepi...,* por su longitud y temática feminista. Su éxito lo convirtió en una frase comodín que se cita a menudo.

Átame recoge la idea de *Matador* y sus afines, reflejando el carácter destructivo de la pareja. Esta película manifiesta su oposición al matrimonio institucional.

Tacones lejanos era un antiguo proyecto del realizador que fue cambiando durante su gestación hasta llegar a convertirse en un melodrama en forma de «thriller», que a su vez recoge en su título una transgresión del más puro estilo hollywoodiense: *Horizontes lejanos* o *Tambores lejanos.*

KiKa, antes *Collage* y *Las uñas del asesino,* su último film hasta la fecha, recoge la tradición del cine negro. Es una crítica sobre la morbosidad de los «reality-show» de las cadenas televisivas, que están últimamente tan en boga en todo el país, y es un apelativo cariñoso y familiar de Francisca, nombre de pila de su madre.

Las películas de Almodóvar, al ser corales, están formadas por varios ejes en torno a uno principal. Esta tendencia a desviar el tema central por una serie de conexiones hace que el argumento se multiplique, originando una explosión temática que enriquece la cinta por la capacidad innata que tiene el director para recrear e inventar historias.

El tema central de todos sus films gira en torno al amor en todas sus formas: masoquista, lésbico, erótico, homosexual, sádico o machista, y sobre ellos, predominando, el amor-pasión, pudiendo éste llegar a ser destructivo o no correspondido, caso de *Entre tinieblas,* o *La ley del deseo,* o, por el contrario y en contadas ocasiones, en «happy end», como el caso de *Laberinto de pasiones* o *Trailer para amantes de lo prohibido.*

Junto a él están todos los demás que de alguna manera son, por una u otra razón, referencia de lo que se trata. Sin embargo, éstos, en el cine almodovariano, adquieren la misma importancia que el tema principal.

Las drogas, la religión, la moda, la policía, la locura, los médicos, la familia, la música, el arte, etc., y a su vez todos ellos, envueltos en un mundo urbano, se convierten, en manos de Almodóvar, en estudios de géneros cinematográficos.

Derivados propiamente de seriales, «culebrones», fotonovelas y del melodrama más popular, tienen unos tintes totalmente contemporáneos en su continua transgresión.

Esta forma de multiplicar la temática le ha procurado al director no pocos detractores. Este hecho, ya constatado en el capítulo correspondiente, viene a colación en este apartado, pues, como hemos venido observando en el mundo del celuloide, hay muchos directores que, bebiendo las mismas fuentes, han sido respetados en su totalidad.

Esta multiplicación temática es una constante tanto en el melodrama como en la comedia desde su creación, y de ahí su paso al cine en las denominadas películas «corales».

Los considerados duros no son tratados con «moralina», se exponen con naturalidad, sean creíbles o no, el público los acepta o los rechaza, puesto que no hay «panfleto», y en el contexto de la sociedad actual la represión y la mentira no tienen cabida en el sustrato cultural del director.

Por último, dentro de este apartado destacaríamos el guiño al consumismo televisivo, que en forma de «spot» introduce en muchas de sus películas, así como el tratamiento personal que da a los noticiarios televisivos.

Personajes

Ante la temática multiplicadora que respiran sus películas, los personajes no se quedan detrás. En su mayor parte seres condenados a la marginación por la sociedad: homosexuales, putas, «yonquis», lesbianas, masoquistas, ninfómanas, monjas enganchadas a la droga, médicos fracasados, asesinos en potencia, psiquiatras locos, policías machistas, eyaculadores precoces, amas de casa, asistentas, niños espabilados, homosexuales precoces, rockeros marginales, criadas «sudacas», «camellos», enfermos mentales, etc.

Seres, en general, mal aceptados por la sociedad, pero con sus mismos problemas, pasiones y deseos. Son, por llamarlos así, reflejos de la sociedad en que viven, y de la que, a su vez, ellos abominan, por ser más auténticos que la sociedad que los rodea. Aceptan su propio juego y, cuando las circunstancias obligan, matan o engañan.

Almodóvar se acerca a ellos de forma humana, los conoce, comprende y les da su sitio en la sociedad actual. Los asesinos y machistas reciben su castigo dependiendo de las circunstancias que rodean su existencia.

La chica masoquista de *Pepi...,* se casa con un policía porque le va la «marcha», y al no encontrar respuesta, se marcha de «groupie» con un grupo musical, terminando por recibir una soberana paliza de su marido que la conduce al hospital, consiguiendo así su propósito. «Sexilia» y «Riza Niro», protagonistas de *Laberinto de pasiones,* ambas ninfómanas, a causa de «Toraya», ex mujer del Sha, se reencuentran, abandonan la ninfomanía y terminan viviendo juntas. La madre superiora de *Entre Tinieblas,* drogadicta y redentora de «humilladas y ofendidas», paga con su soledad el «amour fou» que sentía por Yolanda, la cantante de boleros.

En *¿Qué he hecho YO para merecer esto!,* ama de casa, proletaria y asistenta, resulta un revulsivo como personaje principal. Mata a su marido y es perdonada por ello ante la dureza de su vida familiar y conyugal. Este personaje además representa un enfrentamiento frente a la debilidad y fracaso de los personajes representantes de la clase burguesa. En *Trailer para amantes de lo prohibido,* la protagonista sigue el ejemplo de la anterior, pero aquí el marido es asesinado por adulterio, consiguiendo a la vez un amor verdadero.

Matador supone la eclosión de Eros y Tánatos, asesinos en potencia que terminan por quitarse la vida mutuamente; junto a ellos la figura de la madre en sus dos vertientes más acusadas: la castradora y la amiga. Los personajes de *La ley del deseo* enfrentan la madurez a la locura pasional, el asesinato y el suicidio por amor.

Mujeres al borde de un ataque de nervios supone una revisión de los personajes de su primer largo comercial, y es un paso por el mundo del amor en su vertiente más humana y feminista. *Átame* retoma los personajes marginales que son habituales en la mayoría de sus películas: ella, heroinómana y actriz de cine porno; él, carne de psiquiátrico, suponen una fuerte crítica a la pareja como institución.

En *Tacones lejanos* aparece de nuevo el tema de las relaciones familiares; madre e hija establecen una relación de amor-odio, que llevan a ésta al crimen.

KiKa analiza la violencia y el sexo a través de la televisión, utilizando el cine negro como contrapunto.

En torno a los personajes principales aparecen otros que suponen una constante en su cine. Los policías son presentados en su lado más abyecto, desde el policía de *Pepi...* hasta los de *KiKa* han ido conformando unos estereotipos, reflejos de su propio papel en la sociedad, y que hasta ahora nadie se había atrevido a mostrar en el cine. Este ataque frontal al estamento policial nunca ha sido tan severo en el cine como en el «corpus» almodovariano. En España, en la época del franquismo, éste era un estamento intocable y solamente aparecían críticas de otras cinematografías, sobre todo americanas o italianas. Saura, Olea y Pilar Miró osaron tocar el tema, y sus películas fueron secuestradas, multadas e incluso, en el caso de Saura, los Guerrilleros de Cristo Rey, banda armada de ultraderecha, colocó artefactos explosivos donde se proyectó *La prima Angélica.*

Esta representación real de la policía ha llevado hace poco a la realización de una serie de televisión dirigida por Pedro Masó y titulada *Brigada Central,* donde se retrata de manera directa y fehaciente el papel de la policía en la sociedad española, aunque de forma partidista e imitando las series americanas de televisión.

Átame, película marginal, es donde únicamente la policía no aparece físicamente, pero sus alusiones dominan toda la acción, aparecen uniformes, frases alusivas al aparato represor e instituciones, pues los personajes principales se mueven al margen de la ley.

En *KiKa* ironiza con los clásicos policías de serie negra americana, haciendo una traslación cómica de los mismos al celuloide hispano.

Si la droga es reconocida como el «mal» de nuestro tiempo, Almodóvar como contemporáneo no elude el problema, muy al contrario, en sus manos sufre una transgresión lúdica. Los drogadictos que aparecen en sus cintas lo son por el placer y el estado óptimo, tanto físico como mental, que les proporciona, o son personas que las necesitan para seguir un ritmo de vida frenético al que se ven sometidos por la sociedad que les rodea.

El director ni los recrimina, ni los compadece; los representa simplemente como parte del género humano, con sus bajezas, necesidades y opresiones, justificándolos así estos personajes: «Yo reivindico la libertad de autodestruirse. También reivindico el derecho a dejar de drogarse, me refiero a la heroína. En lugar de utilizar la droga de manera reaccionaria, como se está haciendo, deberían proporcionar los medios para que el que la quiera dejar, la deje»[2].

---

[2] Entrevista a Pedro Almodóvar, *Cambio 16,* núm. 693, Madrid, 11 de marzo de 1985, pág. 33.

A lo largo de todas sus películas aparecen drogadictos, «camellos» y toda suerte de drogas, dependiendo de la fuerza o debilidad de sus personajes.

En *Pepi...* la droga es pura evasión y su uso produce un cien por cien de rendimiento físico-mental. Además aparece como uso corriente dentro de la sociedad contemporánea.

Laberinto de pasiones plantea el mismo esquema en cuanto a la droga: su consumo es tan habitual y social como el del alcohol. Incluso Almodóvar canta en tándem junto a Fabio MacNamara una canción «Suck it to me», grabada en el maxi *La gran ganga,* donde recoge su visión desinhibida de las drogas y sus efectos:

> «cocaína-tonifica
> marihuana-coloca
> bustaid-relaja
> cicloro-estimula
> cicuta-desinfecta
> nembutal es mortal
> amoníaco-reactiva
> cetrina-enloquece
> sosegón-alucina
> el opio-amodorra»[3].

Frente a éstas resalta las virtudes del alcohol:

> «vodka con piña-es total
> piña colada-es total
> ron con limón-es total
> cazalla-es total
> aguardiente-es total
> horchata-es total
> vino de mesa-es total
> tinto con casera-es total
> cuba-libre de ron-es total
> sol y sombra-es total
> pippermint-es total»[4].

[3] Canción de un *maxi-single* titulado *La gran gan ga*. Interpretada por Almodóvar-MacNamara. La música es de Bernardo Bonezzi.

[4] Véase nota anterior.

En *Entre tinieblas,* la droga mueve la vida de los personajes: Yolanda, la madre superiora y «sor Estiércol», son, todas ellas, drogadictas. Víctimas de su propia situación, acuden a las drogas como escape. Yolanda se ve acosada por la muerte de su novio a causa de heroína adulterada y termina en el convento, donde el ambiente le impulsa a la drogadicción. Droga y misticismo llegan a confundirse. El L.S.D., la heroína y la cocaína forman parte de la vida cotidiana de la comunidad.

En *¿Qué he hecho YO...!* la protagonista es una anfetamínica; por medio de ellas consigue sacar adelante a su familia y realizar su trabajo. Su hijo mayor descubre las drogas en su medio social y le «pasa» la droga a su vecina Cristal que, según ella: «La tomo porque adelgaza»[5].

La abuela es adicta a las magdalenas y al agua de Vichy. Todos ellos utilizan la droga como estimulante. Al quedarse sin ellas Gloria se dirige a la farmacia manteniendo la siguiente conversación con la dependienta:

> —¿Qué quiere?
> —Me da «minilip».
> —¿Tiene usted receta?
> —No, no la tengo.
> —Pero ¿no sabe usted que estos medicamentos no se dan sin receta?
> —Sí, pero a mí me hace falta. ¿Cómo cree que voy a llevar mi casa y voy a trabajar en la calle?
> —Señora, sin receta no se lo puedo dar.
> —Pues déme otra cosa, yo qué sé.
> —Es usted una drogadicta[6].

Matador es un paseo por el mundo de las drogas que se relacionan con la psiquiatría y aparecen una serie de psicotrópicos. Ángel, un chico con problemas mentales que necesita de ellas para tranquilizarse. En una escena de la película en torno a una «yonqui», el director aprovecha para dar su propia visión del problema de las drogas:

---

[5] De los diálogos del film *¿Qué he hecho YO para merecer esto!*
[6] Véase nota anterior.

—Os tengo dicho que no os piquéis en los camerinos.
—Vale, tío.
—Si queréis picaros, para eso están los retretes[7].

Frente a la actualidad de la condena o no de la droga por parte de los estamentos gubernamentales, la aparición de la novela y de la película *Yo, Cristina F,* condenando el uso y el abuso de ellas, Almodóvar no se plantea su fin por el contrario, y junto a otros intelectuales, pide su legalización y disfrute.

La ley del deseo presenta drogadictos ocasionales, todos toman cocaína en mayor o en menor grado, incluso los policías que aparecen en la cinta disfrutan de ella.

En *Mujeres...,* aparece de nuevo el mundo del psicofármaco, en este caso *Orfidal,* que desempeña un doble papel en el desarrollo de la acción, ayuda a conciliar el sueño a la protagonista y mezclado en el gazpacho duerme a los que impiden solucionar su conflicto personal.

En sus últimas películas aparecen los «yonquis» y los «camellos», unos intentando sobrevivir y salir de su oscuro mundo y los otros aprovechándose de ellos. Los términos utilizados en todas estas películas nos sitúan con respecto a las anteriores en un retrato evolucionado del mundo de los drogadictos en el paisaje urbano.

La frase: «Chica, eres una toxicómana nata»[8] caracteriza la situación de ciertos personajes, donde además hacen acto de presencia: la farmacéutica y la «temida» receta, el «mercado negro», el traficante, la asistente social, el médico que fuma marihuana, etc., tal como ocurre en la vida real, donde la droga es un hecho cotidiano en sí mismo.

Las enfermedades mentales de muchos de sus personajes, los psiquiatras y psicólogos, son otros personajes constantes en la obra almodovariana.

Locos y psiquiatras aparecen a lo largo de toda su obra. Estos personajes son una consecuencia lógica del auge que tomó en los años 60 la psiquiatría, y Almodóvar, producto

---

[7] De los diálogos del film *Matador.*
[8] De los diálogos del film *Átame.*

intelectual de aquellos años, incluye a estos personajes que se acoplan a su temática. Junto a esta problemática generacional y existencial llegan a España los psiquiatras argentinos con una base psicoanalítica freudiana-lacaniana, y se instalan por todo el país. Avalados por su categoría profesional y el hecho de que ellos mismos sean psicoanalizados antes de terminar su licenciatura, les dieron una credibilidad de la que carecían los psiquiatras y psicólogos españoles.

Los personajes que se mueven en un contexto puramente urbano y cosmopolita sufren toda una serie de enfermedades mentales, que unidas a la neurosis que genera la convivencia en una gran metrópolis, provocan insatisfacciones, pasiones atormentadas, traumas, deseos incontenibles, etc.

Todos ellos tocan la locura en alguno de sus extremos, y Almodóvar los trata de una forma inusual dentro del panorama cinematográfico. Ellos se saben desequilibrados, tratan de salir adelante, y cuando la realidad los supera, terminan con su vida.

Desde su primera película, Almodóvar toma el tema de la locura como pura transgresión.,

Luci es en *Pepi, Luci, Bom y otras chicas del montón* una masoquista que raya en la locura, llegando a sus límites más extremos; su marido, sádico, es un producto de la represión machista de la época de Franco. Cristina Sánchez Pascual es una neurótica insatisfecha, y su marido un homosexual reprimido. El director los representa como son, con todas sus lacras y bajas pasiones, producto de sus circunstancias personales y vitales, sin tratar por ello de adaptarlos a la «normalidad» imperante.

Sin embargo, en *Laberinto de pasiones,* su segunda película, los protagonistas, Sexilia y Riza Niro, son ninfómanas desde niñas, y es precisamente el personaje femenino, Sexilia, aceptando su enfermedad como inevitable, la que, gracias al psicoanálisis lacaniano practicado por una psicóloga «sudaca», llega a su propia curación, y por amor proyecta a su «partenaire» su propio estado emocional. Al margen de los protagonistas aparecen otros curiosos enfermos: una madre inseminada que se convierte en una neurótica, un padre paranoico que confunde a su hija con su esposa, un médico al que asquea el sexo; todos ellos víctimas de su entorno y de su fatalidad, que poco a poco alcanzan la normalidad ayudados por el amor frente a la inoperancia de la ciencia médica y los fármacos.

Para reflejar mejor esta idea, extraemos diálogos de algunas de sus primeras películas:

—No pongas la música tan alta que se quejan los vecinos.
—Ya estás con las paranoias[9].

—Mira la paliza que me ha dado mi marido.
—Pero ¿estás loca?, si por poco te mata.
—Por fin conseguí lo que quería.
—Vámonos, Bom, aquí sobramos[10].

—Ayer estuve en el Rastro.
—Y, ¿cómo te fue?
—Muy bien, me llevé doce chicos a mi casa.
—Y ¿ninguna chica?
—Yo sólo llevo chicos a mis fiestas, soy ninfómana.
—¿Eres ninfómana?
—Sí, desde pequeña[11].

—Vamos, tómate esta pastilla y duerme, te tranquilizarás.
—Pastillas, psicólogos de mierda, y ¿quién va a trabajar al aeropuerto?[12].

—Oye, mira, tengo una amiga que se la tira su padre porque cree que es su mujer, y ella le da «Vitopens».
—Pero eso produce paranoias[13].

A partir de su cuarta película, los personajes se equilibran; tanto enfermos como doctores se nos presentan como seres débiles. Gloria, protagonista de *¿Qué he hecho YO para merecer esto!*, el psiquiatra, el policía y los escritores, sufren alteraciones emocionales. Frente a la fuerza interior de

---

9 De los diálogos del film *Pepi, Luci, Bom y otras chicas del montón*.
10 Véase nota anterior.
11 De los diálogos del film *Laberinto de pasiones*.
12 Véase nota anterior.
13 Véase nota anterior.

Gloria, la cleptomanía de la escritora, la neurosis de su marido y de su cuñado, junto con la problemática sexual del policía, son pequeñeces. Gloria asume su papel y vence las dificultades, consigue salir del suicidio y la histeria, pero sus adláteres continúan con la vaciedad de sus vidas.

Junto a este mundo del adulto, aparece lo infantil como problema mental. Vanessa, la niña telekinésica se venga del poco afecto que le tiene su madre:

—Mujer, no le riñas a la niña. Ella no tiene la culpa.
—Es ella, me lo parte todo, me lo tira todo.
—Pero si la niña está aquí conmigo.
—Me han dicho en el colegio que lleve la niña al psicólogo. Que hace cosas para llamarme la atención, para que yo sepa que existe.
—Ni que esto fuera América.
—Quién coño se creerán que la ha parío[14].

Se da aquí además el enfrentamiento entre lo culto y lo popular, dos antagonistas claves en el mundo del cine de Almodóvar, resultas del retrato de una sociedad de bajo estrato social, donde los problemas mentales no tienen entidad científica.

A lo largo de su filmografía, estos personajes derivan hacia la novela negra, el «thriller», lo policíaco, y, en concreto, a Hitchcock. La idea de que asesinos, ladrones, policías y drogadictos son arrastrados por la locura es un paradigma típico de novela y cine negros. Los estudios psicoanalíticos recientes han dado como resultado la necesidad de la existencia en los centros carcelarios de una parcela dedicada a la psiquiatría. Enfermos mentales que matan, violan o asesinan, los vemos todos los días en los periódicos, de modo que la psiquiatría, pasada la euforia de la moda de los años 60-70, ha quedado como estudiosa de comportamientos anómalos y sustituta del confesor católico por excelencia.

Almodóvar recoge esta idea en *Matador, La ley del deseo, Mujeres al borde de un ataque de nervios, Átame, Tacones lejanos* y

---

[14] De los diálogos del film *¿Qué he hecho YO para merecer esto!*

KiKa; sin embargo, les resta la maldad propia de estos personajes al mezclar los géneros y dotarlos de una calidad humana, que los acerca más al espectador, de manera que resulta más fuerte para el público la grandeza humana de los personajes que su problema mental.

Quedan, pues, convertidos en personajes al estilo de las grandes tragedias de la historia. Así ocurre con Diego, María Cardenal, Antonio en *La ley del deseo,* Lucía en *Mujeres al borde de un ataque de nervios,* Ricki en *Átame,* Rebeca y Becky en *Tacones lejanos,* Nicholas o Andrea Caracortada en *KiKa.*

Como director contemporáneo, no obvia los personajes que pululan por nuestro contexto urbano y la mayor parte de ellos se encuentran en todos sus films.

Los «sudacas», aluvión imparable desde los años 50, aparecen continuamente. Chicas que intentan penetrar en un concierto de música-rock dando sablazos a los viandantes, en el Rastro, como psicólogos, criados, etc. Todos ellos, dependiendo de su procedencia social, residen en el país viviendo como pueden, unos como personas «bien consideradas» y otros sobreviviendo, como el caso de la chica «sudaca» de *Átame,* que se prostituye por cinco mil pesetas para pagarse la droga.

Dentro de este bloque, y evolucionando con la obra del director, digamos que la segunda avalancha que se cierne sobre el país, los africanos, están también representados en sus últimas películas. Son vendedores de baratijas y en algún caso «camellos». Se da la circunstancia de que uno de ellos se ha convertido en protagonista de un film sobre la xenofobia en España, *Las cartas de Alou,* premiado en el Festival de San Sebastián de 1990.

Siguiendo con los personajes emigrados o desarraigados, que llegan a Madrid movidos por las necesidades económicas y de mejora de calidad de vida, estereotipos en el cine español de los 50-60 y 70 dentro de la llamada «comedieta española», y tratados en la literatura con todo rigor, entre ellos, Cela y Delibes, Almodóvar los retoma dándoles un tono real y certero.

Desde la andaluza que va a la capital a triunfar como

cantante de flamenco-rock, herencia de Fernán-Gómez, y que el director sitúa cronológicamente desde *Pepi...* hasta *Mujeres...*, de Kiti Manver a la Candela de María Barranco, o Antonio (Ángel de Andrés López), marido de Gloria en *¿Qué he hecho YO...!,* emigrante en Alemania y más tarde asentado en un barrio-colmena de Madrid, o Juani, la modista andaluza de la misma película, representan el intento de alcanzar una vida mejor y llena de comodidades, frente a la pobreza del mundo rural del que proceden.

Detrás de este mundo emigración-inmigración están los que, desencantados de la vida urbana, viendo rotas sus ilusiones, intentan volver a sus raíces y dejar una vida mucho más miserable que la que llevaban. Entre éstos se encuentran representados la abuela y el hijo mayor de *¿Qué he hecho Yo...!,* o el personaje de Ricki en *Átame,* equivalente al Totó de *Cinema Paradiso* de Tornattore. Y en otro término el personaje de Marisa Paredes en *Tacones...,* que vuelve a su ciudad para morir en ella o Juana en *KiKa* que deja a su señora y vuelve a su hogar.

Junto a ellos, los personajes que representan a la familia: padres, madres, hermanos, hijos y abuelas. Los personajes del entorno familiar son el germen de la mayor parte del cine de Almodóvar, como también ocurre con Berlanga, Bergmann o Woody Allen.

Esta proyección fílmica le viene dada al director por su propio espacio personal; su hermano Agustín trabaja con él como actor y productor, es su *alter ego,* casi al mismo nivel que los Taviani en Italia, especie de Quinteros y Machados en España. Su propia madre, Francisca Caballero, participa en sus películas, y mantiene un estrecho contacto con dos hermanas suyas que viven en Parla (Madrid). Vive rodeado, pues, de su familia, y como autor su influencia resulta evidente en su espacio cinematográfico. En cada film hace un estudio de las relaciones familiares en todas sus vertientes.

En *Pepi, Luci, Bom y otras chicas del montón* son dos hermanos gemelos que confunden a la protagonista; cada uno de ellos representan un papel diferente por carácter y profesión, produciéndose un choque personal entre ellos y su cuñada Luci.

Laberinto de pasiones ofrece una visión paterno-filial con toques freudianos. El padre de Queti, paranoico, y el padre de Sexilia, que odia el sexo, ambas, mediante una operación de cirugía estética, se convierten en gemelas, devolviéndole Queti el gusto por el sexo al padre de Sexilia.

En *Entre tinieblas* son hermanas de una misma congregación atípicamente religiosa. Además, aparece la hermana de «Sor Rata de Callejón», escritora «escondida», que usurpa el papel literario que le corresponde a su propia hermana. La condesa, interpretada por Mary Carrillo, añora continuamente a su hija muerta en una Misión africana, y conoce la existencia de un nieto en la selva, representado aquí como Tarzán.

En *¿Qué he hecho YO para merecer esto!* hay una representación general de la familia, siendo el neorrealismo su punto de referencia. El padre, emigrante con sueños imposibles; la madre, ama de casa que hace horas extras como asistenta para sacar hacia adelante a su familia. Los hijos no cifran la ilusión que se les ofrece, uno conoce ya las drogas y «pasa» del colegio, y el otro, homosexual precoz, terminará por quedarse con su madre. Y, por último, el personaje de la abuela representa el desencantamiento de la vida urbana y la vuelta a las raíces.

Frente a ellos, la representación antagonista de la burguesía. El escritor frustrado, su hermano, un psiquiatra neurótico, y su esposa, cleptómana. Sus relaciones familiares se basan en el uso y abuso de sus necesidades.

Juani, la madre de Vanessa, representa la intolerancia y la incultura.

Trailer para amantes de lo prohibido supone una continuación de la anterior: mujer abandonada por su marido se dedica a robar y a «hacer la carrera» para darle de comer a sus hijos; termina por asesinar a su marido y encontrar al hombre de su vida.

La familia como destrucción de sus componentes es, para Almodóvar, el rol de ésta en su obra. En *Matador* hay una presentación contrastada de dos tipos de madre: la castradora y la comprensiva, la represiva frente a la liberal.

En *La ley del deseo* es una relación filial de amor-odio,

donde dos hermanos llegan a compartir el mismo amor, la figura del padre aparece como desencadenante de una relación tumultuosa. Dos policías, padre e hijo, en la ficción y en la realidad (los actores Guillén) representan la enseñanza de un oficio. La adopción de una niña por parte de un travestí, hermano-a de un director de cine pone la nota exótica en estas relaciones familiares. Por último, el típico señorito andaluz, que intenta esconder su homosexualidad ante una madre que define como: «Es que a mi madre le gusta mucho espiar»[15].

El padre de *Mujeres al borde de un ataque de nervios* es un play-boy que engaña a su mujer, recluida por su causa en un sanatorio psiquiátrico.

Átame presenta una relación entre hermanas. *Tacones lejanos* se ocupa del complejo de Electra, y *KiKa* estudia la conflictividad de un hijo Edipo, que acaba en asesinato.

El análisis de los personajes familiares en Almodóvar tiene concomitancias con Saura, Woody Allen, Bergman, Cela, Delibes o García Márquez. Todos ellos presentan los personajes familiares como represores y catalizadores de la vida de los protagonistas[16].

Los amigos son los otros personajes en los que se recrea, tienen una representación femenina; por este motivo el director es reconocido como conocedor del alma y el mundo de la mujer, convirtiéndose en un gran director de actrices.

La influencia de la comedia americana, la «comedieta española», Anita Loos y el comic femenino, tipo *Super Lily* o *Esther* han hecho que Almodóvar consiga en sus registros y tipos femeninos unos resultados sorprendentes.

[15] De los diálogos del film *La ley del deseo*.
[16] Véase nota 11, «A modo de biografía...».
Ana y los lobos, Hannah y sus hermanas y *Fanny y Alexander*.
Véase nota 3, «A modo de biografía...»
Véase *Mi idolatrado hijo Sisí*. Miguel Delibes. Novela adaptada al cine por Antonio Giménez Rico. Se encuentra en Editorial Destino, Destinolibro, vol. 31, Barcelona, 1982.
Véase *Cien años de soledad*. Gabriel García Márquez. Novela que se encuentra en Editorial Cátedra, Letras Hispánicas, núm. 215, Madrid, 1985.

Desde *Pepi...* a *Laberinto,* películas *underground* y de estilo «pop», herencia de *Chelsea Girls* de Andy Warhol, son un ejemplo clarificador.

El convento de hermanas de *Entre tinieblas,* los personajes femeninos de *Mujeres...,* *Átame, Tacones lejanos* y *KiKa,* recogen toda la versatilidad y amplitud de registros que tiene un personaje femenino en sus manos.

Estos personajes son: fuertes, bíblicos, libres y humanos, y estaban apuntados en sus primeras obras. En las otras películas como: *Matador, La ley..., Trailer...* y *¿Qué he hecho YO...!,* recoge, además, el resto de la galería de personajes que pueblan las grandes urbes del mundo. El realizador define así su predilección por los personajes femeninos: «Aunque decía Raphael que los hombres también lloran, las mujeres lloran mejor»[17].

Todos estos tipos de personajes que ha tenido en sus manos, algunos pasarán a la historia del cine como paradigmas; Pepi, Sexilia, la madre superiora de *Entre tinieblas;* Gloria, Cristal, la abuela de Chus Lampreave, María Cardenal, Tina, Pepa, Marina, Rebeca, Becky del Páramo o Juana, son, por derecho propio, personajes a la altura de Escarlata, Julieta, Marnie, Cristina de Suecia, Divine o Brenda.

Por el contrario, los personajes masculinos, apagados por la sensibilidad y abundancia de los femeninos, ocuparon su lugar a partir de *¿Qué he hecho YO para merecer esto!,* cuando se abre un mundo inusitado en su cine. Su galería, más crítica y menos complaciente que la femenina, nos abre una sociedad regida por el machismo, causa de las tragedias de la mujer. Hasta en *La ley del deseo,* película masculina por antonomasia, los personajes masculinos son la causa del atropello de las mujeres.

Los personajes de Almodóvar revisten, pues, un carácter feminista. Únicamente se igualan en *Matador, Átame* y *KiKa,* donde los personajes masculinos-femeninos, viven situaciones parecidas y están tratados al mismo nivel.

---

[17] Del *press-book* de *Mujeres al borde de un ataque de nervios,* editado por El Deseo, S. A., Madrid, 1988.

Si en *Matador* son asesinos, en *¿Qué he hecho YO para merecer esto!* el homicidio de Gloria queda justificado y perdonado por la situación angustiosa que vive a causa de su marido. *Átame* presenta un binomio semejante, procedencia social, vivencias y situación personal les llevan a entenderse, a comprenderse y a soportarse hacia una vida en común que se prevé tan triste como para la mayoría de los mortales.

Todos los asesinos en el mundo de Almodóvar pagan su crimen, exceptuando a Gloria y Rebeca, cuyo crimen presupone una liberación personal. La frase «no hay crimen perfecto», tan utilizada en medios cercanos a este género, es para el director dogma de fe.

Los niños en sus films revisten por lo general antipatía. Son molestos, inteligentes, conocedores del mundo de los adultos, y, mucho más equilibrados que ellos, se convierten en una mirada cínica hacia el mundo de los mayores.

Observadores y críticos comparten los mismos problemas y llegan a actuar y pensar como los adultos.

Desde *Pepi...* hasta *La ley...* son producto de su propio entorno social y familiar. Su introducción en el mundo adulto desempeña un papel de espejo.

Representan una transgresión del cine y la literatura infantiles, quieren tener su propia vida y brillan con luz propia. La niña probeta de *Laberinto...* llama a su madre «histérica»[18]. En *¿Qué he hecho YO...!* resultan adultos, se drogan, tienen relaciones homosexuales y «pasan» de los estudios. Vanessa, la niña telekinésica, resulta un revulsivo para su madre, le recuerda constantemente su soltería. En *La ley...,* Ada es una niña equilibrada, sabe lo que quiere, impone su voluntad y está también enamorada del protagonista. Rebeca, la niña de *Tacones...,* vive angustiada por el rechazo de su madre, llega a matar a su marido y le quita sus amantes, resultando una relación freudiana.

Los homosexuales son como personajes y representación, la constante más acusada del cine de Almodóvar, como Fassbinder o, en España, Eloy de la Iglesia. Presentados sin estridencias, están concebidos como seres iguales a los

---

[18] De los diálogos del film *Laberinto de pasiones.*

heterosexuales. Aparecen en todas sus cintas excepto en *Mujeres...*

Los travestidos y transexuales aparecen también más o menos profusamente en toda su filmografía. Ellos son la continuación feminista de la obra del director. Fabio Mac-Namara compone una tipología de ellos, a los que acompaña Almodóvar y, más tarde, Miguel Bosé y el grupo *Las diabéticas aceleradas.* Primero en *Pepi...,* más tarde en *Laberinto...,* donde ambos travestidos cantan el alimón. Herencia del mundo de Warhol, él, no sólo en sus cintas, sino cara al público, ya que no es sólo un seguidor del «pop» americano, sino también el único cineasta «pop» español que, además, ha sabido adecuar muy bien este universo artístico a su obra netamente española. También Morrisey y Waters tienen influencias y paralelismo. Divine, la musa del *underground* y el «pop», tiene su traslación en Fabio MacNamara, hoy Fabio de Miguel, y, en menor medida, en el personaje de Tina de *La ley del deseo,* y el de «Femme Letal» en *Tacones Lejanos,* mucho más cerca de Rainer W. Fassbinder.

Dos, pues, son los polos opuestos de estos personajes; el primero, como símbolo de la alegría, véase *Ocaña retrato intermitente;* el segundo, de introspección psicológica, caso de Fassbinder. Además, entroncan con la novela de Almudena Grandes, *Las edades de Lulú,* y el cine *hard-core.*

Los abogados, en los casos en que han aparecido, han sido siempre mujeres. Una, María Cardenal; la otra, Paulina, y, en ambos casos, implicadas. Resultan, pues, tan transgresores como los psiquiatras, sufren y se implican como todos los demás. María es asesina y utiliza a su defendido para protegerse, y Paulina es abogada feminista pero no ejerce, lo utiliza como reclamo.

También aparecen personajes que sin ser constantes, se repiten en algunas ocasiones, conformando un mundo particular y reconocible. Son de alguna forma parte de nuestra cotidianidad urbana, y guardamos con ellos una relación superficial:

— el taxista; tan utilizado y tan socorrido, es una presencia frecuente en su cine. Sin embargo, queda desarrollado en *Mujeres al borde de un ataque de nervios,* con un original taxitienda.

— Los dependientes; personas con las que entramos en contacto a diario, pero que no conocemos. Ferreteros, mozos de farmacia, drogueros (el propio director se reservó un papel para él en *La ley del deseo*).

— Los carteros; también tienen su lugar en el cine almodovariano. Debido a la tendencia epistolar del director, su aparición resulta imprescindible. Desde el cartero asediado por Fabio MacNamara en *Pepi, Luci, Bom y otras chicas del montón,* al Agustín Almodóvar de *Entre tinieblas,* nos ponen en contacto con nuestra propia realidad cotidiana.

— La florista gitana de Bibi Andersen en *Matador,* las periodistas, en *La ley...,* *Átame* o en *Tacones Lejanos,* se dedican a entrevistar personajes famosos. La burla-guiño del director a la prensa del corazón en *Laberinto de pasiones* hace que Jaime Peñafiel, periodista de la revista *Hola,* se trueque en Jaime Roca y la revista pase a llamarse *¿Qué tal?*

— Los cantantes y grupos de rock sólo los utiliza en *Pepi...* y *Laberinto...,* ya que por esos años surge una gran proliferación de grupos, y los conciertos en la Sala Rock-Ola de Madrid eran famosos en toda España, sala en la que actuó el mismo director acompañado de Fabio. Los Pegamoides, Kaka de Luxe, Radio Futura, Mecano, etc., todos ellos pasaron por ella y cimentaron las bases de la nueva música española. Este hecho, semejante al caso de los ingleses con Los Beatles y que Richard Lester llevó al cine, ocurrió con Warhol y los Velvet underground.

— Las porteras; imprescindibles en toda ciudad que se precie, no podían faltar aquí. «Metomentodo», y queriendo saber la vida y milagros de todos los inquilinos, son de lo más original. Desde la estreñida portera de *Laberinto...,* a la Testigo de Jehová de *Mujeres...,* son una fauna insustituible.

— Las asistentas y empleadas de hogar, de hogares modernos, hoteles y oficinas, son otra parcela de su cine que Almodóvar lleva a su culminación y homenaje en la película *¿Qué he hecho YO para merecer esto!*

Almodóvar ha ido sembrando su filmografía de personajes secundarios que más tarde ha ido desarrollando convirtiéndolos en protagonistas. Gloria como asistenta, Pablo

Quintero como homosexual, Tina como «travestón», María Cardenal y Diego Montes como asesinos, Marina como «yonqui» y actriz porno, Ricki como marginado, Becky del Páramo como gran diva de la canción moderna o Juana como asistenta lesbiana.

Sus personajes evolucionan al unísono con nuestra sociedad, al mismo tiempo que evoluciona el mismo director, ya que éste es testigo de comportamientos y actitudes de nuestra época.

Resulta curiosa la constatación de la proyección personal y familiar del director, así como su evolución en su propia obra. Su madre, personaje ineludible de su filmografía, es un fiel reflejo de esta evolución; su bienestar personal y social a raíz del éxito popular y económico de su hijo hace que, incluso en sus papeles y en la decoración de la casa, cambie, pues ya no es la señora de pueblo, ahora es una señora cuidada, mejor vestida, con una cocina de «anuncio», como aparece en *Átame,* y espejo donde se mira la tercera edad del país, de rural a burguesa, *KiKa* es la continuación de la incultura en la televisión.

Por último, dentro de este apartado, insistir en la idea que recoge Almodóvar de la comedia y sus personajes, ya implícita en la multiplicación de Aristófanes, Plauto, Moratín, Jardiel Poncela, Arniches, el cine español de Bardem y Berlanga, la comedia americana, el folletín y el mundo del «pop».

EL SEXO

—Yo soy pansexual[19].

—Por una parte es algo higiénico, y como tal no debe olvidarse. Hay una parte puramente fisiológica que hay que tener en cuenta. Cuando uno no está enamorado, uno tiene que cuidarse de su higiene en este sentido. Pero con el tiempo esta parte meramente fisiológica va debilitándose.

---

[19] Artículo de *Interviú,* Madrid, 12 de junio de 1982, pág. 35.

Ahora mismo no lo veo si no es acompañado como parte de un lenguaje sentimental[20].

—Yo soy muy sencillo en el sexo, cariñoso y tal. Hombre, una buena ejecución siempre está bien, pero no importa tener un orgasmo. En el sexo, como en todo, hay una manifestación de relación personal que tiene mucho que ver con el placer. Pero sí, soy muy simple. Hay cosas que no sólo desconozco, sino que bueno, ni ganas. En el sexo hay mucho circo y esa parte circense no me interesa, aunque sea muy literaria: para mi vida no me interesa[21].

—Yo cuando hablo de una relación homosexual nunca especifico. La única diferencia es que los cuerpos son masculinos, pero las relaciones se parecen mucho. Yo he tenido ambas relaciones, he vivido con un tío y he vivido con una tía, y era exactamente igual. En *La ley del deseo* hay una relación de chicos, pero no hay nada específico: los celos son los mismos, las debilidades son las mismas, el dolor es el mismo y la pasión que se siente es la misma[22].

—Tanto si se trata de erotismo puro (amor-pasión) como de sensualidad de cuerpos, la intensidad es mayor en la medida que se vislumbra la destrucción, la muerte del ser[23].

—Desde luego, Bataille estaba presente *(Matador)*. Cuando terminé el guión me di cuenta que el único modo de que pudiera aceptar la muerte sería haciéndola partícipe del placer. Dominarla, decidir yo sobre ella, restándole iniciativa a la fatalidad[24].

—Hablar tal cual de las cosas resulta escandaloso. No porque las situaciones lo sean, la gente sabe que ocurre cada día que dos chicos se acuestan juntos en cualquier lugar. Lo saben de sobra. Pero les escandaliza que esté puesto en una pantalla tal cual, sin juicios morales, sin

---

[20] *ABC,* dominical, Madrid, 20 de abril de 1986, pág. 42.
[21] Artículo de *Primera Línea,* núm. 16, Madrid, septiembre de 1986, página 45.
[22] Artículo aparecido en *Shows,* núm. 17, Madrid, 1987, pág. 17.
[23] Georges Bataille, *La literatura y el mal,* Madrid, Editorial Taurus, 1977, pág. 94.
[24] Véase nota 1 de la Introducción.

remilgos. El escándalo es siempre una cosa subjetiva del que ve[25].

—La película de Pedro Almodóvar *Tie my up, tie my down,* debido a unas fuertes escenas sexuales que contiene, será clasificada «X» en las pantallas americanas[26].

Después de leer todas estas manifestaciones en torno al sexo y al cine de Almodóvar, podemos analizar la postura del autor frente a la problemática que este tema planteó en España durante y después del franquismo, y que aun coleando todavía (no hay más que leer las *Cartas al director* de la prensa nacional de airados lectores de confesable fe), se enfrenta a él de una forma natural y espontánea.

Desde sus primeras obras, Almodóvar reclama el derecho al disfrute del propio cuerpo sin miedo. Esto, que escrito así suena normal, no era, por contra, la norma en la década de los 60, 70 o comienzos de los 80.

La represión franquista, aunada con la que ejercía la Iglesia, tenían, por decirlo así, diezmada a la población española, sexualmente hablando.

Los traumas y la desinformación sexual eran el pan nuestro de cada día. El sexo era sinónimo de pecado y las conquistas por la liberación sexual llevadas a cabo por varios colectivos en todo el mundo eran desoídas en nuestro país.

Sin embargo, «El Mayo del 68» francés trajo muchas conquistas al país, debido sobre todo a su cercanía geográfica. Paralelamente, España se había convertido en el paraíso del mundo «hippye», la isla de Ibiza era para ellos un Edén. El lema «Haz el amor y no la guerra» era la frase acuñada por todas las personas liberadas del país. Los «mass-media» se alimentaban carnalmente del turismo y de las películas llamadas de destape.

El paraíso que era España para la cultura «hippye»,

---

[25] Véase nota anterior, págs. 206-207.
[26] José María Carrascal, *ABC,* Madrid, 7 de junio de 1990, pág. 17. Hal Hinson, «Cultura», *El Correo de Andalucía,* Sevilla, 11 de junio de 1990, pág. 39.

estaba, sin embargo, vetado para los autóctonos. La represión era el acicate con el que el franquismo movía a las masas. La virginidad, cuyo símbolo ha quedado hoy reducido a los caballos blancos de la célebre tonadillera Isabel Pantoja y sus «colegas» de la prensa del corazón, era aún tema tabú. Las relaciones prematrimoniales, de moda en los años 60-70, recordemos la película *John and Mary,* emblemática en su momento, o la película de Masó *Experiencia prematrimonial,* que la censura se encargó de cercenar en bien de la «moral pública», explicitan muy bien la situación.

El sexo estaba encaminado hacia el matrimonio y la procreación; ése era y es el mensaje del Vaticano y como tal se aceptaba. Juan Pablo II continúa, pues, la misma bandera.

La homosexualidad era considerada enfermedad, y tipificada dentro del Código Penal como de Peligrosidad Social. Ante esta situación hubo no pocos intelectuales que criticaban la situación del sexo en España y la ausencia de libertades.

Los secuestros de prensa, películas y cualquier género que tocara el tema por parte de la policía eran continuos. Si se trataba el tema ocasionalmente, las imágenes estaban absolutamente prohibidas.

Almodóvar vivió todos estos problemas y, sin embargo, ha sido el único director de cine de su generación que nunca ha tocado el tema del sexo como reclamo publicitario, exceptuando el «affiche» de *La ley del deseo,* que se cambió por una fotografía de la película en torno al tema de la homosexualidad.

El segundo encontronazo que sufrió el director con la censura se produjo en EE. UU. durante el estreno de su película comercial *Átame.* Considerada «X» por la censura americana, quedó restringida su visión; sin embargo, terminó por conseguir ante los tribunales la eliminación de dicha clasificación; fue sustituida por la de «para mayores de diecisiete años», con lo que vio limitada su difusión comercial. Con *KiKa* tuvo el mismo problema.

Su obra, reflejo personal del autor, aúna el derecho a autoafirmarse como artista libre. En este plano, su semejanza con Saura o Berlanga es contractual, pasando por las mismas situaciones que habían pasado éstos, pero en ejes opuestos, ellos en nuestro país, él fuera.

También Pasolini, que al realizar su llamada *Trilogía de la vida,* basada en *El Decamerón, Las mil y una noches* y *Los cuentos de Canterbury,* proclamaba el derecho al disfrute del propio cuerpo, vio cómo su obra se convirtió rápidamente en escándalo y pasto de morbosos. Resulta curioso recordar cómo Pasolini terminó por renegar de su propia obra, rodando a continuación su película más dura, *Saló, o los 120 días de Sodoma* [27]. Almodóvar, en la presentación de *KiKa* en EE. UU., decía: «No entiendo cómo, si saben que soy tan salvaje, me siguen proponiendo proyectos para rodar en Hollywood»[28].

No resulta, pues, extraño, que el sexo como revulsivo o atracción para el público sea en el director manchego una proyección real más que un reclamo publicitario. Las escenas eróticas son producto de la circunstancia de los personajes y no al revés. Todas ellas, que son pocas para un lapso de tiempo que comprende una década, están tratadas de una forma inusual dentro del mundo del cine.

En su primera época, se obvian. En *Pepi, Luci, Bom y otras chicas del montón,* no existen, hay alusiones, pero no aparecen en pantalla, es más literario que icónico, en la línea de *Sexo, mentiras y cintas de vídeo,* más que en la de *Emmanuelle.*

En *Laberinto de pasiones,* cuya razón de ser es el sexo: ninfomanía, homosexualidad, masoquismo, etc., no explicita escenas sobre el tema. Salvo en tres ocasiones esporádicas, aparecen las llamadas «escenas de cama», y en relación a la psicología de los personajes, tratándolas en tonos de comedia. Escenas que, aun pudiéndose llenar de carga erótica, se diluyen en pos del ritmo narrativo y la tónica coral de la película. Hay una referencia concreta a *Emmanuelle,* que recoge la idea general de comedia «pop» de toda la cinta:

---

[27] Jean Duflot, *Conversaciones con Pier Paolo Pasolini,* Barcelona, Editorial Anagrama, 1970.

[28] Entrevista a Pedro Almodóvar en Los Angeles, Ignacio Daruande, Madrid, *El Mundo,* 28 de abril de 1994.

—Yo nunca me había corrido en un avión.
—Ah, ah, ah, como en *Emmanuelle* [29].

El lenguaje es, digamos, el otro toque de escándalo en el cine de Almodóvar. Estaba ya en sus primeras cintas *underground,* y son el reflejo de una forma literaria dialectal. Esta forma que se utiliza entre los literatos españoles, véase Camilo José Cela, sin ser tachado de «mal hablado» o soez, pero en manos del director y en una pantalla adquiere carácter de insulto. Pero recordemos que este tipo de lenguaje ha sido bastante utilizado desde la Edad Media hasta nuestros días [30].

El uso, que no el abuso, de ciertos términos han supuesto un rechazo a la obra del cineasta por parte de ciertos sectores que han visto una provocación en una impronta personal. Esta impronta, que enlaza directamente con el estilo y el arte en la obra de Almodóvar, se estudiarán en su capítulo correspondiente, no sin mencionar aquí una parte de este lenguaje en su obra.

En sus títulos: *Folle, fólleme, Tim, Dos putas, o historia de amor que termina en boda, Sexo va, sexo viene.*
En las letras de sus canciones:

> Te quiero porque eres sucia,
> guarra, puta y lisonjera,
> la más hortera de Murcia
> a mi disposición entera.
> Sólo pienso en ti, murciana,
> porque eres una marrana [31].

Esta canción, junto con la «La Gran ganga» y «Suck it to me», y, en menor medida, «SatanaSA», son producto de la música «punk» y «heavy» que, importadas de Inglaterra,

[29] De los diálogos del film *Laberinto de pasiones.*
[30] Aristófanes, Plauto, Arcipreste de Hita, Fernando de Rojas, Calderón de la Barca, Quevedo, Cela y Alonso de Santos.
[31] Olvido Gara (Alaska) interpreta *Murciana marrana* de Almodóvar-Pegamoides en el film *Pepi, Luci, Bom y otras chicas del montón.*

conforman el espíritu revolucionario de la juventud frente a la sociedad burguesa imperante. El «punk» tuvo dos vertientes, una artística y otra social, representando la línea más dura de ver y concebir el mundo, pues propugnaba la insolencia y, a veces, la violencia, siendo frente a la generación «beat» o la «hyppie», el movimiento más duro contra la sociedad capitalista.

Almodóvar vivió este movimiento *in crescendo,* por lo que sus primeras películas recogen su influencia en su rebelión contra las costumbres y la imposición de la tradición.

Sus diálogos recogen sin aspavientos esta idea:

—Vengo meándome.
—Méate encima de ella, le refrescará.

—Lucía, vente ahora mismo a casa conmigo o te doy una paliza.
—No quiero, ¡cabrón!, ¡hija puta!, ¡maricón!

—Ven, mira mi chocho esquizofrénico.

—Aquí el ganador, tus deseos son órdenes para todos.
—Que me la chupe Luci[32].

—Es la primera vez que me acuesto con un chico y no follamos[33].

—¿Tú eres también monja? No niña, yo soy puta[34].

—Es que yo no me corro bien.
—Oich, la tienes morcillona[35].

—Vengo a acusarme de una violación.
—Las hay con suerte[36].

—Tina, ¿es verdad que te has vuelto lesbiana?

—Esta noche no follamos[37].

---

[32] De los diálogos del film de la nota anterior.
[33] De los diálogos del film *Laberinto de pasiones.*
[34] De los diálogos del film *Entre tinieblas.*
[35] De los diálogos del film *¿Qué hecho YO para merecer esto!*
[36] De los diálogos del film *La ley del deseo.*
[37] Véase nota anterior.

—En esa moto nada más que se sienta mi chochito[38].

—Yo hago el cine con los órganos genitales y el corazón.

—La pipa del coño.

—No pronuncie las palabras, puta y «yonqui».

—Me das 5.000 pesetas y echamos un polvo[39].

—¡Pero!, si tienes un lunar en el glande[40].

Todos estos diálogos reflejan un mundo cotidiano, real y urbano. Lenguaje de la calle, es una de las piezas clave de la obra almodovariana.

Relacionado con el sexo es un lenguaje utilizado generalmente por todos los estamentos de la sociedad.

Y volviendo a la iconología erótica, todas las escenas que siguieron a sus primeras películas desempeñan un papel diferente, dependiendo del argumento y su estructura general; en *Entre tinieblas* es pura insinuación: miradas, gestos o juegos de palabras, pero no existen escenas explícitas.

¿Qué he hecho YO para merecer esto! supone la utilización de la mujer como mero objeto de placer. El sentimiento feminista del director aflora en la defensa de los personajes femeninos, Gloria y Cristal. La primera, como una víctima propiciatoria del machismo; la segunda, representa la ironía y la burla del mismo.

Trailer para amantes de lo prohibido, como continuadora de la anterior, repite la misma idea, pero aquí el marido, verdugo, llega a sufrir el mismo castigo que infligió a su mujer, el engaño, y además es asesinado por ella misma, que encuentra al hombre de su vida.

Matador supone una mirada distinta al mundo del sexo. Las escenas, inusuales por su crudeza y pasión, elevan muy alta la tensión erótica, ya que el tema: pasión, sexo y muerte, así lo requieren. El sadismo, patente en anteriores films del director, toma aquí un nuevo giro, yendo de Sade

---

[38] De los diálogos del film *Mujeres al borde de un ataque de nervios.*
[39] De los diálogos del film *Átame.*
[40] De los diálogos del film *Tacones lejanos.*

a Bataille, pasando por Henry Miller, hasta llegar a Oshima, y con un homenaje a *Duelo al sol,* que preconizan el catártico final de los personajes.

Estas escenas, nunca vistas en el cine español, justificadas dentro del contexto, son un preludio de lo que será más tarde el mundo del sexo en su obra, sobre todo en *La ley del deseo, Átame, Tacones lejanos* y *KiKa.*

Si en *Matador,* Eros y Tánatos forman un dúo indisoluble, en las demás el sexo es placer, comunicación y, en último caso, un fin en sí mismo.

Ya que *La ley del deseo* significa la sublimación del amor homosexual, sin ningún tipo de inhibiciones, al igual que Frears en *Mi hermosa lavandería,* Fassbinder en *Querelle,* o Eloy de la Iglesia en *Los placeres ocultos,* y su evidente conexión con *La gata sobre el tejado de cinc caliente,* obra que se repite en toda su filmografía y que, en palabras del director: «es una película que me ha marcado desde los doce años» [41].

Las situaciones y personajes en el mundo del sexo almodovariano entroncan, además, con el mundo clásico, Lisias, Safo, el mundo medieval en *Cuentos de Canterbury,* y el mundo contemporáneo de Pasolini, Visconti, Juan Goytisolo o Luis de Villena.

En *Átame, Tacones...* y *KiKa,* el director retoma el tema heterosexual, donde resuelve muy verídicamente los postulados sexuales de la pareja. En las tres, las escenas referentes al sexo resultan apasionadas y cómicas, permitiéndose, en el primer caso, hacer un homenaje caleidoscópico sexual al mismísimo Busby Berkeley, a la vez que a Warhol, y, en el tercer caso, hacer cómica una prolongada violación.

Almodóvar representa, pues, la hiperrealidad frente al mundo elíptico de Carlos Saura [42]. En primer lugar, porque las circunstancias políticas lo imponían, y en segundo, por el propio carácter del autor.

---

[41] Artículo de *Première,* núm. 169, París, mayo de 1990, págs. 74-75.
[42] Antonio Holguin Muñoz, *Carlos Saura o la elipsis,* tesina sobre el director aragonés, 1978.

Almodóvar es un autor que se adscribe al pensamiento buñueliano, cuando éste, al referirse a la problemática de la existencia de Dios, lo hace con estas palabras: «Soy ateo por la gracia de Dios»[43].

El elemento religioso y teológico es para el director pura iconografía, ya que en su cine el problema metafísico no tiene ningún planteamiento.

La Iglesia Católica y su papel durante la dictadura de Franco no le causaron ningún tipo de trauma, ya que es un liberado frente a la represión eclesial, tomando de ella solamente el aparato decorativo, dejando, pues, de lado su papel meramente alienador.

Su cine adquiere así unas cotas de libertad y modernidad, gracias a la no injerencia de la mediatización de los traumas personales, como en Buñuel, Bergmann o Allen, para los que el problema de la existencia de Dios es una constante búsqueda.

Esta postura de no injerencia en la cuestión religiosa en su obra queda patente en *Entre tinieblas,* pues a pesar de tener un trasfondo religioso no plantea una temática puramente teológica, sino más bien es la descripción realista de un convento de religiosas que, recordando *Fortunata y Jacinta,* de Galdós, queda situado en el contexto de los años ochenta. Del tema de la religión dice lo siguiente el director: «La religión es elemento que está estrechamente vinculado a la cultura española, y, aunque los jóvenes nos preocupemos mucho menos por ello, lo cierto es que está ahí. Aunque yo no sea practicante, ni me sienta católico, en el fondo está presente en mi vida»[44].

«Te enriquece muchísimo. A través de ella recupero una época muy siniestra de mi vida; cuando estudié en los salesianos pensaron que, como era un poco raro, quedaría

---

[43] Luis Buñuel, *Mi último suspiro,* Barcelona, Editorial Anagrama, 1987, pág. 7.
[44] Comentario en *Dirigido por,* núm. 108, Barcelona, octubre de 1983, página 45.

Además el *Pop-Art* en la moda

divinamente como un cura. Allí se ligaba y no en los sitios modernos»[45].

«En *Entre tinieblas,* voy descubriendo los *travellings,* los primeros planos y los planos picados, que serán una constante en mi cine. Hay quien dice que estos planos quieren mostrar el punto de vista de un Ser Superior, de Dios, por ejemplo, ya que estamos en un convento. Pero realmente no tenían esa función. Empecé a utilizarlos porque trabajábamos en decorados e interiores que lo permitían. En esta película hay muchos momentos en que conviene mirar las cosas desde arriba, no por soberbia o por una asimilación a Dios, sino porque es una manera de aprisionar al personaje contra el suelo. Los hundes, y eso va bien a la narración[46].

«La religión está en todas mis películas a partir de *Entre tinieblas.* Está en *Matador,* está en *La ley...,* e incluso en *Qué he hecho YO...!* en la figura de la abuela que tiene una religión muy práctica, con la que se encomienda continuamente a los santos, utilizando la religión como un apoyo para sobrevivir. Pero en *Entre tinieblas* lo importante es la ausencia de religión entendida desde otro punto de vista, con otro sujeto y otro objeto. Es decir, los sentimientos religiosos los provoca otra cosa que no es Dios, y la piedad está referida a otra cosa. La religión es el lenguaje que el ser humano se ha inventado para relacionarse con algo Superior, y ese lenguaje contiene una serie de rituales que pasan por la piedad. Lo paradójico de esta película es que estas monjas tienen una religión, pero no es una religión inspirada por Dios. De hecho, ellas se han alejado hace tiempo de Dios, su misión de apostolado hace tiempo que no funciona, y en todo ese tiempo de espera y seguir viviendo, cada una se ha ido dedicando a sus cosas, a sí mismas, y se han ido alejando de Dios, acercándose cada vez más a su propia naturaleza»[47].

En estas declaraciones, Almodóvar manifiesta de una forma patente y clara su relación con la religión, pero en sus

---

[45] David Deubi, *No se lo digas a nadie,* edita Muestra Cinematográfica del Atlántico, Cádiz, 1987.
[46] Véase nota 1 de la Introducción.
[47] Véase nota 1 de la Introducción.

películas el elemento religioso desempeña un papel eminentemente decorativo, herencia, por un lado, de la pompa represiva franquista, y, por otro, del elemento puramente «kitsch».

Esta tendencia iconográfica del realizador le viene dada, además, por los ritos que en torno a la Iglesia se celebran en Andalucía, región donde el elemento religioso tiene unas características meramente profanas. Desde el Neolítico, cuando los pueblos mediterráneos descubrieron el ocio y la jerarquización de la sociedad[48], el problema religioso es común a todas las civilizaciones.

Sin embargo, fue en Grecia y más tarde en Roma donde el elemento religioso tomó una función determinante en la sociedad, adquiriendo un tono dogmático e iconográfico que más tarde, en el siglo XVII, con la Contrarreforma de la Iglesia Católica y el Barroco, inundaron la geografía andaluza.

Misas, fiestas locales, romerías e iconografía religiosa fueron tomadas del mundo greco-romano y trasladadas al mundo religioso andaluz y castellano. De manera que los mitos pasaron en esencia al arte religioso contrarreformista y así han llegado hasta nosotros.

Si los hogares españoles, como había ocurrido antes en el mundo greco-romano, tienen representaciones religiosas, a modo de «protectores», éstos han supuesto la creación de una industria de elementos figurativos religiosos con un carácter eminentemente popular y «kitsch». El cine almodovariano, como testigo ocular de nuestro tiempo, se ha visto imbuido de esta parafernalia.

A la sombra de esta devoción popular han ido proliferando imágenes de distintas advocaciones y devociones que, realizadas en toda clase de materiales y tamaños, han minado todos los hogares[49]. Imágenes y recuerdos que el realizador ha ido proyectando en toda su obra. Debido en parte a

---

[48] Gordon Childe, *Los orígenes de la civilización,* edita Fondo de Cultura Económica, Madrid, 1954.

[49] Antonio Sánchez Casado, *El* kitsch *español,* Madrid, Ediciones Temas de Hoy, Colección El Papagayo, 1988.

su educación y circunstancia social, hacen que conjuguen equilibradamente con los postulados del «pop» americano.

Desde la figura de escayola del «Niño Jesús» en *Pepi, Luci, Bom y otras chicas del montón* hasta las Vírgenes barrocas de *KiKa,* todas sus cintas presentan esta serie de elementos decorativos, que junto con los realmente profanos, componen su particular escenografía fetichista.

Esta escenografía, espejo de una clase de estrato social bajo, cobra todo su efectismo en cuatro películas muy concretas de su filmografía: *Entre tinieblas, ¿Qué he hecho YO para merecer esto!, La ley del deseo* y *Átame.* Todas ellas revisten un carácter paralelo, y se interrelacionan entre sí, tanto estética como temáticamente.

Entre tinieblas, film que sería religioso por naturaleza, huye del estereotipo, reduciendo lo espiritual a lo humano, aglutinando una serie de referencias religiosas que ya estaban en su obra *underground* y en sus dos primeros largos comerciales. El recargamiento decorativo, puramente barroco, lo toma del gusto andaluz; no en vano los decoradores, Pin Morales y Ramón Arango, visitaron conventos andaluces para su inspiración. Teniendo además en cuenta que las fiestas de primavera andaluza suponen un punto de encuentro de una fauna *gay* de todos los rincones de la geografía nacional[50], tenemos la explicación de la utilización de esta serie de elementos en la obra del director.

Sus vírgenes no son castellanas o manchegas, como corresponderían a sus raíces, sino que son absolutamente andaluzas: figuras de palio míticas y nada religiosas, sino profanas, por lo que «Sor Víbora», a modo de Cecil Beaton en *My fair lady,* las viste a la moda de la temporada, como ocurre en la capital andaluza, donde la posición de velos y sayas depende de la temporada, y las distintas hermandades marianas mantienen una dura pugna estética a la hora de sacarlas a la calle.

Este sentimiento estético-profano, más que religioso, es el que mueve a Almodóvar en su concepción espiritual y le

---

[50] Maruja Torres, columna del *País Dominical,* Madrid, 2 de junio de 1985.

da pie para atacar la falsa espiritualidad popular, a la vez que se impregna de su estética.

Este hecho, constatado por el antropólogo Isidoro Moreno[51], es el móvil que atrae a las masas hacia otros fastos religiosos, amén de los altares, Cruces de Mayo y romerías que proliferan por toda Andalucía en primavera, consecuencia, como ya anotamos antes, de la pervivencia del mundo fenicio y clásico de la Península Ibérica.

Toda la estética religiosa de *Entre tinieblas,* junto con la excusa temática para llevarla a efecto, conforma con *¿Qué he hecho YO para merecer esto!* el lado opuesto de su concepción estilística y espacial. La primera supone una mirada religiosa con toque profano, mientras que la segunda refleja lo contrario, siendo cada una de ellas cenit de su filmografía en cuanto al ámbito decorativo, pues a partir de estas dos películas monotemáticas, confluirán todas las demás.

La ley del deseo, Átame y *Tacones lejanos,* comulgan de estas dos vertientes, elementos religioso-profanos, y en menor medida *Mujeres al borde de un ataque de nervios* retoma este gusto decorativo.

En la primera, las figuras religiosas femeninas son míticas, como ya apuntábamos antes, saltando de lo religioso a lo profano, las advocaciones marianas se proyectan a su vez, en las grandes actrices o mitos: Ava Gardner, Marylin Monroe, Brigitte Bardot e incluso Amanda Lear, revisten por su ubicación en el despacho de la Madre Superiora, la misma significación que una Virgen de las Aguas, de la Macarena o del Rocío, semejante a la cabina de un camionero, repleta de vírgenes y *stars.*

En *La ley del deseo,* la configuración de un altar a modo de Cruz de Mayo andaluza representa el punto de vista de una niña, Ada; empeñada en llevar a cabo su comunión con Dios, es el polo opuesto al mundo ateo de los adultos, pero ruega por ellos ante el altar. Al final de la película, la muerte de Antonio en brazos de Pablo y, como fondo el altar de Mayo, recoge la idea transgresora y de oposición

---

[51] Isidoro Moreno, *Cofradías y hermandades andaluzas,* Granada, Editoras Andaluzas Unidas, 1985.

entre la homosexualidad y la rígida moral católica, y a su vez representando un tema puramente clásico dentro de la iconografía católica, una transgresión temático-figurativa como ya hiciese Buñuel en *Viridiana* con *La última cena* de Leonardo da Vinci o Pier Paolo Pasolini en *El Decamerón* con Giotto y Simone Martini. Almodóvar utiliza a Miguel Ángel dentro de una escenografía barroco-andaluza, que pone de manifiesto su no-adscripción católica al rechazar su fuerza represiva.

No es apología homosexual semánticamente, pero sí lo es de forma icónica. En el cine de Almodóvar, pues, no hay nada gratuito o casual, todo está absolutamente medido al servicio de una idea y de unos personajes. Estamos, pues, constatando una obra dentro de un espacio vital, tan cercano aquí a Woody Allen y su problemática religiosa. El primero, huyendo de una religión represora y nada altruista, osando transgredirla, y el segundo frente al problema que le plantean sus raíces judaicas y sus dudas existenciales. Además, la alusión a otras religiones que ambos muestran en sus películas, *Mujeres al borde de un ataque de nervios* con la portera Testigo de Jehová, y *Hannah y sus hermanas* con la aparición del Hare Khrisna, como posible creencia sustitutoria del judaísmo.

Átame es desde sus comienzos pura iconografía religiosa. La aparición en pantalla de un cuadro con el Corazón de Jesús y de María, multiplicados por tres en forma de serigrafía del más puro estilo Warhol, están, sin embargo más cerca del retrato de Marylin del mismo Warhol, que del almanaque del ama de casa convencional.

Apareciendo además: una virgen barroca, un cuadro del más puro *kitsch* de Jesús y sus corderos, junto con la estampa del Ángel de la Guarda y una escultura del martirio de San Sebastián, de inevitable referencia gay.

Todos ellos guardando una estrecha relación con el estrato social del que procede el director. Señalando además el paralelismo de estas estampas con el cine de Jonatham Demme y el *Cry baby* de John Waters, que más tarde repitió como decoración en *KiKa*.

Tacones lejanos representa el reverso de *Átame,* y la

iconografía religiosa da paso a la profana, teniendo como referencia un nuevo martirio de San Sebastián y una virgen barroca sudamericana de clara influencia andaluza.

Por último, la Iglesia Católica como represora en manos de organizaciones como el Opus Dei, tiene su sitio en el papel de madre de Julieta Serrano en el film *Matador,* configuran la animadversión hacia la Iglesia Católica del director, fruto de una España represora que en base a tres pilares: Iglesia, familia y Estado, supo mostrarnos el aragonés Carlos Saura en su película *Ana y los lobos,* los cuales quedan escindidos en el cine de Almodóvar en torno a las relaciones humanas, frente a un mundo religioso, represivo y castrante del que sólo conserva su iconología[52].

EL ELEMENTO POLÍTICO

La política en el cine de Almodóvar es de las constantes menos repetidas, sobre todo porque es un tema referencial tanto en su vida como en su obra. Sin embargo, en su época *underground* realizó, en el año 1974, un corto titulado *Film político* donde estaba muy clara su postura de no adscripción en ninguna corriente ideológica concreta, dejando sin cabeza a los «títeres» de uno y otro bando. En la década de los 80 se ha referido en multitud de ocasiones al tema en diferentes entrevistas concedidas a diversos medios de comunicación.

Aparte del ya citado *Film político,* en *Pepi, Luci, Bom y otras chicas del montón,* hay una alusión concreta al problema etarra. Esta alusión en tono irónico aparece sobre los titulares de un periódico de gran tirada haciendo referencia a una posible retirada de E.T.A. hacia el Sur.

El problema terrorista aparece en dos ocasiones más, en *Laberinto de pasiones* y en *Mujeres al borde de un ataque de nervios.* En la primera son terroristas chiítas que con un piso franco en Madrid intentan secuestrar al hijo del Emperador

---

[52] Erwin Panofsky, *Estudios de iconología,* Barcelona, Tusquets Editor, 1973.

de «Tirán»; el tema no es más que un pretexto para el desarrollo del argumento central. En la segunda, como traslación de la primera reviste el mismo papel, aunque en ésta intervenga la policía y aparezca la noticia en los medios de comunicación.

Hasta *La ley del deseo,* película localista donde Almodóvar abandona por primera vez el paisaje urbano, no aparece el tema referido a la política. La localización de exteriores en Andalucía trae consigo la utilización de la entonces recién estrenada Autonomía y el Gobierno Andaluz.

Antonio, el coprotagonista, es hijo de un diputado socialista de casa solariega, a semejanza de Rodríguez de la Borbolla. Esta circunstancia, llena de actualidad en su momento, es un reflejo de la sociedad andaluza, por la cual el director no toma partido.

Preguntado por varios periodistas sobre el tema, el director siempre contesta: «No me interesa el tema político, no le va al carácter de mis películas»[53].

Incluso en las elecciones generales al Congreso y Senado de 1989, el P.S.O.E., aprovechándose del prestigio de diferentes figuras de la cultura nacional, lanzó un vídeo de campaña electoral para atraer la intención del voto. El director presentó un escrito personal de protesta al partido, huyendo de la denuncia conjunta de los demás personajes aduciendo: «No tengo intención de votar al P.S.O.E., ya los voté en la última legislatura, pero me han decepcionado»[54].

En *Mujeres...,* ante el problema que existía en el Ayuntamiento de Madrid por la recogida de basura, intentó que Juan Barranco, el entonces alcalde socialista, hiciese un papel de recogedor de basuras, pero éste, ante la coyuntura que tenía planteada, desistió.

En *Átame* plantea el problema de la precariedad de los sueldos de los jubilados, haciendo una comparación con la situación de los jubilados alemanes. Sin embargo, en *Tacones*

---

[53] Paula Ponga, entrevista, *Nuevo Fotogramas,* núm. 1.738, Barcelona, 1988, pág. 46.

[54] Artículo de *El País,* Madrid, 28 de mayo de 1989, pág. 37.

lejanos el realizador menciona por primera vez en su cine a los exiliados de la Guerra Civil.

Estamos, pues, ante un cineasta desencantado de la política, y como la mayoría de los intelectuales se ha decantado por el absentismo electoral.

CINE DENTRO DEL CINE

El cine dentro del cine ha sido una experiencia que muchos autores, por su dedicación al Séptimo Arte, han vertido en su obra.

Almodóvar, cinéfilo de *pro,* no podía menos que introducirnos en su concepción cinematográfica a través de sus «fantasmas» cinematográficos. Desde sus primeras películas, va exponiendo sus preferencias y sus influencias del mundo del celuloide.

En primer lugar aceptando su compromiso con la contracultura, el *underground* y el *pop. Underground* por afinidad estética, narrativa y económica se acerca al lenguaje de Warhol, Pekas, Waters y Antoni Padrós.

En *Pepi, Luci, Bom y otras chicas del montón,* cinta *pop* por antonomasia, hace un homenaje a Warhol con la aparición en la pantalla de la portada del *Interview,* además de su desarrollo narrativo y formal al estilo de los films del mismo Warhol, personaje que por sus afinidades con el realizador manchego está presente en toda su filmografía.

De la misma forma que Woody Allen homenajea a Bergman en *Memorias de un seductor,* o Saura en *Cría cuervos.* Además Almodóvar recupera actrices de los 50 y 60 en España, protagonistas de comedias tan populares como *Las chicas de la Cruz Roja, El día de San Valentín* o *Amor bajo cero;* Katia Loritz, Helga Liné o Josele Román. Barajándose los nombres de Irán Eory y Sara Montiel para otras películas suyas. Todas ellas, junto a Chus Lampreave, Charly Bravo o Luis Ciges, componen la continuación y el homenaje de Almodóvar al cine español de los años 50, 60 y 70, en películas de Berlanga, Bardem, Fernán-Gómez, Luis Lucía o Armiñán.

Estos actores cobran nueva vida a las órdenes del manchego, resultando por su actuación totalmente novedosos y únicos. Ejemplo, por otra parte, semejante a la labor de Carlos Saura con actores de la talla de José Luis López Vázquez o Rafaela Aparicio, dando un giro inusitado a sus adormecidas carreras, y que en el caso que nos ocupa adquiere una importancia mayor, puesto que su cine ha traspasado nuestras fronteras.

La admiración de Almodóvar por las películas de serie negra y de terror también le ha llevado a homenajear a sus maestros, como Brian de Palma en el personaje de la niña telekinésica de *¿Qué he hecho YO para merecer esto!*, homenaje a *Carrie*, y, sobre todo las continuas referencias a Hitchcock y su cine, pensando incluso hacer un *remake* de *Los Pájaros* con vaginas en lugar de aves.

También el homenaje al neorrealismo italiano y la comedia negra española son evidentes en *¿Qué he hecho YO para merecer esto!*

El cine americano adquiere una significación extraordinaria en su obra. *Matador,* con el encuentro de los protagonistas en un cine mientras pasan *Duelo al sol,* premonición de sus vidas, equivalente al caso del *E.T.* de Spielberg y la escena de la borrachera, mientras se proyectaba por televisión *El hombre tranquilo.*

Los títulos de crédito de *Matador,* cercanos a Hitchcock, con secuencias de films y tomas de películas de terror serie B, al estilo de *Terror en Amytiville* o *La matanza de Texas,* que a su vez retoma en *Átame* con la proyección en televisión de *La noche de los muertos vivientes* de G. A. Romero, o *La invasión de los ladrones de cuerpos.*

En *Mujeres al borde de un ataque de nervios,* donde la profesión de dobladora de la protagonista es ya un homenaje al cine, recrea además la acción en el clásico *Johnny Guitar,* como el de *Esplendor en la hierba* en *¿Qué he hecho YO para merecer esto!*

Homenajes que les acercan al mundo nostálgico de Tornatore en *Cinema paraíso,* y Ettore Scola en *Splendor.* Señalando además el glamour de las comedias musicales americanas con el papel de Bibi Andersen-Gilda en *Trailer para*

Almodóvar entre los mejores directores de la década de los 80 en España con dos películas. Cinefilia, homenajes e influencias del cine en el universo almodovariano

amantes de lo prohibido, y el homenaje de la misma actriz en *Tacones lejanos* al musical *West Side Story.* En *KiKa* hay un explícito homenaje a *El merodeador* de Joseph Losey, y a la perestroika con un fondo de girasoles al final del film, además de una referencia cinéfila a *Los girasoles* de De Sica, rodada en la Rusia comunista.

Hay otro aspecto de su obra que es una referencia continua al mundo que engendra y rodea al cine, en ambientes, personajes y declaraciones personales.

Desde *¿Qué he hecho YO para merecer esto!,* las inquietudes profesionales del director pasan a la pantalla a la vez que sus propias teorías y opiniones acerca del cine. La primera escena de la película, donde se muestra un rodaje en una plaza madrileña, llena de grúas, cámaras, luces y técnicos, es ya de por sí una simbología transgresora. ¿Es Gloria un personaje real o está sacado de la ficción?

Trailer para amantes de lo prohibido supone una mirada interior a su propio universo cinematográfico, a la vez que un autohomenaje que refleja la capacidad intelectual y creativa de este polifacético realizador. Pues, haciendo un trailer de su película *¿Qué he hecho YO para merecer esto!* sin mostrar escenas de la misma, hace una extraordinaria y gratuita publicidad al film, al mismo tiempo que inventa otra historia basada en el mismo.

Siguiendo por este camino, el director llega a un punto en el cual necesita hacer una introspección sincera ante el espectador de su trayectoria personal y artística, realizando su película más personal *La ley del deseo,* esta necesidad de expresar la fuente de inspiración y la energía creadora es una parcela del individuo como artista que está reservada a los genios. Como ocurre con Van Gogh, Bergmann, Truffaut, Bowles o en último caso Terenci Moix o Frida Khalo, que se han atrevido a mostrar su propia realidad a través de su propia obra de una forma auténtica.

El personaje de Pablo Quintero (Eusebio Poncela) tiene una doble ambivalencia dentro de este contexto, y el director se ha referido a ello en varias ocasiones: «El anecdotario personal rara vez funciona en el cine lo que sí representa y de un modo muy explícito es mi manera de ver ciertas cosas»[55]. «Hay un personaje muy cercano a mí mismo, que tiene mi misma profesión, y eso es propio de una primera película, aunque yo he esperado a la sexta para hacerlo.» «En todas están las cosas que amo, las que odio, las que deseo, las que me dan miedo»[56].

A lo largo de toda su filmografía como realizador ha ido simbiotizando esta ambivalencia, como Truffaut desde *Los 400 golpes* hasta *La noche americana,* Almodóvar centró en *La ley del deseo* la explosión que poco a poco había ido alimentando en sus anteriores films.

En *Pepi, Luci, Bom y otras chicas del montón,* hay un esbozo de su quehacer cinematográfico en la realización de un espot publicitario, y alguna vaga referencia al cine.

Su forma de dirigir nos la muestra ya *Laberinto de pasiones,* mezcla de improvisación y rigidez en base a un guión preestablecido. Esta herencia, por otro lado clásica del «neorrealismo», *nouvelle vague* y *underground,* es una constante de todo su cine, que, debido a su éxito internacional, han contribuido a un mayor rigor en la ejecución del guión original, donde se establecen pocos cambios. Este resultado, evidente ya en *Mujeres...* y, sobre todo en *Átame,* película que sigue un guión cronológico, algo insólito en el cine, pero que ya hizo Carlos Saura aunque condicionado por sus historias y el presupuesto económico, reflejan las pautas que el director se ha marcado a la hora de dirigir sus películas.

La referencia más clara de *Laberinto de pasiones* nos retrotrae al cine de Truffaut y su reflexión cinematográfica en *La noche americana.* Dos personajes análogos: Fabio MacNamara y Valentina Cortese, actúan ante la cámara en un rodaje, pero olvidan sus papeles. El director Almodóvar-Truffaut consigue terminar felizmente la escena.

Es lo mismo que Almodóvar ruede una fotonovela y Truffaut una película, ambos hacen una transposición fílmica de su entorno y su relación con el cine, descubriendo ante el espectador cuáles son sus mecanismos en el momento de dirigir a sus actores, y los dos pretenden el mismo fin:

---

[55] Véase nota 1 de la Introducción.
[56] Véase nota anterior.

sacar el máximo partido al personaje que quieren representar.

Existen además varios puntos de contacto entre estos dos directores, que si bien en Truffaut se centran en *La noche americana*, Almodóvar, más rico en matices, los diluye en *La ley del deseo* y *Átame*, de modo que su obra tiene más coherencia por su continuidad que la del director francés en este punto concreto.

Desde *Entre tinieblas* a *Matador*, el campo del cine se utiliza como referencia, pero en *La ley del deseo*, el director por medio de su protagonista, se hace a sí mismo una autoexploración profesional y privada. El personaje principal, director teatral y cinematográfico, experimenta situaciones que son un reflejo de su creador, y gracias a ellas descubrimos el camino que lleva a Almodóvar a su propia labor creativa y profesional.

Situaciones, diálogos y actitudes, hacen un todo homogéneo entre Pablo Quintero y Pedro Almodóvar, e implicados de tal modo que la película resulta insustituible como referencia en toda su filmografía.

Desde su comienzo, el film nos introduce en el mundo cinematográfico y personal del director, que va desviando a su personaje principal. La pantalla se llena de «cine», que a su vez acompaña a los títulos de crédito, dejando ya muy claro desde su inicio su intención de introducir al espectador en sus mismas entrañas.

A partir de este momento la implicación en su personaje es total. Frases y actitudes nos llevan a comprender el cómo y por qué de su cine:

> —Mira; a mí las películas sólo me gustan hacerlas, pero no soporto verlas[57].

> —Para mí el cine es hacerlo, imaginarlo y construirlo. Lo peor es tener que hablar de ello[58].

La fiesta posterior al estreno de *El paradigma del mejillón*, la película en la ficción, es un reflejo de sus fiestas de

---

[57] De los diálogos del film *La ley del deseo.*
[58] Entrevista *Diario 16*, Madrid, 5 de febrero de 1982, pág. 43.

estreno, que son ya «clásicas» después de cada uno de ellos. José Miguel Ganga recogió en el capítulo correspondiente a *La mujer de tu vida,* serie televisiva que rodó en directo, el de *Mujeres al borde de un ataque de nervios.*

En cuanto a las fiestas, resulta paradójico que Almodóvar reuniera a toda la elite cultural americana y neoyorquina en el estreno de *Átame* y de *Tacones lejanos,* y sus posteriores fiestas en *Burn* la discoteca de moda de Nueva York para la primera y en *Bacchus* para la segunda, donde llegó incluso a cambiar la decoración del local. Este mismo ejemplo lo desarrolla Almodóvar en *Átame,* donde su madre, a modo de su propia *Factory* participa en la fiesta final de rodaje. Y como colofón la fiesta que dio en Madrid en el estreno de *Tacones lejanos,* con actuaciones musicales sacadas de la película, además de interpretaciones de escenas de la misma por las protagonistas. A partir de ahí, Almodóvar ofrece fiestas en los estrenos de *KiKa* en todo el mundo: París, Los Ángeles, Nueva York...

Esta yuxtaposición cine dentro del cine le conduce a una introspección desnuda y sin red. Por Pablo Quintero y el personaje irreal de Laura P., confirmamos que el director toma sus personajes del mundo que le rodea: familia, amigos, conocidos, etc., y que a su vez todos confluyen en la construcción de su universo cinematográfico.

Si para Pablo, la inspiración de Laura P. es Tina, Máximo Espejo (a su vez inspirado en *Luces de bohemia* de Valle-Inclán) es Marina, para el propio director su inspiración viene dada por la observación y conocimiento, tanto de sus propios actores como de sus familiares y amigos: Carmen Maura, Bibi Andersen, Fabio de Miguel, Victoria Abril, Francisca Caballero (su madre), sus hermanas y la «fauna» que lo rodea son su fuente de inspiración. Estos ejemplos tan evidentes en cuanto al papel de la musa inspiradora, del que ya apuntamos algunas pautas en la presentación de este trabajo resultan de una evidencia testifical en la obra de Almódovar.

Su material se alimenta de cotidianeidades, de igual modo que Truffaut nos relata el camino para llegar a la realización cinematográfica y la complejidad de un rodaje, Almodóvar prefiere el camino más arduo de la inspiración y la actividad creadora, como en el caso de Gonzalo Suárez y su película *Epílogo*. En Truffaut es un mundo más onírico, y en Almodóvar la realidad se complace en sí misma.

Además, existe también un punto de vista común, la insistencia de la constatación de la falsedad cinematográfica a través de los decorados. El nexo realidad-ficción viene dado en ambos casos, tanto en *La noche americana* como en *Átame,* a través de la recreación de la cámara de los falsos decorados, recogiendo más el esqueleto que la forma de los mismos.

Una vez contextualizados los personajes, cada director evoca su mundo cinematográfico y su discurso. En el director francés a través de él mismo, en Almodóvar a través de sus personajes.

Truffaut se interpreta a sí mismo como el director de su película *Pamela,* y a través de él relata las vicisitudes que rodea a la realización de una película en Europa: económicas, presiones del productor, cambios de última hora en el guión, etc. Almodóvar nos presenta su forma de ver, narrar y crear un producto cinematográfico independiente en *La ley del deseo,* y el ocaso de un director ante el rodaje de su última película en *Átame.*

Para Truffaut se trata de expresar empíricamente las dificultades por las que atraviesa un director de cine para llevar a cabo la realización de un film y su posterior difusión. Siguiendo un proceso cronológico el director francés importa una actriz norteamericana (Jacqueline Bisset) como protagonista para asegurar su difusión. Busca un reparto atractivo, contrata como actriz a la amante del productor, y cambiando escenas y diálogos sobre la marcha intenta dar término a su película.

El onirismo del director, que incluso le lleva a soñar freudianamente con su propia vocación cinematográfica, es la expresión más notable de su amor por el cine, que incluso llega a condicionar su propia vida, supeditando los sentimientos de sus actores a su historia para conseguir llevar a término su película.

Almodóvar, por el contrario, representa la labor de un

creador independiente, frente al poder de los estudios y de los productores, fundando su propia productora, elude un problema común a todos los directores de cine que desarrollan una obra personal. Por este motivo, Truffaut intervenía como actor en grandes superproducciones para luego poder realizar un cine personal (como sucedió con su participación como actor en *Encuentros en la tercera fase,* o como John Houston en *Annie*).

Esta causa provoca que Almodóvar se enfrente de una forma más real y más auténtica a su propio mundo artístico y vital. El personaje de Pablo Quintero es, pues, una reflexión profesional y personal.

Esta idea, que permanece a lo largo de toda la obra almodovariana, alcanza su apogeo en *Átame,* antepenúltima película. Las manifestaciones que acerca del cine vierte el personaje son las mismas que el autor manifiesta en sus declaraciones a los medios de comunicación. Teniendo en cuenta, además, las implicaciones literarias de este personaje con el mundo valleinclanesco, que van desde el nombre del director hasta los diálogos y situaciones, tenemos aquí una de las raíces de la «comedia negra española» en la filmografía de Almodóvar.

Su autenticidad se manifiesta en boca de sus personajes, y en ningún momento elude expresar sus propias ideas, pensamientos y opiniones en cualquier situación de sus películas que le sea propicia para ello. Esta introspección de su universo es un arma común en todos los creadores artísticos en todos los campos del arte. Pues para Almodóvar el cine se ha convertido en el motivo de su existencia, como para Picasso la pintura o para Byron la literatura; son mundos totalmente paralelos, y el cine ha supuesto para el realizador su vehículo idóneo de expresión, ya que para él, como para muchos otros, el cine, con mayúsculas, supone la aglutinación de todas las artes, y una persona inquieta, con un bagaje cultural propio, encuentra en el cine el medio ideal para transmitir todas sus inquietudes.

Estas inquietudes: sociales, personales, pictóricas, literarias y puramente cinematográficas, hacen de Almodóvar un director total, ya que nada en su obra es gratuito, todo está

estudiado milimétricamente, siendo el prototipo más fehaciente de lo que significa la modernidad: la adquisición de
una serie de valores culturales, vertidos, en su caso, en el
cine, que lo acercan más que ningún otro caso conocido a
los valores que poblaban el mundo del Renacimiento, ya
que no en vano los bocetos que hizo Guillermo Pérez
Villalta para la habitación de Sexilia en *Laberinto de pasiones,*
él mismo los llamó *La Capilla Sixtina de la Modernidad.*

En una entrevista que concedió el director antes de
iniciar el rodaje de *Átame,* decía:

> —¿Cómo te sientes?
> —Eufórico, por la idea de rodar de nuevo, y catatónico
> ante la incertidumbre del resultado.
> —¿A cuál de tus facetas pertenece *Átame?*
> —Será una película dura y romántica, más en la línea de
> *¿Qué he hecho YO para merecer esto!* y *La ley del deseo* que de
> *Mujeres...,* pero siempre con humor. Como siempre será una
> película urbana, con personajes muy marginales y muy
> vivos que luchan por sobrevivir y se refugian en el amor
> como principal terapia.
> —Como es habitual, tu inspiración viene de la calle...
> —Sí, comprendo que a nuestro país le interesen más los
> problemas de la *jet,* pero personalmente yo me siento más
> interesado por personas menos favorecidas socialmente.

En el mismo *press-book* aparecen declaraciones que definen muy bien al director y su relación con el cine:

> —Le dije a Tinín, mi hermano y productor: quiero hacer
> una película en plan Corman, que transcurra toda en el
> escenario de Pepa, así podremos amortizarlo.
> A mi hermano (y a mí) siempre nos han gustado los
> subproductos. La perspectiva de hacer dos películas en una
> me atraía mucho, pero ésa no era la única razón. Me
> encanta rodar en estudio porque me encanta mentir con un
> decorado, pero también me encanta que los decorados se
> representen a sí mismos, que lo falso represente la falsedad,
> que un estudio represente un estudio y que una pared esté
> sostenida por riostras. Ésa es la parte teatral que toda
> película lleva dentro, y que yo tiendo a desvelar. La fisio-

logía del lenguaje. La autenticidad del artificio. No hay nada más auténtico que el artificio desnudo.

Por estas razones, y por la necesidad de serle infiel a *Mujeres*... mientras la rodaba, en un fin de semana escribí el argumento de otra película que ocurriese en el estudio donde rodábamos, con los mismos actores interpretando otros papeles y donde no importaba que se vieran los focos, las plantas de plástico de la terraza de Pepa, las espaldas de los panós, la carpintería y ese circo indescriptible que supone la representación de una ciudad dentro de un espacio cerrado. También utilizaría los pasillos del estudio y los váteres.

Y continúa:

—Ya sabes que el mensaje de mis películas va dirigido al corazón y a los genitales[59].

Todas estas manifestaciones quedan reflejadas en las opiniones de Máximo Espejo y durante el rodaje del film *El fantasma de la medianoche*. Su forma de hacer, ver y dirigir queda patente en esta película. Además el director hace un pequeño estudio sobre la creación artística y las presiones externas e internas que llevan a un director a trocar el final de su película.

Esta intromisión de lo ajeno en una obra personal, aunque para Almodóvar es un problema desconocido, pues siempre ha rodado sus guiones sin ningún tipo de imposición económica o ideológica, lo utiliza como constatación de las dificultades que suponen para un director cinematográfico llevar a cabo la terminación de su propia obra, algo que es usual dentro del mundo de las productoras americanas.

VOYEURISMO

Partiendo del hecho de que la cámara es un ojo que mira sin ser advertido, descubriendo facetas ocultas de personas y

---

[59] Del *press-book* de *Átame,* editado por El Deseo, S. A., Madrid, 1990.

hechos, introduciéndose incluso en los objetos más insospe-
chados, nos introducimos en un mundo que es afín al
realizador en su forma de concebir uno de los componentes
más constantes en su obra: la observación de objetos,
hechos y personas, que nunca antes se habían mostrado en
la historia del cine, y que, sin embargo, por su cotidianeidad
se habían tratado sólo en el mundo de la pintura.

Este modo de observar hace que Almodóvar profundice
a su vez en el mundo del observador, del voyeur, adquiriendo dimensiones desconocidas hasta ahora en el cine, miradas
a través de asuntos, seres y objetos. Desde *Pepi...* hasta
Tacones..., el proceso toma una serie inesperada de giros
voyeuristas que alcanzan su cenit en *KiKa,* donde hace un
homenaje a *Peeping Tom* y donde además tenemos como
referencia el *Blow-up* de Antonioni y el *Doble cuerpo* de Brian
de Palma.

La proyección de su mundo visual le lleva a identificarse,
desde su primera película, con todos los movimientos de
vanguardia, aunque sobre todos ellos predomine el *pop*
americano de Andy Warhol, con el cual el director se siente
más identificado.

Aparte del arte, el otro mundo propio del voyeurismo, el
cine negro, está también en su cine: ventanas, escaleras,
esquinas, etc., conforman, junto con la visión de objetos en
sus formas más inverosímiles, un mundo a la vanguardia de
un movimiento cinematográfico que no dudamos en llamar
almodovarismo.

Este alimentarse de un mundo contemporáneo, tanto en
el fondo como en la forma, ha convertido al director en un
abanderado de la cultura moderna.

Su mirada hacia un mundo interior reviste caracteres
sincrónicos, por su cercanía a un mundo paralelo que le es
propio, donde la cotidianeidad de los elementos humanos
que pueblan las grandes ciudades hacen que éstos sean
vistos desde una perspectiva de observador frente a los
hechos que se nos presentan.

La identificación del mundo urbano en su cine, y más
concretamente su ciudad, Madrid, hacen que este observador de su propio entorno juegue con una serie de elementos

que son la base de su propio mundo iconográfico, tanto contextual como formal.

Situaciones, miradas y objetos están en función de lo que se ve a través de la propia óptica de los personajes y sus complicados entramados personales. Sus connotaciones referenciales son, pues, evidentes: por un lado, hay un culto al fetichismo en objetos y personas que lo relacionan con el *pop* americano y el estilo del *kitsch* genuinamente español, pasando de observadores a observados, y por otro, las referencias puramente cinematográficas que van desde el mismo Warhol, Morrisey, Hitchcock, Bigas Luna, Eloy de la Iglesia, Villaronga, Buñuel o los expresionistas alemanes, que de alguna manera utilizaron la imagen dándole un valor puramente cinematográfico, como en los pilares del cine mudo.

Este valor de la imagen como algo puramente cinematográfico es tan inherente al cine, como la escritura a la literatura, el color a la pintura o el pentagrama a la música. Sin embargo, al ser el cine un arte *total* hace que éste beba de todas las fuentes anteriormente citadas; aunque las partes se desequilibren y haya una super-posición de valores, sigue primando la función de la imagen dentro del espectro cinematográfico. Este aspecto del cine como arte *total* es precisamente una de las máximas del cine de Almodóvar.

Su mirada está llena de connotaciones visuales, es más un cine de hallazgos icónicos que literarios, aunque estos últimos aclaren los anteriores. Es así como su cine presenta unas características sumamente peculiares en torno al mundo visual que lo acercan a lo que conocemos con el nombre de voyeurismo por la forma que tiene de visualizar objetos, situaciones y personajes.

Desde *Pepi...* hasta *KiKa* son innumerables los ejemplos que podemos citar para ilustrar esta cuestión. El vecino de Bom y sus amigos mirando la fiesta de *Erecciones generales* con unos prismáticos mientras hacía el amor con su mujer para activar su sexualidad. Los objetos de arte de la película que la contextualizan. El paralelismo entre ésta y *Laberinto de pasiones,* donde la cámara recoge poco a poco la habitación de Sexilia.

Entre tinieblas representa el fetichismo religioso, a través de experiencias psicodélicas, y un repaso del barroco español bajo una mirada puramente *pop*.

El cenit del fetichismo en su obra viene representado por la película *¿Qué he hecho YO para merecer esto!;* recriminado por una parte de los críticos como zafio y «cutre», pasan por alto el contenido y la situación social de los personajes, hecho fundamental de la película, que provoca en el director un paroxismo fetichista en el más puro estilo del *kitsch* español. La baja clase social y sus enseres provocan un estallido de objetos de consumo que van desde los botes de detergente a los manteles de plástico, pasando por toda una suerte de objetos decorativos, que lo sitúan en un marco decididamente español[60].

Estos objetos cobran inusitadas miradas en su cine. La visión del interior de la lavadora cargada por Gloria, las paredes que se empapelan solas, los cuadros y el *travelling* de Gloria pasando por los escaparates, dan una perfecta visión de lo inalcanzable como mercancía para una familia proletaria, resultando una mirada testifical de su situación económica y laboral.

Matador es una mirada sin escrúpulos a la consecuencia de la represión religiosa. El voyeurismo de esta película tiene una clara equivalencia con *Peeping Tom*, y *KiKa*.

La ley del deseo es en esencia la representación de un voyeurismo interior, hacia la propia alma de los personajes. Destaca sobre todo el plano interior de las teclas de la máquina de escribir.

Mujeres... es un descubrir ante la cámara el alma de la mujer.

Átame es una vuelta al tema de *¿Qué he hecho YO para merecer esto!*, el mundo *kitsch* se enriquece con una decoración típicamente burguesa. Los primeros planos, mejor llamados aquí primerísimos planos, nos sitúan psicológicamente a los personajes.

Tacones... y *KiKa* exponen sus teorías en toda su amplitud. Continuadoras lógicas de *Átame*, donde el color apuntaba

---

[60] Véase nota 48.

como despegue, éste recubre paredes, calles, suelos, e incluso objetos decorativos. Manifestando el asentamiento del director en una nueva clase social, que le viene dado, por su éxito económico y social en todo el mundo.

LA TELEVISIÓN Y LA PRENSA EN EL CINE DE ALMODÓVAR

Desde sus primeras películas *underground,* el realizador estuvo interesado, como discípulo del *pop* por el medio televisivo y su influencia comercial en la sociedad.

La aparición de la televisión en su cine cobra un doble aspecto: 1. Como influencia del afán capitalista de la sociedad. 2. Como transgresor de programas televisivos de información, o los famosos Telediarios; y desde la aparición en España de las cadenas privadas, una sátira a programas culturales y a los *reality shows.*

1. La televisión como campo comercial y su influencia en el público ha sido desde su aparición una preocupación que ha llevado a sociólogos y psicólogos a su estudio. Desde su aparición en EE. UU., su influencia se ha dejado sentir en todo el mundo. Ellos, como creadores de la mercancía como objeto de consumo, propagaron por el mundo la necesidad del conocimiento de los productos por familias enteras que consumían al día más de diez horas de televisión. Las marcas comerciales se entregaron voraces al apetito televisivo, y en poco tiempo convirtieron la televisión en un escaparate comercial de primer orden, de manera que la calidad de un producto venía avalada por su aparición o no en los medios televisivos. Poco a poco las casas comerciales se fueron apoderando de los programas que iban registrando mayor audiencia, obligando al sufrido telespectador a adquirir sus productos, para poder formar parte de los concursos televisivos. El paso de los años y la influencia de la obra pictórica del genio de Andy Warhol convirtieron la mercancía en arte y el llamado *spot* televisivo americano enriqueció su propia estética y su propio mensaje.

Evaluando un estudio según las estadísticas, se llegó a la conclusión de que la mayoría de personas que veían programas televisivos y pedían su participación en concursos eran de sexo femenino. Por lo cual inundaron las pantallas de mensajes machistas que reducían el papel de la mujer a meras comparsas en el mundo masculino.

Todos los mensajes comerciales tenían una doble función: por una parte icónica, por otra literaria. El mensaje, directo, corto y certero, debía realizarse en el mínimo número de minutos, ya que la tasa de su pase por televisión encarecía en ocasiones el producto hacia unas cotas inimaginables.

La tendencia del *spot* se fue abriendo paso hacia otros derroteros, pero en base el mensaje iba poco a poco cobrando sus víctimas.

Almodóvar, consciente del problema que representaba este mundo, comenzó realizando un corto en Super 8 mm dedicado al mundo del *spot* televisivo y el mundo de la mujer, para ello uno de sus temas favoritos; la mujer como esclava del hogar. En este campo Almodóvar se ha convertido en el «mago» de los detergentes. Esta primera película titulada *Blancol,* reflejaba la insumisión de la mujer en las labores del hogar. Este punto, repetido en el personaje de «Sor Perdida» en *Entre tinieblas,* la monja maníaca de los detergentes novedosos y de la limpieza, es un reflejo del papel de la mujer relegada a las tareas del hogar, que por educación y necesidades alimentarias termina el resto de sus días como ama de casa. La aspiración máxima de toda mujer se reducía a mantener la ropa de la casa y la de su familia en puro estado virginal. Para ello critica y se enzarza en discursos kafkianos con las vecinas y familiares en una lucha por conseguir la blancura inmaculada.

Almodóvar mediante sus *spots* realiza una doble mirada al mundo de los llamados comerciales televisivos. En una primera acepción es un «guiño» a la propia sociedad de consumo, y en segunda una crítica ácida al papel del machismo en la sociedad actual. Su crítica más feroz en este sentido se encuentra recogida en el *spot* televisivo que realizó para *Mujeres al borde de un ataque de nervios,* donde la mujer representa la capa más baja de la sociedad, madre de un asesino del barrio lumpen de Cuatro Caminos al que la policía busca mediante las huellas de sangre que ella consigue eliminar con el detergente milagroso. La representación de la madre fuera de toda sospecha refleja una sociedad a la que el medio no acepta, es una crítica al mundo falso de la publicidad y a la propia sociedad.

El otro campo, el mundo de los juguetes, la ropa interior femenina y el café, a modo de *flou* fotográfico en el más puro estilo de David Hamilton, al igual que *Nueve semanas y media* consagró su estética para el cine.

El mundo de la juguetería infantil, lleno ya de juguetes imposibles, dio pie al director para que el personaje de Pepi, como impulsora de una agencia de publicidad, decidiese inventarse las muñecas con periodo, la única que todavía no se había comercializado, sobre todo porque la sociedad rechaza todo aquello que de alguna manera enturbia el bienestar familiar tendente a la educación de las niñas, en el futuro al servicio del macho.

La ropa interior femenina, utilizada como reclamo sexual en los comerciales televisivos, es para el director otra transgresión más de su cine.

El *spot* de bragas *Ponte* de la película *Pepi, Luci, Bom y otras chicas del montón,* como estética descafeinada en el más puro estilo *flou-kitsch,* se utiliza como multiobjeto para todas las necesidades que agobian a la mujer incluyendo la masturbación, ya que es también éste uno de sus fines, y, como encierra la frase publicitaria: «Hagas lo que hagas, "ponte" bragas»[61].

Estos efectos, que la sociedad desprecia por escandalosos, aunque sean hechos demostrados, son el acicate que utiliza Almodóvar contra la mentalidad burguesa y empalagosa de los comerciales televisivos. Además este *spot* rompe la idea general de ocultar al espectador su propia realidad y convierte a su vez a éste en *sketch* o entremés.

Otro aspecto, aunque semejante, reviste el anuncio del café. En su continuo ataque contra el sexismo y la televisión como fenómeno alienante de la sociedad, este *spot* es un

---

[61] De un *spot* del film *Pepi, Luci, Bom y otras chicas del montón.*

rompimiento con respecto a los anuncios de café como unificador familiar y compañeros de horas muertas, ya que aquí la protagonista narra en primera persona; después de que la cámara ha recogido enseres personales desordenados por el suelo, el «macho» decide ir a la cocina para preparar un café; cuando vuelve al tálamo tropieza con un zapato y arroja sobre su partenaire la taza de café hirviendo. El *spot* termina con una frase en boca de la protagonista que resulta sangrante al ver los «milagros» que se ha cobrado el líquido hirviente en el rostro de la protagonista: «Nunca olvidaré aquella taza de café» [62].

En su película *Átame*, Almodóvar se plantea por primera vez dentro de sus comerciales televisivos una crítica político-social de la situación de los jubilados en España y su marginación económico-social por parte del gobierno en el poder. Para ello utiliza una comparación entre la situación de éstos y un país europeo, en este caso Alemania. Comparando ambos *status,* nos convence del menosprecio con que la Adminitración trata a sus jubilados, que terminan por convertirse en pedigüeños a la puerta de la plaza de las Ventas para sobrevivir. Esta crítica ha sido una de las más fuertes y de más actualidad que ha realizado el director al sistema socialista recogiendo la protesta de todos los jubilados españoles.

Dentro de este apartado nos queda mencionar la colaboración de Almodóvar con el realizador de un programa televisivo, hoy desaparecido, llamado *Tatuaje,* en el que se utilizó su voz en *off* en el programa piloto, teniendo como fondo la famosa canción de Concha Piquer.

2. Los Telediarios:

Los Telediarios han sido para Almodóvar una obsesión a lo largo de toda su carrera. Preocupado por la seriedad e impersonalidad de los presentadores, ha sabido sacarle partido a un campo que se ha visto desplazado del canal estatal por la aprobación y funcionamiento de las cadenas privadas de televisión en España.

---

[62] De un *spot* del film *¿Qué hecho YO para merecer esto!*

Últimos ejemplos de la exposición literario-fílmica del realizador. Fotono-vela de *Tacones lejanos*

Estos Telediarios, sustitutos del llamado «parte» radiofónico y razón de ser de la mayoría de los españoles que no leen prensa, y coincidentes con las horas clave del almuerzo familiar, han sido utilizados siempre por los partidos en el poder al servicio de su propia imagen e intereses, cambiando, recortando o suprimiendo noticias que causaban en el espectador el fin deseado por la Administración competente. Sin embargo, la instauración de canales privados ha traído como consecuencia la liberación y la veracidad de las noticias frente a la parcialidad gubernamental.

Almodóvar, consciente de este problema, trata ya el asunto en *Mujeres al borde de un ataque de nervios,* y si en principio es un rasgo meramente formal, con su propia madre como presentadora rompiendo los esquemas, de forma natural, y bebiendo agua de vez en cuando, en su última película *Tacones lejanos,* el director se decide por la actualidad de las privadas, y dos presentadoras, una de ellas muda, dan las noticias del día. La presentadora que lee las noticias se permite hacerlo de forma irónica e incluso reírse, llegando a confesar un crimen en su propia emisión, convirtiendo el Telediario en un docudrama teatral de dimensiones extrañamente cómicas.

La seriedad y parcialidad de los Telediarios convierte a los suyos en una novedad dentro de su visión de la realidad española, restando importancia a las noticias diarias que sumergen a las familias de espectadores en una tristeza conventual dominada por los entresijos de la Administración socialista.

KiKa es una crítica feroz contra los programas culturales en el medio televisivo, y el presentado por su madre es a la vez una constatación de su procedencia social. Es, además, una crítica a la morbosidad y la explotación de los *reality-show,* su título: *Lo peor del día.*

Por último, destacar el papel de la prensa escrita en su obra, unas veces en relación al tema, y otras como información transgresora.

Tenemos ejemplos en *Pepi...,* del que ya tratamos en el epígrafe dedicado a la política. *Laberinto...,* supone un homenaje transgresor a la prensa del corazón y a las revistas femeninas en general, encadenando, además, su aparición, con el mundo de las raíces del popismo.

También aparece como mera aclaración argumental en *La ley...* y *Matador*. Y, como «causa» en *Átame,* utilizada como un homenaje a su cinefilia y a la prensa cinematográfica a través de la revista *Nuevo Fotogramas,* de la que incluso en *Tacones lejanos* aparecen recortes fotográficos de su protagonista, Marisa Paredes, en la década de los 70.

El elemento narrativo en el cine almodovariano

La narrativa cinematográfica es en la práctica una escisión literaria. En primer lugar, por su base, el guión literario, y en segundo lugar, por su finalidad, contar una historia.

Cine y literatura han ido desde la creación del primero por caminos paralelos; este paralelismo es tal, que se han unido formando un todo inseparable, de tal forma, que obras literarias son concebidas como cinematográficas o al contrario. Ambas artes presentan el mismo esquema analítico: sistema, norma y habla, y ambas requieren unos conocimientos técnicos previos[1].

---

[1] Véase Ferdinand de Saussure, *Curso de lingüística general*, Madrid, Alianza Editorial, LB. 1.227, 1987.

Para algunos autores es asignatura, como en Saura; para otros, es puro autodidactismo, como el caso que nos ocupa. Esta barrera didáctica supone la adquisición de unos conocimientos *motu proprio,* y configura en la mayoría de los casos conocidos un estilo narrativo de carácter único, frente al academicismo que genera una Escuela o una Facultad de Cinematografía.

Estos dos directores, antagonistas, resultan una comparación estimable para la comprensión de la evolución de Almodóvar.

Su distinta trayectoria, procedencia y formación, serán las claves para llevar a cabo este análisis.

EL PRINCIPIO

Carlos Saura, aragonés, de procedencia social burguesa, vive la guerra del 36 en su infancia y parte de su adolescencia. Comienza sus estudios de fotografía en Madrid, y aconsejado por su hermano Antonio (pintor del grupo conocido como *El Paso*) se matricula en la Escuela Oficial de Cinematografía, termina Dirección, y realiza un corto titulado *Cuenca*. A continuación comienza su primer largometraje, *Los golfos,* relacionado con la literatura realista de Sánchez Ferlosio y su novela *El Jarama,* influenciado, además, por la *nouvelle vague* y las teorías de *Cahiers du cinéma.*

En el plano opuesto, Almodóvar, manchego de clase proletaria rural, vive el franquismo, experimenta el éxodo a la capital, y comienza a rodar en Super 8 mm pequeños cortos en el más puro estilo *underground,* mezcla además de *cinema-verité,* influencia de la *nouvelle vague,* con actores no profesionales, proyectándolos entre amigos y conocidos en alguna fiesta, y ocasionalmente en algún Festival o Semana de Cine contracultural.

Los dos realizadores son, por decirlo así, ejemplos paralelos, sólo se diferencian por procedencia social, elemento que va a condicionar de forma incuestionable su estilo, formación y temática. Sin embargo, en esencia, representan la independencia creativa frente al cine de masas.

La formación de Saura, en una Escuela Oficial, académi-

Cómic femenino

Cómic a propósito de *Mujeres*

ca, lo lleva a entrar en contacto con una técnica preestable-
cida, llamémosle clásica. Teoría y práctica lo ponen en
contacto con un mundo donde la imagen sigue unas leyes
estrictas. Poco a poco, conoce los secretos de la cámara,
situaciones y características técnicas: planos, secuencias,
escenas y todo lo que supone el hilo conductor narrativo de
la cinematografía, son ya conocidos por el director en su
primer film, de modo que la técnica resulta la praxis intelec-
tualizada de su propia visión personal de desarrollar su
propio universo creativo.

Almodóvar, al ser autodidacta, adquiere conocimientos a
través de su propio trabajo, y configura técnicamente la
proyección de su propio universo artístico. La técnica es un
camino para su proceso creador, no una expresión perfec-
cionista y académica del contexto cinematográfico, motivo
por el cual Almodóvar representa la vanguardia cinematográfica.

Ambos, pues, desde su formación, van configurando su
propio estilo. En Saura se representa un mundo burgués,
medido y planificado, tanto en el fondo como en la forma,
el espacio y el tiempo. En Almodóvar, por el contrario, es
una representación de un mundo libre, anárquico y disparatado, aunque real, ejemplo de un nuevo concepto del arte,
como ocurrió en sus comienzos con Saura, cuya procedencia social le permite conocer unos riesgos, que son impensables en un contexto burgués.

Este fenómeno puramente técnico, y su consecuencia
directamente social, es una diferencia entre ambos autores
que hace que cada uno de ellos se decante por un estilo
personal en una intensa búsqueda dentro de su propia
creación. El aragonés se mueve políticamente en una dictadura, su estilo se ve abocado en parte por este fenómeno al
intelectualismo y la elipsis, propios de un burgués de iz-
quierdas en una época fascista. Almodóvar vive la ebulli-
ción de la democracia, su estilo marca un toque hiperrealista, puesto que ya la censura no existe.

Sólo se identifican en la nota surrealista y a veces folclórica, fruto de las raíces de un país que a fuerza de ser
surrealista ha degenerado en kafkiano.

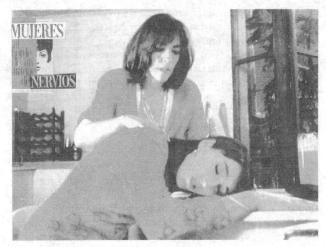

Mujeres al borde de un ataque de nervios

LA FORMACIÓN

Unas líneas más arriba citábamos la formación inicial de ambos directores. Saura, de Escuela Oficial; Almodóvar, de su autodidactismo. La formación de ambos diametralmente opuesta supone, pues, la concepción de dos diferentes estilos, que unidos a su propia ideología conforman una determinada forma de enfrentarse al hecho cinematográfico. Saura, como intelectual en busca de sí mismo, tiene un mundo referencial en Bergman y Buñuel, sin olvidar los dos pilares del cine español, Bardem y Berlanga.

La nueva narrativa realista española, la *nouvelle vague,* el psicoanálisis freudiano y la sociedad burguesa del franquismo conforman un mundo personal testementario de un «perdedor» del 36. Estas consecuencias artístico-vitales lo convierten, pues, en un seguidor de la elipsis como forma de expresión, ante una censura que le impide verter a la pantalla sus propios fantasmas personales.

Debido a ello, su estructura lineal narrativa está supedita-

Cuadro de Dis Berlin aparecido en *Tacones lejanos*

da a insinuar por medio de símbolos más que a mostrar su propia realidad. El mundo cerrado, claustrofóbico y violento de sus personajes, convierten sus escenas en intimistas, usando continuamente primeros planos. A pesar de ello, su estructura narrativa es clásica: la presentación, el nudo y el desenlace, son tan clásicos en su cine como una composición sinfónica que termina en una gran apoteosis. La subida de tono que va experimentando el estudio psicoanalítico de los personajes termina en una obsesión personal: la muerte.

Almodóvar, autodidacta, busca en el cine la innovación, la experimentación, y consigue poco a poco crear un estilo fresco, original, en relación a la postura vanguardista de los artistas de su época. Arriesgándose continuamente con la cámara y saltándose las leyes cinematográficas, logra unos resultados técnicos que de algún modo justifican la inflación y la perpendicularidad de su cine. De este modo, el *travelling,* los primeros planos y el plano picado componen un rompimiento del hilo narrativo tradicional terminado con la idea acompasada de ritmo que hasta este momento había tenido el mundo del cine. Si Eisenstein creó, y es considerado como padre de la técnica cinematográfica, y así es estudiado hoy en las Escuelas de Cine, el neorrealismo y la *nouvelle vague,* junto con el *underground* americano obviaron la técnica y el mundo profesional actoral.

La cámara se convierte, en el cine de Almodóvar, en uso y abuso de sus propias necesidades argumentales, resultando, pues, un innovador cinematográfico.

Desde su primera película comercial huye de la tradición, encuadrándose dentro del *underground* americano y los seguidores del *pop,* Warhol, Pekas y Morrisey. Pero la cámara que en ellos sólo tenía un servicio testimonial y no ejercía ningún movimiento, en Almodóvar se convirtió en parte esencial, y así queda sujeta a la acción de sus propios personajes, que al estar multiplicados, disgregan el hilo conductor narrativo en forma de *cómic-strypes,* algo que no se había hecho nunca en cine y que Roy Lichtenstein rescató para el arte.

Los puntos de mira, los planos y las figuras puramente cinematográficas tienen una transposición puramente de

Fotonovela de *Tacones lejanos*

viñetas, algo que Almodóvar cultivó desde *La Luna* de
Madrid o *El Víbora,* y la presentación a modo de «comic-
fotonovelas» de sus películas en periódicos y revistas especializadas. Esta formación del cineasta, «adicto» a la fotonovela, el *comic* femenino tipo *Super Lily* o *Esther,* el mundo de
la prensa del corazón en su versión más popular y «cutro-
na»: *Pronto, Vale* o *Diez Minutos,* convierte su obra en una
versión *pop* a la española que interfiere una relación armónica entre ritmo narrativo, guión e imagen. Por ello podemos
afirmar sin temor a equivocarnos que Almodóvar es un
resultante de una confluencia de una serie de corrientes
artístico-literarias que desembocan en un nuevo ismo del
siglo XX, cuyo nombre sería, repetimos, pues, *almodovarismo.*

El estudio, puramente narrativo, del análisis de sus películas, *Pepi, Luci, Bom y otras chicas del montón, Laberinto de
pasiones* y *Mujeres al borde de un ataque de nervios,* así como las
demás en algunas escenas, confieren la pureza de un estilo
que confirman su incursión en la historia del cine.

A falta de *story-board* y la publicación de sus guiones en
su editorial Kantimplora, tomamos imágenes que confirman
nuestra teoría.

El ensayo o experimento narrativo rítmico-visual que
supuso para el cineasta tanto su película *Pepi...* como *Laberinto...* alcanzó en *Mujeres...* una perfección de oficio, libre
ya de las trabas económicas que le habían supuesto estas dos
primeras realizadas como *amateur* y *underground.*

La estilización y la perfección técnica de *Mujeres...* son en
esencia la palpable capacidad narrativa del director. Su
forma de visualizar, y por ello de narrar, lo acercan al
mundo del *comic.* El esquema siempre repetido de la apari-

Roy Lichtenstein

ción de un personaje ocasional al fondo de la pantalla que a lo largo de su aparición va adquiriendo vida propia, origina la riqueza de personajes y situaciones en la obra de este realizador.

Si *Pepi...* supone un debut y una memorable *opera prima* por su atrevida narración, también lo es como obra rica en pensamientos, historias y situaciones que en el más puro diálogo coloquial refrescan la pantalla.

La cantidad de personajes y situaciones convierten al film en germen de otros tantos y nos pone de manifiesto la capacidad innata del cineasta para narrar y entrecruzar historias, como fiel reflejo de la situación de lo que se trata, que transferidos a la pantalla en imágenes del más puro estilo *underground,* se llenan además de un espíritu lesteriano absolutamente testimonial.

Estas dos primeras películas comerciales, al carecer de

Fotonovela de Almodóvar

"LA LEY DEL DESEO"

por Pedro ALMODÓVAR

Combinando el transexualismo con el incesto y los amores homosexuales con la marcha más furiosa, "La ley del deseo", última película de Pedro Almodóvar, sorprenderá, sin duda, agradablemente a los seguidores del realizador manchego. El mismo nos la cuenta, a modo de popular fotonovela.

1 Tina– No soy feliz, Pablo. Pero sé disimular tan bien, soy tan buena actriz, que tú no lo has notado.
Pablo– Si eres tan buena actriz, ¿por qué no interpretas para mí "La voz humana", de Cocteau? Sólo tienes que coger el teléfono y pensar en cosas desagradables.
Tina– Sé muy bien lo que es quedarse pegada al auricular, y respecto a lo otro... sólo recuerdo putadas... o sea, que...

2 Dicho y hecho. Tina se revela como actriz dramática dirigida por su hermano Pablo. A ella siempre lo tentó lo prohibido: estaba liada con una modelo que acaba de abandonarla dejándola como recuerdo a su hija (la de la modelo). La niña y Tina se revelan bastante bien juntas. Van por la calle paseando cuando pasan por casualidad por la verja del antiguo colegio de Tina. Tina le propone a la niña meterse donde no las llaman. Quiere ajustarle las cuentas a su antiguo profesor, un cura con el que estuvo liada cuando tenía 10 años.

3 Pablo va a visitar a su novio Juan a Andalucía, con tan mala suerte que cuando llega le encuentra muerto. Le ha asesinado otro novio de Pablo. De vuelta a Madrid tiene un accidente y pierde la memoria. Realmente no quiere recordar nada, porque es muy desagradable confesarle a la policía que un novio tuyo ha matado a otro novio tuyo.

4 Tina va a visitarle al hospital y le preocupa que esté amnésico. Ambos compartían un gran secreto y a Tina no le molía nada guardar aquel gran secreto sola, porque teme enloquecer y no quiere mentirse a sí misma.
A través de la verbena ve pasar todo su turbulento pasado, como si fuera una película de Douglas Sirk. Y se lo cuenta todo: que de pequeña era chica, que estaba liada con su padre, que cuando la madre los descubrió se separó del padre y ella se fue a vivir en plan marital con él, que de paso se cambió de sexo para poder llevar vida de pareja normal. Y que el padre un día se cansó y la dejó. No es extraño que Tina tenga complejo de Edipo y odie a los hombres. Pablo recibe toda la información con cierto estupor.

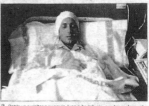

5 Dos policías que investigan el caso de la muerte de Juan aprovechan la ocasión para meter las narices en la casa de Pablo. Tina los sorprende en plena faena y les insulta muy grosera. Uno se pone nervioso y le sacude una hostia.

6 Tina cae al suelo empujada por el impulso, pero no pierde ni un ápice de su sexy en la caída. Y piensa: "¿Qué podría hacer para vengarme?" Decide que lo mejor es tirárselos allí mismo y después pasar de ellos. De ese modo se sentirían heridos en su orgullo. Lleva a cabo su plan, y se tira a tira. Pero no sabe que es muy difícil humillar a un policía, porque no son tan susceptibles como la mayoría de nuestros amigos.

Fotonovela de *La ley del deseo*

medios económicos y técnicos, cortan y a veces distorsionan la imagen, pero no rompen el estilo narrativo a *collage* del director. Lo rudimentario de éstas, sus dos primeras películas en relación directa con la producción, convirtieron a *Mujeres...* en un ejercicio de cineasta, cuya estructura narrativa, siguiendo el esquema de estas dos primeras, y convertido ya en su propio productor con los medios económicos adecuados, demostró su capacidad narrativa retomando el personaje principal de *Pepi...,* la Pepa de los 90 en *Mujeres...* que revistiendo el mismo espíritu de comedia a ritmo frenético, donde se dan cita una ingente cantidad de personajes, desarrolló la historia cronológicamente en un día, al estilo de la *crazy comedy* americana, resumiendo en ella todas las características de su cine:

— Los diálogos coloquiales.
— El ritmo frenético.
— La sucesión de planos.
— Los cuidados *travellings*.
— El plano picado.
— El *comic*.

El eje de todos ellos, el personaje central femenino, hace que todos los demás giren en torno a él, tomando vida propia. Todos ellos, pues, podrían generar una nueva historia, ya que cada uno de ellos son, en potencia, propulsores de otra película.

LA CONTINUIDAD

La carrera de los dos realizadores, paralela en sus comienzos, acabó por afianzar la carrera de un innovador: Almodóvar, y la dispersión de un intimista: Carlos Saura, que agotado en sus constantes temáticas a causa de la caída de la dictadura franquista, abandonó su cine personal en favor de adaptaciones que desvirtúan su propia concepción cinematográfica: *Antonieta,* coproducción con Francia de regulares resultados, el tríptico: *Bodas de sangre, Carmen* y *El amor*

Mujeres al borde de un ataque de nervios

brujo, lo acercaron de nuevo a su temática, consiguiendo acertar en la versión personal de grandes temas universales. Rodó *El Dorado,* basándose en la literatura y en el cine preexistente, desde Ramón J. Sender a Werner Herzog, que lejos de su mundo creativo, no consiguió tampoco reverdecer los laureles. A continuación adapta el *¡Ay, Carmela!* de Sinisterra, como continuadora de su personal obsesión: la guerra civil española del 36. Con ella consiguió «robarle» a Almodóvar los Goya 1991; elegida a los Oscar como representante española, no consiguió ser nominada. Estrenó un mediometraje, *Sevillanas,* de gran calidad, un documental sobre las Olimpíadas 92, y por fin, una obra personal: *Dispara,* cuyo tema, la violación, el mismo de *KiKa,* donde la diferencia entre ambos, academicismo y posvanguardia, queda perfectamente ejemplificado.

Almodóvar continuó investigando en la vanguardia e innovando. Con el paso del tiempo, como ocurre a todo innovador, parte de sus películas se han ido convirtiendo en clásicas, y proyectadas sin interrupción en las distintas cadenas televisivas. Sus películas, además, están siendo adaptadas al teatro, como *Entre tinieblas* y *La ley del deseo,* dato inequívoco de su importancia cultural.

Mezclando clasicismo y modernidad, ha conseguido crear su personal estilo, utilizando el *travelling* como aclaración, exposición o huida. El plano picado como visión del mundo objetual y fetichista que rodea a los personajes. El primer plano como expresión psicológica, ha ido rompiendo la linealidad narrativa que le han permitido sus historias y su visión personal, mezclando géneros y subgéneros, resulta a todas luces inetiquetable por su valentía, osadía y originalidad, dándole la vuelta a todos los parámetros tradicionales del cine; ha sido el director actual que más ha innovado el arte de la cinematografía, y desarrollando su faceta creativa, se ha convertido en el genio del cine español, sin olvidar a Luis Buñuel, ya que son los únicos directores de cine español que se citan en el mundo, quedando su obra como los finales de sus películas, es decir, ABIERTA.

Almodóvar y el arte: pintura, moda y diseño industrial

El cine de Almodóvar es un reflejo, en su relación con el arte, de todas las corrientes contemporáneas, y de lo que se ha dado en llamar los ismos del XX.

Su cine, que conlleva en su obra el concepto de *arte total,* representa al artista que, siguiendo los postulados más actuales, no se doblega en su concepción estética; ésta viene impuesta paralelamente a su creación fílmica, resultando una búsqueda estilística más que una mera decoración escenográfica. Su «yo» vivencial es también artístico.

La representación pictórico-fílmica de la obra almodovariana sólo es comparable al cine expresionista alemán, el primer cine de Buñuel y al moderno Peter Greenaway.

Sin embargo, en su cine estos postulados artísticos poseen unas connotaciones relevantes.

En primer lugar, por su «adscripción» al *pop* americano y su versión *kitsch* española, su constante artística más acusada. Desde sus comienzos en el *underground* con trabajos paralelos a Pekas, Warhol, Morrisey, Antoni Padrós o Iván Zulueta, y en segundo por su contacto con la «movida» madrileña, periodo de efervescencia artística que sólo tiene parangón en España con el Siglo de Oro, la generación del 98 o la del 27.

Dos caminos toma, pues, el mundo del arte en la filmografía del realizador:

1. El *pop* y el *kitsch*.
2. La vanguardia, como herencia de la «movida».

1. El mundo del *pop* americano al frente de Andy Warhol, su creador más conocido, cambiaron el concepto del arte en el siglo XX. Cuando todas las posibilidades creadoras estaban agotadas en el mundo del arte[1], como había ocurrido con el mundo prehistórico, que vivió todos los pasos desde el naturalismo a la abstracción, apareció un nuevo concepto de interpretación del arte, que utilizando una iconografía cotidiana como base, la famosa serie serigrafiada de las *Sopas Campbell,* produjeron una conmoción artística.

A partir de aquí, los objetos de consumo cobraron un nuevo valor y adquirieron categoría de arte.

Sin embargo, la iconografía del «popismo» fue ampliándose cada vez más. El mundo del cine (con Warhol y Morrisey a la cabeza), la prensa del corazón, el *star-system,* los *comics-strypes,* los grandes almacenes y la televisión, totalizaron la temática del arte *pop.*

Warhol, con la creación en Nueva York de la *Factory,* cambió el panorama artístico contemporáneo y convirtió a

---

[1] Véase nota 1, «Corrientes y autores...».

Warhol-Almodóvar: sus Factorías, el arte *pop* y el mundo religioso *kitsch* (expresión social y artística de ambos autores)

EE. UU. en punto de mira de todos los creadores de vanguardia internacionales.

2. En Madrid durante los últimos años de la década de los 70 y comienzos de los 80, se vivió este boom del arte, semejante al *pop* americano, que había propiciado la caída del franquismo y la instauración de la democracia, originando la creación de un movimiento artístico que acuñó el marchamo de «movida».

Este movimiento adquirió tales dimensiones, que su génesis a manera del impresionismo, expresionismo, surrealismo o la *bloomsday* inglesa, convirtió a Madrid, al igual que antes a París o Nueva York, en la capital de la vanguardia.

Pintores, literatos, diseñadores, arquitectos y músicos, convirtieron la capital de España en eje de todo lo moderno, vanguardista y actual.

Las relaciones que este movimiento guardó con el desarrollo del *pop* americano, en su faceta artística y lúdica, hace que ambos movimientos lleguen a canalizarse en uno solo[2].

Este hecho hizo que Almodóvar se convirtiese en el más directo discípulo de Warhol, no solamente en España, sino también en todo el mundo, de tal manera que se puede afirmar que él mismo es un continuador de la obra de Warhol, tanto personal como profesional.

El arte, la moda, la droga, la literatura, etc., están tan presentes en Warhol como en Almodóvar, en los años 60 y 70 en Nueva York, y en los 70 y 80 en Madrid. Ambos de procedencia proletaria, quedaron para siempre adscritos a un mundo urbano que nunca abandonaron[3].

Sólo los diferenciaba el hecho de que Warhol se dedicaba a una intensa actividad como pintor, y Almodóvar como cineasta, pero los dos sienten las mismas inquietudes artísticas. Warhol multiplica las imágenes serigrafiadas: *Marylin, Coca-Cola, Colt, Elvis Presley,* etc. Almodóvar por medio de sus personajes multiplica la acción, de tal forma que cada uno de ellos, en sus diferentes tonalidades, como Warhol en

---

[2] Véase José Pierre, *El pop-art. Pinturas y esculturas,* Barcelona, Editorial Gustavo Gili, 1971.

[3] Véase notas 7 y 8, «A modo de biografía...».

su obra pictórica, adquiere vida propia, que es además en el director cinematográfico una herencia de la comedia, que va desde la antigüedad: Plauto, hasta hoy: Jardiel Poncela o Berlanga.

La existencia de Warhol, rodeado de actores, actrices, modelos, *yonkies,* travestis, músicos y seres de todos los calibres, queda subrayada en los personajes de la filmografía almodovariana. Todos los elementos del *pop* perviven en el mundo del realizador, tanto en el campo profesional como en el personal.

Roy Lichtenstein, elevando el *comic* a la categoría de arte, hizo de Almodóvar su seguidor, tanto en el campo literario en forma de fotonovelas[4], pura esencia del *kitsch* en España, como en su narrativa, como ya vimos en el capítulo dedicado a la narrativa almodovariana.

Este mundo queda además reflejado en el gusto por el dinero. Ambos, hijos de la sociedad capitalista, tomaron muy pronto conciencia de la importancia del dinero en la sociedad. Uno representando el símbolo del dólar en una serigrafía multiplicada, y el otro creando su propia productora. Y al igual que Dalí fue llamado por los surrealistas «avido dolars», o «Warhola» como mecenas de artistas, Almodóvar, fue llamado por G. Cabrera Infante «Almodólar», y en palabras del director: «En esta sociedad el único premio que cuenta es el dinero»[5].

Esta ambición y el gusto por el dinero, propios de personas procedentes de bajo estrato social, es, sin embargo, una constante en nuestra sociedad actual, donde cuando ya no queda ninguna revolución por hacer, el pueblo sólo

---

[4] Véase fotonovela de Pedro Almodóvar-Pablo Pérez Mínguez, «Toda tuya», *El Víbora,* enciclopedia, vol. 4, núm. 32, Barcelona, 1982, págs. 72 a 84.

Fotonovela de Pedro Almodóvar sobre su film *La ley del deseo,* número 1.725, diciembre, Barcelona, 1986, págs. 62-63.

Fotonovela de Pedro Almodóvar sobre su film *Tacones lejanos,* págs. 12 a 15. «Gente», semanal de *Diario 16,* Madrid, 1 de septiembre de 1991, págs. 142-143.

[5] Entrevista a Pedro Almodóvar, *El País,* Madrid, 28 de mayo de 1990, pág. 35.

Véase nota 3 de este capítulo.

aspira a una vida cómoda y hedonista. Este sentimiento, fuertemente arraigado en la cultura *pop,* ya que el consumismo es causa común, proyectaba una vertiente de luminaria social, que convirtió las revistas del corazón en su pura esencia.

En los cenáculos intelectuales, políticos y los de la conocida como *jet-set,* donde la vanguardia «campeaba a sus anchas» por ser considerada *chic,* llevaron a Warhol, y al mismo Almodóvar, a la toma de contacto con un espectro curioso, en el cual se sentían halagados, pero que a la vez criticaban y servían de material de primer orden a su obra.

Warhol, al no poder contactar con la aristocracia, pues en EE. UU., país joven, no existía como tradición, retrataba en su carencia a Grace Kelly, la americana princesa de Mónaco, o a los Kennedy, con los que se relacionaba.

Almodóvar, siguiendo los pasos de su maestro, ha vivido las mismas circunstancias, pero en momentos distintos. No en vano en *¿Qué he hecho YO para merecer esto!* la protagonista dice estas palabras: «Ni que esto fuera América»[6].

El sentimiento de envidia, tan arraigado en el español[7], ha provocado que Almodóvar camine solo con su propia Factory, casi familiar, al modo de Warhol, y se ha rodeado de un muro insalvable, que el americano no necesitaba, y él en cambio, sí, ante su éxito internacional.

Este conglomerado de situaciones, circunstancias y gustos convierten a estos genios en inseparables para su estudio, y al español, como continuador de la obra del americano.

Los homenajes al maestro son constantes en la obra de Almodóvar. En *Pepi...,* con la aparición de la revista que Warhol editó en Nueva York, el *Interview.* En *Laberinto...,* con el mundo de la *jet-set* a través de la prensa del corazón, retratos a lo Warhol de los popistas españoles. Los Costus, que ya colaboraron con Almodóvar en *Pepi...,* con retratos de flamencas y flamencos, tomados de la iconografía *kitsch*

---

[6] De los diálogos del film *¿Qué hecho YO para merecer esto!*

[7] Véase Fernando Díaz-Plaja, *El español y los siete pecados capitales,* Madrid, Alianza Editorial, 1968.

El *kitsch*, el *pop*, lo urbano, así como la decoración. Similitudes literarias con Warhol

popular difundida a través de la Fábrica de Muñecas de Chiclana, o la pintura de la *Duquesa de Franco* como ejemplo español de los retratos de Warhol, pero éstos de colores planos y en varias degradaciones de colores usados como puros, difieren de la pintura warholiana por su textura plenamente pictórica frente a las fotos serigrafiadas del maestro americano. De este mismo carácter son: *Lola Flores en los Caños de la Meca* y el de *Sara Montiel en la cocina*, retratos puramente *kitsch* con toques de arte *naïf*.

Entre tinieblas, con la aristocrática marquesa, el L.S.D. producto de visiones que enlazan directamente con la distorsión colorista de las serigrafías de Warhol. *¿Qué he hecho YO para merecer esto!*, representa un mundo donde Almodóvar comienza a utilizar el color como expresión puramente decorativa, en función de una concepción totalmente *pop* del color como dispersión multiplicativa.

En *Trailer para amantes de lo prohibido*, el gusto por la marginación, lo *kitsch* y el rodaje de secuencias que se desarrollan en grandes almacenes, adicción típica de este arte, así como la recreación del personaje de Bibi Andersen, tomado del de Rita Hayworth en *Gilda*.

En *Matador*, el homenaje a Warhol se verifica a través del uso del *colt*, así como la aparición de un poster serigrafiado del mismo.

La ley del deseo supone un acercamiento a la temática homosexual, que ambos reflejan en su cine, tanto en las pocas películas que rodó Warhol como en la filmografía de Almodóvar. Los personajes de Joe d'Alessandro, Viva y el mundo del travestismo, presentados como apuntes en otras películas, cobran aquí una dimensión nada gratuita.

Mujeres... es, por su concepción y realización, una película puramente *pop*. Narrada como un *comic*, y teniendo al mundo femenino como eje (recordemos *The girls* del mismo Warhol), la insistencia en el uso del *colt*, homenaje al maestro, ya en *Átame* desde su comienzo, con la reproducción de estampas del Sagrado Corazón de Jesús y de María, a modo de serigrafía multiplicada, que hubiese firmado el mismo Warhol.

Tacones... con su protagonista, diva de la canción, nos

introduce en la temática-estética del *pop* como identificación personal, aunque él mismo se haya referido al tema con las siguientes palabras: «Mi compromiso con el *pop* acabó con *Laberinto de pasiones*»[8].

Una foto de Becky, a modo de test de Rocha, también resulta multiplicada y serigrafiada, y el travestido Bosé, confirman esta tesis.

KiKa, supone una mirada al *pop* desde la óptica narrativa (el *comic*), pictórica (*collages* basados en la iconografía religiosa de Warhol, y en *Leda y el cisne* de Mel Ramos, así como en decorados de Tom Wasselman) y objetos además de la cinefilia, con homenajes al cine negro americano, y a Vittorio de Sica con *Los girasoles,* en clara alusión a la perestroika y el nuevo orden mundial.

Es presumible, pues, que Almodóvar termine como director de cine adscrito al lenguaje del arte *pop,* al igual que ocurrió con Buñuel y su última película *Ese oscuro objeto del deseo* inmerso dentro del surrealismo.

El otro campo puramente artístico, la vanguardia, forma el amplio mundo referencial del arte en la obra del realizador.

Comprometido con el arte de la época que le ha tocado vivir, Almodóvar ha ido reflejando de un modo o de otro todos los ismos del siglo XX. Base y fuente de inspiración a la vanguardia, que van desde el abstracto, al sincretismo más absoluto son parte integrante de su obra. Si antes nos ocupábamos del mundo del *pop* en su cine, ahora incidiremos en la influencia surrealista y sobre todo *dadá,* que fue además una influencia en el arte *pop* contando Warhol incluso con la amistad de Tristan Tzara, y que configuró la obra del realizador[9].

Los movimientos del XX, que siempre lucharon contra la burguesía y los poderes establecidos en todos sus órdenes con una expresión absoluta, comenzaron su lucha en el final del siglo XIX, en el año 1876, durante el desarrollo del arte

---

[8] Enrique Andrés y José María Marco, entrevista a Pedro Almodóvar, *El Europeo,* núm. 7, Madrid, 1980, pág. 54.

[9] Véase nota 8, «A modo de biografía...».

impresionista. Con la creación del *Salón de los Rechazados,* reunión de pintores que huyeron del academicismo sentando las bases de la libertad del arte, sacando el caballete a la calle, preludiaron el arte moderno y adquirieron la categoría de clásicos[10].

A partir de los impresionistas, el mundo del arte sufrió una serie de cambios que se materializaron en el cubismo, el surrealismo, el *dadá,* el conceptualismo, el cinético, el op-art, el expresionismo abstracto, el conceptualismo, el *art-trash,* etc., que terminaron por agotar cíclicamente la historia del arte, acabando por aunar dos términos, ya inseparables, clasicismo-vanguardia, que caminan juntos en el arte actual.

Todos estos movimientos consiguieron uno tras otro los logros que han convertido el siglo XX en el más prolífico y diverso de todos. Enfrentados e influenciándose unos a otros, forman una quintaesencia en la obra de Almodóvar, sin los cuales sería imposible entender su cine.

Desde sus primeras películas, Almodóvar se sintió atraído por el arte, y se rodeó de creadores plásticos que, formados en la «movida», tomaron cuerpo en el cine del realizador, que compartiendo su amistad y su adscripción al arte contemporáneo, éste se convirtió en su propia proyección ornamental y escenográfica.

Sin embargo, el mundo del arte en su obra, no se limita a un puro decorativismo con toque «moderno», puesto que es una continuación estética de su propia obra fílmica.

Estos elementos puramente formales revisten un carácter protagonista siendo más una marca de estilo y una comunión plástica que puro ornato.

El predominio del mundo pictórico, en su cine, sobre todas las demás artes, ha llevado al realizador a sintetizar mediante secuencias, planos y tomas un mundo que transmite a través de sus personajes, lugares cotidianos y simbología icónica[11].

La ruptura del arte contemporáneo es la expresión más

---

[10] Véase J. Rewald, *Historia del Impresionismo,* Barcelona, Editorial Seix Barral, dos tomos, 1972.

[11] Véase nota 51.

acertada de su propia ruptura con la tradición de su personal forma de ver el cine. El academicismo caduco no ocupa lugar en su cine; él es en sí mismo un transgresor más del siglo XX, tanto por su admiración y expresiones típicas del *dadá* como por ser un seguidor de las corrientes más evolucionadas del mundo del arte.

El concepto inmovilista del arte es la negación más evidente del mundo artístico almodovariano. Las innovaciones y la investigación son las facetas más características del director. Las investigaciones en el mundo del encuadre, las tomas y planos, lo trasladan a otros campos, no exclusivamente cinematográficos, pero sí plásticos, ampliando su diversidad temática a la estética.

Su visión resulta a todas luces polivalente; todo su mundo se aúna por medio de la investigación en una búsqueda que lo acercan a los genios de la pintura (Picasso), el cine (Peter Greenaway), la literatura (Jesús Ferrero) y la música (Nino Rota). Este conglomerado hace de Almodóvar un trabajador nato y un artista diversificador, cosmopolita y urbano. Su polifacetismo artístico lo ha llevado a contactar con todas las facetas del arte.

Almodóvar escribe sus guiones, dirige, elige el vestuario y sus diseñadores, e incluso diseña él mismo, pinta, compone las letras de sus canciones y controla todo absolutamente, hasta el estreno de sus películas, resultando por ello un neorrenacentista. El conglomerado de su obra es, pues, la expresión de todas sus inquietudes, experiencia e investigación. Facetas que no llegan al gran público, al ser considerado «superficial» por el tono jocoso de sus películas, pero es la representación más coherente de un trabajo creativo, personal y mal entendido que ha dado el cine español.

La hiperactividad del personaje es, por decirlo así, una constante búsqueda que transmite a sus personajes. Sus continuos viajes de promoción y de ocio se convierten en toma de contacto, investigación y búsqueda de su propia proyección artística. De todos sus contactos, Almodóvar ha tomado: ideas, pensamientos, personajes y objetos que quedan sublimados en su contexto espacial y temporal.

El mundo pictórico de sus dos primeras obras confirman esta idea que hemos expuesto anteriormente. Al director no sólo le interesa la obra de *Los Costus,* sino también su entorno; para ello, rueda las escenas donde aparecen los cuadros de los mismos en su propio espacio vital, de forma que obra y ejecutores toman un papel real dentro de la historia de la película.

Como ocurriría más tarde con su segunda película *Laberinto de pasiones,* la cual se rodó, en parte, en el domicilio del fotógrafo Pablo Pérez Mínguez. Y si bien es verdad que el director tenía problemas económicos para terminarla, recibió el apoyo de amigos e incondicionales. Esta circunstancia hizo que su obra quedase como testimonio y manifiesto del movimiento cultural que vivía Madrid en la época de la llamada «movida» madrileña. Para esta casa, Guillermo Pérez Villalta hizo un fresco para la habitación de Sexilia, que el mismo director se encargó de colorear[12].

El mundo de *Los Costus,* la representación más *kitsch* de las tradiciones españolas, desde la iconografía flamenca típicamente española a la bíblica, pasando por las mitomanías españolas, influencias del *pop* americano, es la expresión más clara de la personalidad y el estilo de Almodóvar.

La toma de contacto del realizador con Ceesepe y Pérez Villalta le dio la oportunidad de ampliar su campo artístico dentro de su obra. Los títulos de crédito de *Pepi, Luci, Bom y otras chicas del montón,* creados por Ceesepe para la película, guardaban más de un punto de contacto con el *comic,* y en ellos se recreaban escenas posteriores de la película. Estos dibujos, expresión colorista de fuertes contrastes con colores puros y planos donde el dibujo y la línea son su parte fundamental, se basaron en parte en *La mujer tambaleante* de Max Ernst, algo que ya hizo Coppola en el cartel de su película *Corazonada,* y como en Ceesepe es un homenaje al surrealismo. O en otro caso, la versión dentro de la misma, de *Las señoritas de Avignon,* obra de Picasso, precursora del abstracto y a su vez basada en Cézanne *Las bañistas.*

Este dibujo, que titulamos *Las señoritas de Avignon en la*

---

[12] Véase apéndice gráfico.

modernidad, recoge la misma imagen y postura del cuadro de Picasso, incluso el mismo número de personas; sólo hay un cambio: su concepción estética y la técnica. Los personajes del cuadro, todos femeninos, visten ropa interior de los 80, así como peinados y poses, cercanos a la realidad en sus retratos, muestran una mezcla de rigidez y naturalismo, propia de la obra de Ceesepe[13].

La capacidad del realizador para conjugar en su cine el mundo que le rodea le llevó a encargar a su entonces amigo Guillermo Pérez Villalta y para sólo cinco minutos de película el fresco más contemporáneo del arte español, y alcanzando una calidad en toda su obra como fresquista, que supera la obra de Vázquez Díaz en La Rábida (Huelva), pintada años antes. El trabajo de Pérez Villalta, arquitecto y pintor, es punto de partida de su propia obra, como el realizador manchego.

Dos mundos: clasicismo y vanguardia, permanecen unidos en este fresco que transgrede todas las formas pesadas, manieristas y clásicas de Miguel Ángel y su *Capilla Sixtina*. El tema religioso queda convertido en una orgía musical, argumento de la película.

La representación plana de una orgía es más elocuente por presente que la obra de Miguel Ángel, tachada de obscena por el Vaticano que llegó incluso a cubrir los cuerpos desnudos con taparrabos, hoy afortunadamente restaurada en toda su totalidad y devuelta a su integridad. El fresco de Villalta, fruto de la consecuencia psicológica de los personajes: la ninfomanía, recoge toda la fuerza argumental en las cuatro paredes de la habitación de Sexilia.

Las figuras, enlazadas por contacto corpóreo, en cuerpos, manos o pies, es la visión que Miguel Ángel trató de reflejar en su pintura. La profundidad conseguida por la sucesiva combinación de colores que resaltan la desnudez de unos cuerpos en tono rosa, la mezcla con elementos musicales, en este caso instrumentos, que como Miguel Ángel, transgrede el tema de *La Biblia.*

Sus escenas son historia, narran, es un estudio, o aún

---

[13] Véase apéndice gráfico.

mejor, la transposición de una obra en el espacio-temporal a las formas de la modernidad. Rescatar el espíritu de Miguel Ángel, en formas pesadas, de musculosa virilidad, es la representación más fiel del pensamiento de Pérez Villalta, Almodóvar y la homosexualidad, que aparece en el fresco frontal a la orgía musical, con personajes en actitud marcadamente homosexual rodeados de una batería. El estudio de la obra de Miguel Ángel llevado a cabo por Pérez Villalta se basó en la planificación de la composición, la perspectiva, el color y el rebuscamiento de las posturas, conquistas que el Renacimiento y el Manierismo llevaron a cabo[14].

La abstracción de personajes, características del arte contemporáneo, tienen en Pérez Villalta una planificación clásico-manierista, que permanece en toda su obra pictórica, como el gusto por los decorados arquitectónicos:

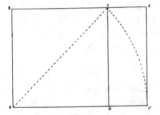
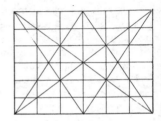

---

[14] Véase nota 1, «Corrientes y autores...», y nota 51, «A modo de un *collage*...».

Pérez Villalta explica así la génesis de una de sus obras, aplicable a la que comentamos, cuyo esquema y composición reproducimos más arriba:

—Pensé en el formato. Éste tendría que tener en uno de sus lados 2 metros como máximo (el problema de las puertas del estudio es ineludible). Escogí la proporción $\sqrt{2}$ frente a la áurea porque, al ser ésta excesivamente apaisada, podría aparecer una lectura lineal que no me interesaba. La proporción $\sqrt{2}$ en un rectángulo es aquella en que la razón de dividir el lado mayor por el menor da esta cantidad, cuyo valor numérico es 1,4142135...

Para construirlo se parte del cuadrado formado por su lado menor (figura 4). La medida del lado mayor es la de la diagonal; así sólo habría que abatir esta medida AC sobre el lado AD para obtenerlo: AC'. El rectángulo es ABEC'.

Luego hice una división armónica de éste, para lo cual se trazan las perpendiculares desde cada uno de los vértices a las dos diagonales (figura 5). Trazando paralelas a los lados por esta intersección se obtiene una primera división armónica en nueve rectángulos. Repitiendo la operación, se obtiene una nueva división en 36 rectángulos armónicos con el total. Tengo así una red de líneas en la que apoyarme y que me augura que la parte siempre está en relación armónica con el todo. Paradójicamente, esto da una gran libertad a la hora de dibujar porque dejan de preocupar las dimensiones y colocación de los elementos.

Mientras, se había estado formando el tema. Éste, a grandes rasgos, es la visión desde el mundo viril del mundo de la Naturaleza, afín a la femineidad. Quise hacer de la luna (Diana) y del río (flujo acuático) los ejes de tensión y composición del cuadro. En un principio, la luna estaba centrada en la mitad superior del cuadro (figura 6), en el vértice de un triángulo; luego fue a parar al extremo superior derecho arrastrando a Acteón y sus perros (figura 7)[15]

El fresco pierde su centro y se bifurca en dos parejas en marcada asimetría. El rompimiento simétrico de personajes

[15] G. Pérez Villalta, «La caza de la idea esquiva», *El Paseante,* núm. 8, Madrid, 1988, págs. 112 a 123.

y objetos es un elemento que, junto con el color, dominan toda la composición.

La culminación de este fresco en forma de rectángulos que decoran el zócalo de la habitación se inspira en el tema de los frescos pompeyanos, teniendo aquí un carácter puramente formal en consonancia con el color, el motivo y la ejecución de la obra. Esta idea clasicismo-renacentismo-arquitectura-vanguardia, que recoge este fresco, lo amplía el pintor en su obra posterior, con su obsesión arquitectónica y mitológica.

El mundo del neobarroco tomó cuerpo en su tercer film, *Entre tinieblas.* El tema: un mundo religioso antiascético-premístico a tenor de estupefacientes, originó un desborde imaginativo en el realizador, que le llevó a documentarse a través de la obra de los principales pintores del barroco sevillano, y sus decoradores, Pim Morales y Ramón Arango, recorrieron los conventos de Sevilla, buscando la inspiración decorativa para la escenografía de la película. El resultado de todo ello es que la decoración se convirtió en un espacio zurbaranesco lleno de referencias *pop.* Las constantes del mundo barroco frente al clasicismo, llamadas por Heinrich Wölflin categorías:

—Contraponiendo un rasgo renacentista a otro barroco, las categorías son: 1. lineal y pictórico, 2. superficial y profunda, 3. forma cerrada y forma abierta, 4. claridad y falta de claridad, 5. variedad y unidad[16].

Responden al mundo literario de Genet, y al simbólico de Warhol, con escenas recreadas en obras plásticas dentro del más puro estilo *pop.* El llamado «pintor de los frailes», Zurbarán, no respondía en su totalidad al mundo creado por Almodóvar, algo que coetáneamente redescubrió Miguel Picazo en la adaptación de la obra de Fernández-Santos *Extramuros,* y que correspondía estrictamente a una estética barroca como referencia histórica. Sin embargo, Almodóvar la utiliza como contrapeso de un mundo religioso y asfixian-

---

[16] Véase nota 1, «Corrientes y autores...».

te que no tiene cabida en la década de los 80, causa por la que hace una mezcla con el *pop.*

La representación escénica llega a cobrar vida en auténticos cuadros que no responden a la idea del original. Desde la puesta en escena de una *Última Cena,* de tipo zurbaranesco, con la posición de personajes y objetos (recordemos los bodegones de Zurbarán) en perfecto orden y tomando cuerpo en sí mismos, quedan equilibrados por la luz claroscurista y elementos puramente *pop* (manteles de plástico, vasos y jarros de metal, y la alusión al alucinógeno) y dan paso a una conjunción estética impensable hasta este momento en el mundo del arte.

Estas pautas, sin embargo, existían ya, aunque apuntadas, en la pintura neobarroca sevillana. La influencia en Sevilla de la pintura barroca fue tan fuerte, que dejó una herencia que aún pervive todavía en la ciudad. Alfonso Grosso, pintor sevillano ya fallecido, recogió toda la tradición de la pintura barroca sevillana, aunque también se formó en París, como lo demuestra el hecho de la influencia de la pintura impresionista en su obra, concretamente de Monet, es un neobarroco puro y, a la vez la referencia más cercana al film de Almodóvar *Entre tinieblas.* Si Zurbarán es el pintor de los frailes, Grosso es el pintor de las monjas. La vida cotidiana de un convento sevillano del siglo XX, habitado por monjas clarisas, era, sin saberlo el director, la imagen plástica de su película.

Sus escenas parecen inspiradas en los cuadros del pintor. Pasillos, ventanas, paseos por la huerta, las comidas del Ofertorio, las tareas de costura, los rezos, todos ellos están recogidos en los lienzos de Grosso.

En su cuarta película, el arte *pop,* puramente *kitsch,* desbanca a todos los demás. La escenografía, objetos e incluso vestuario dan a la película un toque «cutre» por la utilización de un decorado como testigo de una clase social: el proletariado urbano.

Frente a ellos, la vanguardia queda representada en la decoración del elemento burgués, que utilizan el arte solamente como elemento decorativo.

Grandes lienzos conceptuales y de abstracción ponen en

contacto a una clase dominante que tiene acceso al mercado del arte moderno y a la cultura, frente al proletariado que se alimenta de la cultura iconográfica popular, religiosa y *kitsch.*

Su mediometraje para la televisión *Trailer para amantes de lo prohibido,* como continuación de la anterior, tiene su mismo esquema artístico; además, el hecho de rodarla en una tienda de muebles convierte este mediometraje en el ejemplo más *pop* de la cultura española.

La vanguardia va a tomar cuerpo en su siguiente película, *Matador.* La moda y el *collage* más puro son los elementos artísticos de esta película. El gobierno, aprovechando el fenómeno y el boom de la moda que partió de la «movida» madrileña, lanzó el *slogan* a escala mundial de *La Moda de España* intentando dar una nueva imagen del país acorde con los postulados de este movimiento del que se hizo eco el mundo entero, además de como reclamo para la inversión extranjera en el país. Almodóvar aprovecha el *slogan* con doble intención; para lanzar su propio panfleto, sustituyendo al creador Francis Montesinos en un pase de modelos, consiguiendo mediante los colores y su intervención como actor evocar el sentimiento español de la modernidad huyendo del tópico.

Por lo demás, el espacio de la película es un espacio real, no utiliza estudios. Los inmuebles utilizados tienen su propia corporeidad; debido a ello, los personajes se mueven en su espacio cotidiano y ornamental.

La ley del deseo representa la utilización de una nueva concepción en el mundo artístico del director. Toda la película es un discurrir por la realidad de su entorno. Para ello, utiliza la luz y el color del pintor hiperrealista americano Edward Hopper. Almodóvar, que ya acusaba un hiperrealismo notorio, acabó por asimilar dentro de su cine este movimiento artístico. John Houston, Alan Rudolph y Alfred Hitchcock, se inspiraron en Hopper para algunas de sus películas; Almodóvar encontró un paralelismo estético-literario para su creación fílmica donde nada resulta artificioso.

Los colores, puramente hiperrealistas: ocres, naranjas

El expresionismo, el hiperrealismo, el *pop,* la música, los carteles internacionales de su cine, Francis Bacon en los títulos de crédito de *The last tango* y el neoexpresionista Javier Hierro

pasteles, verdes y amarillos, son los colores de los habitáculos de los personajes, como lo es la pintura de Hopper, al que Almodóvar hace un homenaje en una de las escenas de la cinta de su cuadro *Trasnochadores,* que él sitúa en la céntrica cafetería *Manila,* de Madrid. Sus escenas de bares, interiores, ventanas y nocturnos son, en esencia, el mundo plástico del hiperrealismo.

La soledad, la incomunicación y el mundo del *voyeur,* tan patentes en el cineasta manchego, revisten también una identificación temática con el mundo hiperrealista. Éste, a su vez, se yuxtapone y se aúna con el puro barroco andaluz. Altares, iconografía religiosa puramente *kitsch* reflejan esta ambivalencia plástica del director.

Dentro de este espacio cabe destacar la inspiración en *La Piedad* de Miguel Ángel, para una escena del mismo film. Esta obra escultórica transgredida por medio de dos personajes masculinos y teniendo, a su vez, como fondo un altar barroco, llega a ser pasto de las llamas. En ese preciso momento la escena da un giro, y el escenario queda convertido en la visualización de un cuadro del popista americano Errö, en una adaptación de *La Piedad* de Van Eyck con fondo de incendios y guerra, que es un alegato contra la violencia.

En *Mujeres al borde de un ataque de nervios* la referencia artística se centra en aspectos meramente formales. Hay un personaje, Lucía, anclado en los años 60, esta excusa la utiliza el director para decorar una pared con imágenes del arte cinético en una corta escena de la película, o decorar una bolsa de compra con un dibujo de Delaunay, penetrando así en la abstracción geométrica que más tarde va a desarrollar en sus tres últimas películas.

Almodóvar a lo largo de su carrera cinematográfica ha ido buscando e investigando las formas y colores que personificasen su cine. Este camino lo encontró en *Átame* y lo llevó al paroxismo en su otra película *Tacones lejanos.* Los colores los utiliza el director simplemente como identificación decorativa, personal y funcional, quitándole el valor y la fuerza que éstos habían tenido en el mundo de la pintura.

Escenografía de: *Mujeres...*, *Tacones...* y *KiKa*. Destacando: el rico colorido, las mezclas de estilo y el diseño industrial

En *Átame* aparecen ya en el cartel y continúan desarrollándose en decorados, muebles, vestuarios e incluso en automóviles. Estos colores, los básicos: azul, rojo, naranja, rosa (en su caso) y verde, aparecen enfrentados para resaltar el colorido o perfectamente ensamblados.

Esta raíz del uso del color la toma Almodóvar de dos movimientos y autores totalmente distintos, y claro está, con distinta significación.

En primer lugar aparece Andy Warhol y el *pop,* donde se utiliza el color como decoración y diversificación personal. En segundo lugar, la abstracción geométrica y el mundo de Mondrian, donde hay una búsqueda constante de experimentación colorista junto con las formas geométricas, como representación del mundo y la imagen real. De estas dos uniones Almodóvar va a surgir como un nuevo investigador del color dentro de un mundo no pictórico, pero sí visual. La imagen cinematográfica reviste, pues, en cine un carácter totalmente plástico.

En sus últimas películas Almodóvar investiga sobre las posibilidades del ámbito pictórico en su cine; para ello la pequeña introspección colorista que había llevado a cabo en *Mujeres al borde de un ataque de nervios* se abre poco a poco en *Átame,* donde el decorado toma un papel protagonista dentro de su cine, que culmina en *KiKa.*

Las escenas de interiores, rodadas todas en estudios, reconstruyen las ideas escenógrafo-pictóricas de Almodóvar. Una vez que ha conseguido identificar su cine con una gama de colores constantes, se decide por dos mundos bien diferentes que suponen el conjunto estético de su obra, que alcanza su plenitud en sus tres últimas cintas.

La teoría de los colores de Mondrian ocupan parte del escenario de *Átame,* sobre todo en pasillos, y, curiosamente en ascensores. Rectángulos y cuadrados de colores fijos que quedan divididos por una línea que marca la diferencia y unión entre ellos. Este mismo esquema se repite en *Tacones lejanos,* donde incluso el sistema colorista llega hasta el propio vestuario de los actores y el mobiliario (sofás, tresillos y librerías). Este paroxismo colorista se convierte también en su proyección personal, la vestimenta del direc-

Simetría clásica decorativa paralela al mundo de Peter Greenaway. *Caos*, el último movimiento pictórico vanguardista madrileño. Almodóvar es uno de los firmantes de su Manifiesto

tor e incluso las oficinas de su productora, revisten esta experimentación colorista: chaquetas, pantalones, chalecos, camisas y zapatos del director forman un conjunto simbiótico en conjunción con su obra.

En sus oficinas, archivadores, librerías, utensilios y demás objetos siguen la tónica general marcada por *Tacones lejanos,* film clave en su etapa plástica.

El otro ámbito que marca su obra es el clásico-neobarroco. Aparece en *Átame,* decorando paredes que quedan divididas en zócalos marmóreos que recuerdan las casas y palacios renacentistas, así como las romanas, dejando los vanos con pilastras decoradas con temas coloristas florales coronadas de capiteles corintios y arquitrabados con círculos que decoran incluso las puertas de las habitaciones, inspirados en las puertas del Baptisterio de Florencia ejecutadas por Ghiberti. Dejando para el dintel de la puerta central un tímpano cortado puramente barroco. Esta casa, vivienda de un decorador cinematográfico, motivo que le sirve al director para comunicar su gusto por la vanguardia, mezcla esta doble ambivalencia artística.

En *Tacones lejanos,* la decoración, siendo más recargada, resulta mucho más simple y clásica. Las paredes mantienen el mismo colorido, y están decoradas a la manera barroca con junquillos de madera en forma rectangular, formando cuadros de color enfrentados a la pintura de las paredes que son naranjas oscuros y azules el de los junquillos.

Los objetos decorados en ambas películas revisten un carácter meramente *pop,* y claro está, de su homólogo hispano el *kitsch.* Además de imágenes marianas barrocas, armarios forrados de plata en el más puro estilo de los 60, fetiches y muñecos de plástico típicamente americanos (monstruos prehistóricos, la pequeña Lulú, Tobi), pasos de palio sevillanos, decoración en cerámicas últimamente llamada *Dee Lite,* nombre de un grupo musical que utiliza en su vestuario el arte «psicodélico» de los 70.

KiKa es el resultado de una intensa búsqueda artística que se identifique con su cine. La decoración queda asimilada en su totalidad al mundo del *pop,* de forma que Warhol, Wasselmann, Mel Ramos y Lichtenstein, pasan al mundo cinematográfico por los *collages* de Dis Berlin, y la narrativa pasa a un campo pictórico.

De nuevo aparece el binomio posvanguardia y clasicismo con los mismos elementos decorativos que su anterior film, aquí enriquecidos en prolongación del propio mundo objetual del director.

También aparecen en sus películas pinturas y reproducciones de obras de arte, que completan la visión pictórica de su obra.

Con el director han colaborado:

— Los Costus en sus dos primeros films, como herederos del *pop* y base del *kitsch* español forman parte de su Manifiesto artístico. Ouka Lele, Pérez Villalta, Pérez Mínguez, Javier P. Grueso, Carlos Berlanga y Fabio de Miguel, en el mismo plano que los anteriores.

— Ceesepe en los títulos de *Pepi...*

— Carlos Berlanga en los títulos de *Trailer...*

— Juan Gatti, en los títulos de crédito de *Mujeres al borde...,* inspirados en el *pop* y la clásica comedia americana, tipo *Desayuno con diamantes,* cuyo personaje central es referencia en *KiKa. Tacones lejanos* es continuadora de la anterior. Y *KiKa* es presentación y homenaje.

— Dis Berlin, pintor de la escuela *pop* española, ha colaborado últimamente de forma habitual en el cine de Almodóvar. Desde *La ley del deseo,* ha ido convirtiendo parte de su pintura en elemento imprescindible del mundo artístico del realizador. Ejecutando obras directamente para *Átame,* desde retratos a acuarelas de tipo hiperrealista, pasando por una serie de dibujos a rotulador (que adquieren calidad de grabados) en línea directa con el argumento del film.

En uno recoge su trayectoria personal para llegar a la chica que ama, elaborado en el estilo del *comic,* su ejecución es de nuevo hiperreal. En otro, recrea el personaje de una Venus, clásica en la historia del arte, adquiere aquí la categoría de *Venus contemporánea* por su concepción abstracta y simplicidad de líneas, llevando en sí un mensaje (brazos y pies atados con cuerdas) feminista contra el machismo de la sociedad, y *collages* en *KiKa.*

Como representación plástica aparecen:

— Reproducciones de Andy Warhol, así como de la portada de su revista *Interview*, adaptaciones escenográficas y obras serigrafiadas ejecutadas con láminas y fotografías por el mismo director.

Estas reproducciones van desde el poster multiplicado de los colts, hasta las mariposas y la famosa cabeza de vaca.

Las adaptaciones escenográficas se inspiran y son producto de la experiencia de ambos artistas con las drogas, sobre todo con el L.S.D., llamada hoy *tryppi*. Esta droga, que distorsiona la visión y los colores del entorno, es la que origina la expresión colorista y cambiante en la obra de Warhol. Estos motivos inspiran al realizador español en su film *Entre tinieblas,* puesto que «Sor Estiércol» era adicta a los ácidos, éstos le producían visiones que terminaban por convertirse en auténticos cuadros *pop*.

Almodóvar, además, ejecuta obras serigrafiadas basándose en las originales de su maestro. Concretamente, en *Átame* y posteriormente en *Tacones lejanos* realiza dos cuadros serigrafiados: el primero, con láminas de motivo religioso (Corazones de Jesús y de María) multiplicados por tres, a modo de los retratos de Marylin o de Elvis de Warhol, y, el segundo, con retratos de Becky del Páramo, también multiplicados, son la obra *pop* del director español.

— Otros cuadros que aparecen colgados de las paredes en el cine almodovariano revisten las últimas tendencias en el arte español, y suelen ser propiedad del director, que transmite su propio universo personal a la pantalla.

Obras de:

— Juan Antonio Puertas, con una marina conceptualista en *La ley del deseo,* relacionada con la circunstancia del protagonista.

— Eduardo Úrculo, pintor *pop* español, que ha sufrido un giro en su estilo hacia la abstracción, tiene también cabida en el cine de Almodóvar. Su presencia se reduce a un título *Por la belleza peregrina mi alma,* en una concepción totalmente warholiana, con elementos decorativos y una vaca en el centro.

— Manolo Quejido y Miguel Ángel Campano, el primero con un trío, a modo de *Las tres gracias* de Rubens, donde juega con el colorido y el abocetamiento de las figuras, todo ello además en colores planos. Y el segundo con un *collage,* ambas aparecen en *La ley del deseo.*

— Una reproducción de *Trasnochadores* de Hopper, también en la misma película. Donde, como vimos antes, es base de una escena.

— Desnudos masculinos en *Átame,* dibujos figurativos de Jean Cocteau, alusivos a la homosexualidad.

— En *Tacones lejanos* cuelga un cuadro de Dis Berlin, cuyo tema, una pareja enamorada, está inspirado en Roy Lichtenstein, tanto en el tema como en la ejecución, y *collages pops* en *KiKa.*

— En la misma película, la actriz Mayrata O'Wisiedo, colabora también como artista, con su obra pictórica sobre vidrio de temas marianos y florales, así como sus álbumes de fotos elaborados de forma artesanal.

El diseño industrial en la obra de Almodóvar comenzó a tomar forma en *¿Qué he hecho YO para merecer esto!,* la respuesta a una intensa búsqueda de independencia y creación artística. Este diseño, que surgió, como tal, en Francia de la mano de Le Corbusier, y más tarde se desarrolló por Europa a través del *Art Déco* y la obra de Gaudí, es ya considerado un arte que domina toda la cultura contemporánea, de forma que en la última década el diseño del mueble ha adquirido una importancia capital dentro del mundo del arte y la sociedad.

Fabricados en series limitadas, los muebles y objetos decorativos resultan imprescindibles en hogares de vanguardia, oficinas modernas y ministerios, siendo además objeto de exposiciones y subastas en las principales galerías del mundo.

El *boom* del diseño industrial, lanzado desde Cataluña, cuna y escuela del diseño español, no ha tardado en tener imitadores. Esta escuela, en continua renovación, se ha convertido en el punto de mira de todos los comerciantes.

La necesidad planteada por la nueva sociedad de rodearse de objetos cotidianos y funcionales, a la vez que artísticos, ha hecho que arquitectos y diseñadores dediquen parte de su trabajo a indagar sobre las necesidades de la sociedad moderna: sus elementos decorativos, materiales y espacio interior, con el fin de llevar a cabo una transformación del mundo de los objetos cotidianos imprescindibles en cualquier espacio.

Almodóvar, que no es ajeno a las nuevas corrientes artísticas, ha ido adecuando en su escenografía y decoración los dos ejes en torno a los que giran los elementos que forman su universo cinematográfico.

Por un lado, haciendo un retrato fiel de una clase social: el proletariado urbano, y por otro, impregnando su obra de un mundo burgués atento a las nuevas corrientes artísticas y símbolo de la nueva sociedad española.

El mundo del proletariado urbano es para Almodóvar una representación *kitsch* y *pop,* a la vez que una defensa reinvidicativa de esta clase social y su marginación por la sociedad. Por ello su representación es real; lejos de asimilar una incultura popular (como han querido ver muchos críticos e intelectuales), la eleva a categoría de arte por medio de los postulados del *pop.*

En esta parcela el diseño industrial no tiene razón de existencia material, puesto que esta clase no tiene acceso a bienes de cultura superior porque su situación económica y cultural no se lo permite. Almodóvar se limita a hacer una exposición de su entorno por medio de la observación de su propio estrato social. Esta observación y vivencia le obliga a hacer una reflexión sociológica de la situación por la que atraviesan sus personajes.

Los elementos decorativos son, pues, testimonio «contracultural» frente al mundo burgués. Todos ellos identifican una forma de vida de una determinada clase social y son la respuesta a un medio donde los valores culturales se cifran en la posesión de unos objetos de consumo que les unen miméticamente en su contexto social.

A través de ellos expresan sus necesidades vivenciales y

reflejan una tradición popular de fuerte arraigo en el arte *kitsch*, que es la expresión más popular del *pop*. Los muebles son unos útiles que no buscan un espacio determinado, son simplemente elementos indispensables para la supervivencia de los habitantes de las estancias. Su estética es simplemente la repetición de unos módulos preestablecidos y en línea directa con la economía.

Enfrentados a ellos aparece el elemento cultural como aglutinante de un bienestar económico y social, que enfrenta al individuo con su propia parcela personal. Estos espacios personales buscan una nueva relación con el mundo del diseño. Las necesidades que plantea el nuevo tipo de vida en las grandes ciudades circunscribe el espacio interior de la vivienda a un reflejo de la propia personalidad del ocupante.

En ambos casos, aunque las circunstancias sean las mismas, los elementos decorativos conforman una idea precisa de los elementos que pueblan su espacio interior. La representación proletaria adquiere un tono general e impersonal, que viene dado por la repetición continua de los mismos elementos estereotipados, y se opone a la expresión personal e individual de un mundo que toma elementos *kitschs* como representación artística a la vez que los combina con un mundo clásico, sugerente, funcional y vanguardista, formando a través de ellos un espacio nuevo y atractivo, al que no es ajeno el realizador.

La entrada del cine almodovariano en un contexto puramente burgués le hizo entrar en contacto con el mundo del diseño industrial y el estudio del espacio interior como elemento vital, personal, estético y funcional de sus personajes.

En *¿Qué he hecho YO para merecer esto!* el cineasta se sumerge por primera vez dentro del mundo del diseño vanguardista. Para ello utiliza el espacio que le proporciona la casa de un psiquiatra y la de un escritor frustrado. En ambos casos, el director recurre a edificios preexistentes, huyendo de las reproducciones en estudios, por lo que en un principio limita la propia capacidad imaginativa del director, que se ve coartada por la necesidad de cubrir un espacio interior determinado.

Para ello decora las paredes con grandes pinturas de contenido conceptual, dejando el espacio restante para elementos imprescindibles, funcionales, en consonancia con la profesión y *status* social del protagonista. El espacio interior queda racionalmente cubierto por una mesa central de forma rectangular con tapa de vidrio y diez sillas, todo ello, como un mueble aparador en el testero derecho del salón, en negro lacado, color apropiado para un individuo de profesión liberal, que vive solo.

En la misma película, y como caso único dentro de la escenografía cinematográfica, aparece un personaje insólito que por su carácter convierte un escueto piso de la periferia de Madrid en una casa de muñecas del más puro estilo americano.

Su inquilina, una prostituta de baja «estofa», tiene en su mente triunfar en «Las Vegas». Motivo por el cual imita el mundo de la muñeca americana «Barbie». Utilizando, desde uno de sus múltiples nombres, aquí se llama «Cristal», hasta la ropa, maquillaje y decoración de esta famosa «perla» de la juguetería infantil.

Esta recreación puramente *pop* del ambiente y del motivo hace que Almodóvar reconstruya en grandes dimensiones los distintos habitáculos de los que dispone este personaje. Los colores en tonos pasteles con predominio del rosa (como referencia al mundo infantil de la puesta en escena), la luz de neón y la barra americana del salón conjugan con elementos típicamente *kitschs* españoles.

Como continuadora de esta idea en *Trailer para amantes de lo prohibido,* el realizador toma como espacio interior otro motivo puramente *pop,* unos grandes almacenes, en este caso de muebles. Su genial idea, al igual que la anterior, certifica la originalidad e innovación de Almodóvar y su plasmación fílmica en el arte.

En *Matador* y en *La ley del deseo,* el realizador utiliza, como en sus films anteriores, edificios y espacios interiores preexistentes, preferentemente pisos del centro de Madrid de principios de siglo, que en su mayor parte son remozados o reconstruidos por individuos de profesiones liberales, además de gente joven que intentan revitalizar la ciudad frente a la especulación inmobiliaria, la cual lleva años destruyendo el paisaje urbanístico de las ciudades españolas.

Almodóvar, consciente de este problema, siempre ha acudido a este tipo de edificios, por la cercanía que suponen dentro de su esquema argumental, y el mundo donde se desarrolla la vida de sus personajes.

En estas dos películas, el espacio interior queda supeditado, pues, como comentamos antes, al espacio en cuestión. El cambio consiste en transformar en la mayor parte de las ocasiones muebles y objetos decorativos, siguiendo la misma pauta que en sus films anteriores. Cuadros de firma, muebles modernos al uso, y objetos decorativos, siguiendo la línea *kitsch*. Exceptuando un desfile de modelos en el antiguo matadero de Madrid, y una casa de campo, «museo» fetichista, en la película *Matador*.

El gran salto del director en el mundo del diseño y de la decoración lo dio gracias a la creación de su productora, con la que ha ido logrando sus proyectos más ambiciosos en este campo, recreando, además, todos los espacios interiores que antes no se podía permitir.

Sus cuatro últimas películas, *Mujeres al borde de un ataque de nervios, Átame, Tacones lejanos* y *KiKa*, son el reflejo de la idea del cine de Almodóvar en toda su amplitud. Para ello, los rodajes de escenas interiores se realizan todos en estudios, donde interiorismo y decoración desempeñan un papel clave en su obra.

El espacio queda distribuido de forma racional en cada una de ellas, de forma que la luz, el color, los muebles y los objetos decorativos forman un todo uniforme, de manera que sus elementos identifican el cine de Almodóvar frente a todos los demás.

La luz, en función de una serie de colores base, penetra por ventanas, grandes puertas, a modo de «canceles» en varios colores que dominan las zonas principales de la casa, llegando incluso a colorearse las persianas. Esta irrupción de color, idea innovadora de Almodóvar, pasa por muebles y paredes. De forma que sofás, mesas, sillas y demás mobiliario revisten un espíritu colorista, de los que Pieter Mondrian y Victor Vasarely habían puesto ya las bases en el arte de la pintura, pero que nunca había sido llevado a la imagen cinematográfica. Aunque últimamente Peter Greenaway utilice este mismo sistema en su film *El cocinero, el ladrón, su mujer y su amante,* no deja de situar al director español como el precursor de esta línea colorista cinematográfica, a la vez que su creador y maestro.

Las paredes revisten este mismo espíritu colorista, pero no experimentan la misma explosión que los muebles y los objetos decorativos. El color se limita en este caso a ejercer una función complementaria, simplemente se oculta la capa virgen de yeso, pero no representa un choque o una lucha como en los demás objetos.

El color es, pues, en sus últimas películas la continuación del drama de sus personajes, reflejado a su vez en los objetos que determinan la actitud de los mismos y el universo personal del director.

La identificación de Almodóvar con el arte contemporáneo le ha llevado a utilizar muebles que el mismo diseña o en su lugar coloca otros de diseñadores conocidos mundialmente o las últimas formas más novedosas dentro del diseño industrial.

En el primer caso usando las formas clásicas estilizadas, su novedad está sobre todo en el uso de la tapicería. Ésta suele repetir la gama colorista de su cine. En *Mujeres...* la tapicería toma su propio papel decorativo dentro de un espacio que le permite al director jugar con varios elementos, puesto que la casa (un ático) consta de dos niveles, los muebles se sitúan escalonados para multiplicar el espacio del que pueden rodearse. En primer plano están situados, sofás, mesas y librerías concebidos como en un salón, y en segundo plano un sofá para descanso y pequeña sala de estar.

Puesto que las habitaciones de la casa se separan mediante el mobiliario, ya que no existen tabiques, el dormitorio supone otra elevación de niveles, siendo éste separado del resto de la casa por medio de una cortina decorada a base de cuentas de vidrio en varios colores, las cuales generan un cuadro decorativo dentro del mismo salón.

Los objetos decorativos, desde los cuadros multiplicados y serigrafiados y objetos puramente *kitsch,* denotan el carácter puramente *pop* del conjunto. Haciendo además notar la cristalera multicolor del fondo, rota por el «disparo» de un teléfono, que recuerda a René Magritte en su obra *La clé des champs*.

En cuanto al mobiliario es de destacar la utilización de la «silla de brazos» de Marcel Breuer, discípulo de *La Bauhaus*, escuela alemana arquitectónica donde se produjeron las mayores conquistas en el campo del diseño industrial, gráfico y de interiores. Este sillón de tubos de acero y tiras de piel, utilizado por el director, es ya un clásico dentro del terreno de los diseños modernos.

Las vistas de la terraza del ático quedaron convertidas en decoración de las vistas más *kitsch* de Madrid, revistiendo el carácter teatral que poseía el film.

Este sentido de la teatralidad y el trucaje decorativo del cine se convirtió en su principal objetivo en *Átame*. La excusa de un rodaje dispuso al director a materializar su propio discurso.

La decoración del espacio interior que aparece en esta película obedece, como en la mayoría de los casos, a la personalidad y profesión de sus moradores. Tres casos clave aparecen en este film. El primero de ellos, y en orden cronológico, la casa de Marina, la protagonista, confirma la línea colorista de sus anteriores films, reduciendo su novedad a la utilización de elementos decorativos ya utilizados en otros films del director, intentando seguir la línea de Roger Corman.

El espacio interior, de gran amplitud, queda reducido en su decoración a dos sillones y una mesa, con una cristalera multicolor que recuerda el escenario de *Mujeres...*, lo novedoso es la utilización de los sillones de cartón, traídos directamente de Los Ángeles por el director, del arquitecto americano Frank Gehry. La serie *Easy Edges* creada por Gehry, ponía directamente en contacto los personajes y su entorno marginal, estos sillones en palabras del arquitecto: «Hice toda clase de experimentos con cartón, hasta darme cuenta de que las láminas dobladas constituían una estructura muy económica. El resultado no era demasiado agradable a la vista, se notaba fabricado en cartón plegado. Un día, mirando desde un lado una maqueta de un terreno hechas con capas de cartón para representar las curvas de nivel me percaté de su aspecto estratificado. Me gustó la idea, vi en ella una posibilidad estética y me construí el escritorio, que todavía utilizo. No pensé, sin embargo, que la cosa fuese adelante»[17].

Almodóvar fue el primer español que trajo la obra del diseñador a España, y en el estreno de la película en Madrid se presentó en el cine montado en un camión de basura lleno de cartones con todo el elenco de la misma, reflejando su espíritu a través de los muebles de Frank Gehry. Prestando los sillones en otra ocasión para una exposición sobre los muebles del arquitecto.

El dormitorio de *Átame,* con una cama de metal dorado en recuerdo de *La gata sobre el tejado de cinc,* junto con un escritorio con incrustaciones de tipo modernista y dos lámparas de pie de diseño vanguardista y funcional ordenadas simétricamente, cierran el ciclo de esta película.

Continuadora de las ideas anteriormente expuestas aparece su otra película *Tacones lejanos.* En ella el director asume su mundo decorativo de forma general. De modo que no hay un espacio, tanto interior como exterior, que se encuentre libre del afán del director por certificar sus teorías sobre el mundo del arte. Este afán por colorear y llenar todo su espacio de materiales artísticos, lo acerca por el exceso al mundo del barroco, y por otro lado al «horror vacui» del mundo árabe, que se manifiesta en la insistencia del director en no dejar ni un solo espacio libre.

Esta insistencia se verifica incluso en las escenas que tienen lugar en exteriores, donde las fachadas y los arcenes de las carreteras aparecen decorados con carteles en alusión al film y pinturas geométricas que confirman su intención, cada vez más clara, de la identificación de su cine con el mundo pictórico y colorista.

Las paredes aparecen, dependiendo del individuo que la habita, con colores que se encuentran en continua lucha,

---

[17] Germano Celan y Mason Andrews, *Frank Gehry. Buildings and projects,* Nueva York, Editorial Rizzo, 1988, págs. 68-69.

desafiando las propias leyes de las combinaciones cromáticas, establece un paralelismo lógico dentro del conflicto y la psicología de los personajes.

Tres espacios interiores fundamentales que revisten el carácter a que antes nos referíamos se materializan en el film:

1. El espacio interior de la casa que ocupa Victoria Abril (Rebeca en la ficción).

2. La habitación de Mayrata O'Wisiedo (la madre de Miguel Bosé —el juez—).

3. El espacio que ocupa la transformación de la portería donde habita Marisa Paredes (Becky del Páramo).

1. El interior de la casa de Victoria Abril es, en palabras del director: «un reflejo de su propia casa»[18]. El espacio de esta casa queda reducido a dos pasillos con forma de T, cuya base comunica con el salón principal de la vivienda. Las paredes en color naranja oscuro decorada con junquillos de varios colores, le dan una gran riqueza cromática. Estos junquillos aparecen agrupados en notas discordantes formando un haz semejante a los pilares góticos y en las esquinas el director recarga el colorido de la habitación con el dibujo colorista de grecas griegas.

Las persianas que aparecen están todas ellas pintadas de varios colores. La librería sigue el mismo tono de alternancia de colores, jugando con los ángulos, de manera que su inspiración se inclina por la obra de Leger.

El espacio interior del salón queda dividido por sillones y sofás con una gama de colores fuertes chocando entre sí, verdes para las espaldas y rojos para sus esquinas, así como la alternancia de colores en los cojines de los tresillos, todos ellos ideados por el director, siguiendo la tónica que había inaugurado en *Átame,* inspirados en Pieter Mondrian. Estos sillones que dividen la estancia principal dejan un espacio libre para la colocación de una mesa de comedor, sencilla y

---

[18] Cristina Barchi, «Tacones lejanos: un decorado de Pedro Almodóvar», *La casa de Marie Claire 16,* núm. 44, Madrid, octubre de 1991, págs. 96 a 104.

funcional en color negro, con sus correspondientes sillas haciendo juego.

Unos floreros, colocados simétricamente por pares iguales, y una mesa con objetos de barro tratados toscamente de forma artesanal y un televisor, cierran la decoración de la estancia.

Todo este conjunto reviste un carácter multicolor, resultando una decoración puramente neobarroca, mezclada a su vez con notas de vanguardia totalmente personales que definen el personal estilo decorativo del director y su constante búsqueda.

2. La habitación de Mayrata O'Wisiedo comulga con la idea del director de aunar mundos personales con la ficción, de forma que los objetos y pinturas que aparecen son obras que la actriz realiza en su papel de pintora y artesana.

Los álbumes, obras de la misma actriz, forrados de tela y decorados con encajes, son una excusa argumental.

Los muebles responden al carácter social de los personajes: recios y elegantes.

3. Marisa Paredes (Becky del Páramo), adquiere una vivienda en la que habitaron sus padres: una portería. Excusa que utiliza el realizador para transformar su aspecto interior y exterior, reflejando así su propio cambio social y estético a través de la evolución de su protagonista.

Los interiores de *KiKa,* resultan una combinación de todos los elementos que han formado parte de sus anteriores películas. Interiores fabricados en estudios, que suponen una lucha cromática y estilística en continua expansión.

El paroxismo de *Tacones...* se agudiza en el interior de la casa de *KiKa.* Aquí cada pared toma entidad propia y cambian de color dentro de un mismo habitáculo, así el mundo de Mondrian queda diversificado, desapareciendo el negro separador y quedando los colores enfrentados en un caso y degradados en otros.

La riqueza cromática y la acumulación de objetos artísticos y artesanales es la razón de ser de este interior. De forma que no hay un espacio libre en toda la casa que quede libre, cobrando un especial barroquismo en su riqueza artística, tanto en la mezcla de elementos decorativos (donde abunda la iconografía religiosa y objetos de los 70) como en los puramente ornamentales, que dan lugar a un «horror vacui», sello personal del universo almodovariano.

En esta casa, de dos alturas, el sistema de disposición colorista en forma de damero, con círculos en ventanas y espacios abiertos en forma de ojos de buey y rectángulos y cuadrados en puertas, muebles y azulejos, son la provocación para un voyeur: el personaje de Ramón.

Ramón representa la visión de un obseso por la cámara; su estudio, es la excusa de un voyeur, que Almodóvar aprovecha para colocar una serie de *collages* fotográficos al estilo del popista americano Mel Ramos, realizados por Dis Berlin, es un resumen de toda su obra iconográfica anterior, además es un elemento testifical del mundo social, artístico (el *kitsch* y Warhol) y religioso del propio director.

Los demás espacios interiores son un reflejo, como en las películas anteriores, del nivel socioeconómico y cultural de los personajes. Interiores burgueses que no dejan espacio para la imaginación, reflejo de la clase dominante del país, de la que el director abomina.

La decoración de Almodóvar, complementado por Javier Fernández, y sobre todo por Alain Bainee, supone la constatación del director como decorador-escenógrafo, aportando a sus films sus propias ideas, materiales y objetos, que utiliza en sus distintos films a modo de Corman.

En el espacio dedicado al mobiliario y a diseño industrial, Casadesús, junto con Breuer, Gehry, Hoffmann, Sotssas, Driade, Robert Louis, Federico Cambero y la influencia de los italianos De Luchi y Mateo Grassi, componen los nombres de los diseñadores posmodernos y vanguardistas por los que el cineasta siente predilección e identidad.

Alain Baine y Casadesús realizan una labor de vanguardia dentro del diseño del mobiliario interior. Sus muebles: funcionales, sencillos y rectos, quedan, en su caso, tapizados con telas clásicas (cuadros, panas y terciopelos). Sofás como el *Soraya* de Casadesús, el *Divano* de Driade, o los tapizados por el propio Almodóvar, ejemplifican la idea, que unidos al Sofá Rojo de Hoffman, componen este original mosaico decorativo, *alma mater* de la obra del realizador.

La moda ha sido también una constante en su cine. Para ello, y siguiendo su propia tónica, toma modelos de creadores nacionales e internacionales, o él mismo diseña y escoge el vestuario de sus films. Este vestuario ha ido pasando desde el *pop-art* de su primera película, hasta los modelos de Chanel, Armani, Gaultier o Versace. Acompañando, como ocurre en todas sus películas, su evolución personal y social, con la artística.

En estas cintas, el vestuario lo aportaban los propios actores, o los compraba y creaba el director sobre la marcha. Desde los cuadros blancos y negros en el vestuario de su primer largo, además del choque colorista en medias y zapatos, hasta el actual, ha recorrido todo el camino de la moda contemporánea.

En *Laberinto de pasiones* hace una recreación en un traje de Cecilia Roth del personaje del *comic* Barbarella, film dirigido por Vadim que vuelve en *KiKa*. El vestido de Jane Fonda dejando el pecho transparente a través de una especie de sujetador de plástico, queda en Almodóvar relleno de insectos y cubierto con una capa, siendo el elemento más destacado del vestuario de la película.

En *Entre tinieblas,* hay un homenaje a Cecil Beaton en la oscarizada *My fair lady,* de modo que las vírgenes son ataviadas por «Sor Perdida» (dedicada a la costura), como modelos de temporada dependiendo de la estación climática.

Los modelos de la muñeca americana «Barbie» son imitados para el lucimiento de Verónica Forqué en su papel de ramera, con un guardarropa por el uso de cada cliente, realizados por Juan Carlos García, en la ficción es Kiti Manver la modista de Cristal (profesión, por otra parte, de una hermana del director), es una mezcla de invención e imitación del mundo de la juguetería femenina.

A Bibi Andersen la vistió de lamé dorado en *Trailer para amantes de lo prohibido,* como homenaje a Rita Hayworth en el papel de *Gilda.*

Pero fue realmente en *Matador* donde el realizador se introduce de lleno en el mundo del diseño y la moda, llegando él mismo a interpretar el papel de Francis Montesinos en la película.

La moda: influencia del *comic,* homenaje a Cecil Beaton, recreación de los 70. Los grandes modistos en el cine de Almodóvar: Armani, Chanel, Versace y Gaultier

El vestuario de la película estuvo a cargo de José María de Cossío, además de la colaboración de Francis Montesinos, Ángeles Boada, Ángela Arregui Dúo y Antonio Alvarado, además de Chus Burés en joyería. Todos ellos representantes de la nueva creación española y a la cabeza de la explosión de la *Moda de España*.

Los ejemplos más sobresalientes del vestuario de la película están representados en los personajes de Eva Cobo y Assumpta Serna en momentos clave de la misma, pues, durante un desfile de modelos, los dos personajes, rivales en el argumento, visten sendos modelos de Montesinos y Cossio. Eva Cobo luce un modelo basado en el concepto de liberar el cuerpo femenino de corsés y resaltar sus insinuantes formas mediante el uso de un tejido elástico (creación de Alaïa, que se ha convertido en un clásico dentro de la costura femenina).

El vestido, rojo, de talle largo, que la pone además en relación con *Sangre y arena* de Mamoulian, es un canto al cuerpo femenino en toda su plenitud (con los hombros descubiertos) teniendo en su color una connotación paralela al tema de la cinta.

Assumpta Serna luce un modelo transparente de gasa en dos piezas que deja sus formas al descubierto, en el más puro estilo Saint-Laurent, y sobre él una capa que imita, en tejido brillante, el capote de un torero.

Estos dos modelos, creados especialmente para la película, revisten su propio clima de seducción, pasión, erotismo y muerte, dentro del propio círculo del director.

En *La ley del deseo,* una camisa de Alvarado comprada en la calle de Almirante (la calle de la «movida» del diseño y de la moda madrileña) es el desencadenante de la acción. Por ella el protagonista llega a asesinar y ser descubierto por la policía, es a su vez, móvil y testigo.

Los zapatos de tacón, las faldas de tubo y la ropa estrecha son los protagonistas de *Mujeres al borde de un ataque de nervios,* donde se hace incluso una retrospectiva de la moda de los 60 en el personaje de Julieta Serrano. Este tipo de moda acentúa aún más el carácter feminista de la película.

El contraste más fuerte de la moda y el mundo del diseño

industrial se va a producir, como ya dijimos antes, en la explosión que supone en todos los ámbitos *Tacones lejanos.* Si en la anterior *Átame,* se había preocupado por investigar el mundo del color, en ésta amplía todo su ámbito creativo en todas las parcelas de la creación cinematográfica.

El mundo de la moda adquiere, pues, en esta cinta un carácter armonioso y testimonial. Este doble valor es una consecuencia social y económica de la evolución del país en este momento histórico que estamos viviendo. Armonioso, puesto que los personajes responden a la propia visión conceptual y colorista del director, y testimonial, porque retrata mediante el vestuario un tipo de clase social acomodada y culta, aspiración de la mayoría de los españoles.

Para conseguir su fin el director se rodea en esta cinta de los diseñadores más reputados en Europa: Chanel y Armani. Diseñadores que incluso ofrecen gratuitamente al realizador sus modelos, en vista a la promoción internacional que les ofrece el verse reflejados en un film de Almodóvar.

Los modelos de ambos creadores, que se reducen a trajes clásicos dentro de la línea de cada diseñador, de la que el director saca su propio partido estético y social. Rebeca (Victoria Abril) viste dos trajes de chaqueta de colores que respetan la propia trayectoria colorista del realizador, ambos de chaqueta corta ribeteada en sus bordes y botonadura en tonos dorados y plateados, representa a una clase social acomodada de la España de los 90.

Becky del Páramo (Marisa Paredes), con trajes de Giorgio Armani, representa el triunfo de la elegancia, el colorido y el éxito profesional. Sus trajes de chaqueta, de un colorido acorde al personal mundo colorista del realizador, como en el caso anterior, revisten un carácter de placidez, por la sencillez de su diseño, y de triunfo, por la utilización de tejidos de seda. Estos modelos confieren a la protagonista un paralelismo vital.

KiKa representa la vuelta al mundo creativo que Almodóvar había abandonado desde *Matador.* Los modelos creados por Gaultier y el propio director para el personaje de Victoria Abril se convertirán en clásicos en el mundo de la moda dentro del cine. Estos modelos, inspirados en el punk y en el *comic* Barbarella y Modesty Blaise, revisten un carácter único dentro del cine actual, porque recogiendo toda la tradición anterior, mezcla materiales de fibra moderna con plásticos y metales, utilizados por Rabanne. Estos trajes son la expresión iconográfica de la postura cruel de la televisión en torno a los *reality-show,* además de lo más original que el cine ha dado en los últimos años.

Por último, señalamos el resto de las notas artísticas que aparecen en la obra del director, como: accesorios, carteles y algunos paralelismos anecdóticos de su obra con la pintura.

Los accesorios, en ocasiones protagonistas, debido al carácter fetichista del mundo almodovariano, diseñados por artistas de vanguardia, forman un universo totalmente personal, como labor paralela a su fuerza creadora.

Desde las pulseras y peinetas de sus primeros largos, hasta las pelucas de *KiKa,* el director convierte lo superficial en factor de primera línea. De ellos destacan:

— El elemento *kitsch* y agnóstico de una peineta colocada en la cabeza de un «Niño Jesús» de escayola.

— El peinecillo-estilete, creado por Chus Burés para *Matador.* Estilización de la clásica peineta española, es prueba y arma mortífera en el film.

— Máscaras, y joyas y bolsos en formas de corazón, de nuevo de Chus Burés, usados como promoción y venta.

— Las pelucas de Victoria Abril en *KiKa,* fabricadas con cables en forma de moños.

En cuanto a los carteles, el director recoge la idea general de plasmar en un cartel, de forma artística y creativa, los más sobresalientes momentos y el argumento de la cinta. Almodóvar renueva el concepto del mismo.

Los carteles:

Ceesepe, conocido cartelista, hijo de la «movida», ha realizados dos carteles para sendas películas. El cartel de *Pepi, Luci, Bom y otras chicas del montón* recrea el universo femenino y feminista del film, realizado en vivos colores y siguiendo la técnica del *comic* Ceesepe sitúa a los protagonistas en una viñeta central, dejando en los laterales viñetas en diagonal que recogen escenas en alusión a la trama de la película. Las líneas en los dibujos y los colores planos, ejecutados con rotulador y técnica de acuarela, dominan toda la composición. Este cartel nos acerca al mundo del *comic* femenino, una de las fuentes del director.

La ley del deseo, el otro *affiche* que el cartelista realizó para Almodóvar, es una composición triangular de carácter eminentemente pictórico, ejecutado con la técnica de la acuarela, es más una obra pictórica en sí misma que un cartel publicitario y divulgativo. Los tres personajes principales de la película componen un espacio clásico dentro del panorama histórico del arte. En el espacio central del cartel aparece una cama, y sobre ella el protagonista; a sus pies, y a ambos lados de la misma, los dos personajes que rodean su vida sexual y afectiva. Los laterales del mismo configuran los elementos que conforman el mundo de estos tres seres humanos, todo ello bajo un gran telón teatral cuyo centro se aprovecha para insertar el título de la cinta.

Iván Zulueta, considerado en el mundo del arte como el mejor cartelista español, fue el segundo creador que trabajó para el director, realizando los carteles de *Laberinto de pasiones, Entre tinieblas* y *¿Qué he hecho YO para merecer esto!* En el primero de ellos utiliza la técnica del *collage* y de la acuarela, y en él un gran trasero desnudo, que termina en forma de corazón, nos revela el carácter ninfomaníaco de sus dos protagonistas principales. Utilizando como base la hoja de una revista femenina, cuyo tema es la venta de productos relacionados con el sexo mediante giro postal, queda cubierta en parte por la pintura rosa de acuarela que lo cubre, teniendo a su vez una flecha que cruza el corazón en forma diagonal de lado a lado, así como una boca abierta dentada en el centro del ano. La parte inferior del cartel se aprovecha para colocar el título de la película, rotulado con una barra de labios, y debajo de él en la ese de la última sílaba el tapón de un lápiz de uñas. Cerrando el cartel, en la parte inferior del mismo, hay una serie de recortes de un *comic* con personajes alusivos a los personajes de la película, en el más puro estilo *pop*.

Entre tinieblas fue el segundo cartel que Zulueta realizó

para el director manchego. Esta segunda obra del cartelista asciende a cotas impensables dentro de la segunda categoría con la que se considera al cartel dentro del panorama de las artes actuales. Su composición reducida a un cuadro central, bordeado por notas musicales, en alusión a la profesión de la protagonista, recoge la idea general de la película con la caracterización de Hermana Superiora de la Orden con cara de tigre (representación animalista tomada de la herencia de Andy Warhol) que con sus garras intenta apoderarse de la cantante, el hábito de la monja continúa degradando su color y saliéndose del cuadro entrando en contacto con el resto del cartel. A la derecha, en la parte inferior un escapulario, símbolo de la Orden, está pinchado en su totalidad con jeringuillas, en relación a la temática que rodea al film. La técnica depurada es mixta, ya que utiliza colores planos, acuarelas y *collage* en el fondo de la cabeza de la Hermana Superiora.

El último cartel que hizo para Almodóvar Iván Zulueta se basa en el movimiento neorrealista italiano. *¿Qué he hecho YO para merecer esto!,* cinta que reúne todas las pautas de este movimiento, refleja el carácter feminista de la misma y su relación con los barrios suburbiales de la gran ciudad, siendo su paralelismo evidente, tanto en el cartel como en su conjunto con *Roma, cittá aperta.* En los dos casos, la protagonista femenina aparece en primer término del cartel, teniendo ambos como fondo la arquitectura como elemento funcional, herencia que pervive en Italia desde la época del Renacimiento. Si en el caso italiano se juega con dos colores básicos, el rojo y el blanco, Zulueta llena todo el espacio de negros y grises, recalcando así la situación angustiosa que vive la protagonista. Solamente aparece una nota de color, puesta de nuevo por la utilización de un animal exótico al estilo de Warhol, en este caso un lagarto de rico colorido llamado en el film «Dinero», cuya representación es un enfrentamiento entre dos mundos opuestos, la burguesía-dinero y el proletariado urbano-pobreza. La caligrafía del título del cartel, colorista, destaca en su yo mayúscula para acentuar el sentido angustioso del personaje central.

A partir de esta película, Almodóvar se plantea la realización de distintos carteles publicitarios para una misma película con el fin de enriquecer su propio mundo artístico y publicitario. En éste su cuarto film comercial, la segunda versión del cartel de su película tiene un sentido más colorista y geométrico que el primero, a todas luces rayando en el realismo expresionista, pero manteniendo el mismo esquema de la representación de la protagonista en el centro del cartel.

Matador supone un nuevo cambio artístico en los carteles del cine almodovariano. Su ejecución fue llevada a cabo por Carlos Berlanga, que ya había realizados los títulos de crédito de su mediometraje televisivo *Trailer para amantes de lo prohibido* utilizando máscaras y símbolos geométricos; éstos fueron utilizados por el autor de este ensayo para llevar a cabo el cartel de esta película, que al ser un mediometraje televisivo no ha sido estrenada en los cines comerciales. Para su realización, se basó en los momentos más sobresalientes de la película y el propio argumento. El fondo, azul claro, refleja el mundo exterior que rodea a la cinta. El título y las máscaras están tomados de los que ideó Berlanga para la misma, dejando en su parte superior un espacio que reproduce el estreno de la película en el cine Proyecciones de Madrid, con un cartel de la misma a modo de *collage,* y dominando el cartel una pintura que representa al personaje de Bibi Andersen en el más puro estilo glamouroso hollywoodense que da título a este film.

Volviendo a *Matador,* éste representa una visión y ejecución totalmente distinta a los anteriores, ya que la imagen es una pura abstracción que supone una ruptura con el realismo anterior. Los dos personajes principales aparecen dándose muerte mutuamente, en un dibujo esquemático, donde el color aparece en contadas ocasiones y con acusadas formas geométricas.

Sus cuatro últimas películas, han cambiado aún más el panorama de los carteles en la obra de Almodóvar. Proyectados y ejecutados por el taller de Juan Gatti, han enriquecido definitivamente la obra artística del director, haciendo incluso dos versiones de cada uno de ellos, por este afán de diversificación que plantea toda su obra.

Estos cuatro carteles de sus cintas: *Mujeres al borde de un ataque de nervios, Átame, Tacones lejanos* y *KiKa,* son la continuación de su peculiar visión de un mundo lleno de cambios y multiplicado por sí mismo. Para lo cual se dedica a hacer dobles versiones, como ya hizo Iván Zulueta en *¿Qué he hecho YO para merecer esto!* En algunos casos, cambiando figuras y formas, y en otros, alterando los colores originales, siguiendo las fuentes de Warhol.

En *Mujeres al borde de un ataque de nervios* llegó a hacer hasta tres versiones del cartel, sin contar las realizadas para el mercado internacional. Todas ellas tienen como base el espíritu feminista, eje del argumento de toda la película. Para ello se sirve de una serie de montajes, tanto fotográficos como pictóricos, teniendo como base composiciones fotográficas basadas en personajes, escenarios y símbolos alusivos a la cinta.

Desde el cartel con un sofá donde se encuentran los personajes principales, y como fondo la escenografía de la vivienda de la protagonista, excusa que el realizador utiliza para ofrecer una visión *kitsch* de su ciudad. En otro caso, unos labios y una mujer sentada, ataviada a la moda de los 70, componen otro cartel.

En el último, divide el espacio en dos mitades, a la izquierda, un rostro femenino maquillado a la moda de los 70, y a la derecha el título del film. Con esta película, Almodóvar comienza a ampliar la dimensión del cartel, a modo de los *affiches* franceses.

El cartel de esta película fue desarrollado por el estudio de Juan Gatti para *Cómo ser mujer y no morir en el intento,* dirigida por Ana Belén.

Átame supone la inspiración de nuevo en el mundo de Warhol; como antes fue el mundo de la prensa típicamente femenina (fuente y material de trabajo para el pintor americano), ahora es el cuadro serigrafiado de las famosas sopas Campbells. El cartel formado por cuatro colores básicos: azul, rojo, naranja y rosa, forman cada uno de ellos un rectángulo, que unidos en sus cuatro ángulos centrales unen a su vez dos figuras, en negro, abstractas, cuya representación alude al título y a la situación de los protagonistas, rodeadas ambas de líneas negras y blancas con las que quedan enlazados. La segunda versión del cartel se limita a trastocar el color, dejando el fondo en azul monocromo, influencia de Mondrian.

En *Tacones lejanos,* Juan Gatti y su equipo, con las indicaciones del propio director, realiza de nuevo un *affiche* basado en Warhol, y aquí concretamente en una serie de zapatos de tacón· que el pintor norteamericano hizo, como en otras ocasiones, para una revista de modas de su país. Aquí sólo se utilizan dos colores básicos: el negro y el rojo, la pasión y la muerte, ejes en torno a los cuales gira toda la acción del film, dejando en el centro un zapato, cuyo tacón es un colt, y en la parte superior e inferior, el título de la película. Estos dos colores juegan en su doble versión al positivo y al negativo, en una de ellas el fondo es negro, en la otra es rojo. El cartel americano, sin embargo, introduce la figura de Victoria Abril recostada en el título de la película, llevando unos zapatos de tacón, y de uno de ellos un colt que hace un disparo, dejando en la parte superior un «Almodovar's», que deja sin lugar a dudas la autoría del realizador español.

KiKa es la representación de los personajes en dos niveles, a modo de una viñeta, y en el centro el título del film, de forma que los personajes aparecen de izquierda a derecha y de arriba abajo dependiendo de la importancia del personaje en la cinta. El cartel juega con un color para cada personaje, dejando el negro para el título del film. Los personajes en las distintas versiones quedan al margen del título, trasladándose éstos a la derecha o a la izquierda del mismo. Revistiendo, pues, características puramente *pop* además de la influencia de Mondrian.

Por último, y dentro de este capítulo, destacamos algunos momentos sublimes de su obra en relación al mundo de la pintura:

— El Rastro madrileño que aparece en *Laberinto de pasiones* es referencial al pintor neoexpresionista onubense Javier Hierro.

— La muerte como catarsis en *Tacones lejanos* es una referencia al expresionismo de Edvard Munch.

— Los relojes en reposo, de la obra de Dalí sobre el transcurrir del tiempo, es referencia a las fotos promocionales de *Tacones lejanos,* con los personajes en la misma actitud que los relojes en el cuadro de Dalí.

— *KiKa* es un mundo de referencias al *pop,* y a la pintura surrealista, con Almodóvar (en las fotos promocionales de la película, como en *Tacones...*) moviendo a los personajes como en un tablero de damas.

— Las fotos promocionales de *KiKa,* con los personajes en color encuadrados en negro, están relacionadas con la representación humana del color en la pintura de Mondrian.

La música en el cine de Almodóvar

El cine como aglutinante de todas las demás artes, como hemos venido insistiendo durante todo este trabajo, empezó su andadura de la misma forma que la obra de Almodóvar.

La imagen sin palabras, fruto del descubrimiento de las nuevas técnicas científicas del siglo XIX, desencadenó una nueva era en el mundo del arte, permitiendo así la difusión del único arte universal: el cine.

Desde sus inicios, el cine, debido a la ausencia de la banda magnética, se proyectaba en salas oscuras acompañado de música, de modo que desde su nacimiento ésta y la literatura fueron sus pilares básicos.

El paso del tiempo trajo como consecuencia un amplio

logro científico que aplicado al mundo del cine lo convirtió en el arte del siglo XX, y por su difusión, en un fenómeno de masas[1]. Convertido ya en industria floreciente, surgió una ciudad a su sombra, Los Ángeles, que atrajo a actores, directores, músicos, pintores, decoradores, sastres y escritores de todo el mundo.

Muy pronto se fueron instalando los grandes Estudios, convirtiendo a California en La Meca del cine[2].

Almodóvar, que comenzó su carrera cinematográfica como *underground,* siguió los pasos de la misma industria americana. Con una cámara de Super 8 mm, y sin medios económicos, empezó su idilio con el cine. La exhibición de sus primeros trabajos nos remonta a los pioneros del cinematógrafo, ya que con un proyector hacía pases de sus películas en casas de amigos, conocidos, fiestas y festivales marginales.

Acompañado de su hermano Agustín, comentaba y ponía música a sus cortometrajes, como ocurrió con los Lumière, o las primeras salas cinematográficas. De forma que la música resultaba de vital importancia como soporte de la obra fílmica, tanto en un caso como en otro.

La música es, pues, en el cine, instrumento a una imagen, personaje, sublimación, caída y elemento indispensable en el mundo del celuloide desde su nacimiento.

Melodías, movimientos, armonías y ritmos han sido a lo largo de la historia del cine pautas que han marcado no sólo un film, sino también una época, llegando a pervivir en la memoria colectiva resistiendo el paso del tiempo.

Todos los movimientos artísticos musicales han tenido su transposición a la pantalla, y los compositores arrinconados por la llamada música culta han volcado toda su inspiración en el mundo del cine. Convirtiéndose en herederos de una cultura musical clásica que, en numerosas ocasiones, ha conectado con un público no preparado musicalmente y

---

[1] Véase Antonin Artaud, *El cine,* Madrid, Alianza Editorial, L.B. 490, 1973.

[2] Véase Kenneth Anger, *Hollywood Babilonia,* Barcelona, Tusquets, colección andanzas, 1984.

que, debido al poder mágico del cine, ha conocido e identificado sonidos que, preconcebidos en otro contexto, fueron asimilados a un mundo que enriquecía para, de nuevo, descontextualizarse.

Gracias al cine y su poder divulgativo, el gran público supo de la existencia del gregoriano, hoy en el *hit parade,* el lied, la pavana, el madrigal, la sinfonía, la ópera, la opereta, la zarzuela, el sirtaki, el dodecafonismo, la electrónica e incluso las hoy en día famosas salsas sudamericanas. Todo ello gracias al poder de expansión de un arte que solamente necesita de una sala oscura, altavoces y un proyector para su difusión[3]. De tal forma que modos y modas eran rápidamente asimilados, ya que incluso la aldea más perdida contaba con un equipo de proyección, algo que hoy, con la llegada de la televisión y el vídeo, ha llegado a todos los hogares, pero no olvidemos que su materia prima sigue siendo el cine[4].

Almodóvar, pues, ha conocido desde sus inicios la importancia del elemento musical en el cine. Siendo él mismo melómano e intérprete de sus textos, ha conseguido crear momentos irrepetibles donde imagen y música forman un todo indisoluble, consiguiendo en múltiples ocasiones que el público olvide una melodía «prestada», que en sus manos adquiere un valor totalmente catalizador.

Cronológicamente sabemos que esto no es nuevo en el cine. Desde Griffith a Greenaway, la música ha sido utilizada en situaciones y planos que han trascendido su papel meramente de acompañamiento o envoltorio sugerente que, en múltiples ocasiones, tiene la música dentro de un film.

En Almodóvar la música tiene varias vertientes, todas ellas en función de la identificación temática y el contexto de que se trate. Pero, pese a ello, hay dos mundos musicales que están presentes en su cine: el rock, con todas sus variaciones, y la música sudamericana. Sin olvidar la obra

---

[3] Véase I. C. Jarvie, *Sociología del cine,* Madrid, Editorial Guadarrama, Punto Omega, Sección Cine y Sociedad, núm. 182, Colección Universitaria de Bolsillo, 1974.

[4] Véase *Cinema Paradiso* de Tornatore, y *Splendor* de Scola.

de grandes creadores de bandas sonoras, comunes a todos los directores de cine.

Desde sus cortos a *KiKa,* el director tiene una gran intuición para adecuar la música dentro de sus propias coordenadas cinematográficas, encontrando el compositor la melodía, canción o ritmo más apropiado a su personal estilo.

A lo largo de su obra queda patente, pues, un triunvirato musical: popular-vanguardista-clásico.

LO POPULAR

Adquiere en sus manos un tono impensable hasta su llegada al mundo del cine. El contenido puramente «kitsch» de lo popular llena su cine de sentido sentimental, lírico e incluso épico. Esta faceta popular que nunca desdeñó el más puro estilo *underground* americano (Pekas, Warhol, Waters o Fonda), o el español (Antoni Padrós), el neorrealismo italiano (Fellini, Visconti, Rossellini), o la *nouvelle vague* (Godard, Truffaut), es una constante en toda la historia musical del cine.

Este elemento de música popular, especie de «collage», aparece ya en su primer largo, con el personaje de Kiti Manver, la folklórica que canta «flamenco-rock» y quiere triunfar en la capital, ejemplo además de la conjunción moderno-popular.

La zarzuela, en este caso como género lírico popular eminentemente español, aparece también en su primer largo comercial. Este género, vulgarmente conocido como «género chico», y circunscrito fundamentalmente a Madrid, es hoy reconocido por musicólogos internacionales como la ópera española por antonomasia, y sufre además una transgresión social en manos del director manchego.

Si en *La del manojo de rosas* la riña entre los vecinos suponía una «guerra» dialéctica musicada, el director utiliza la pieza para darle fuerza a una paliza callejera de «chulapas» y «chulapos» a un policía. Este toque castizo de tinte localista identifica al director con su mundo urbano, su ciudad, además de la música popular española.

En otra ocasión, coloca como fondo una marcha de Semana Santa andaluza como prólogo a una pelea familiar, resultando su utilización expresiva y original, con un tono barroco que contrasta lo más *in* y lo más castizo, como ocurre con toda la cinta. Es significativo que esta su primera película comercial, *Pepi, Luci, Bom y otras chicas del montón,* termine en un largo plano, donde Bom, cantante «punk-rock» decida dedicarse al mundo del bolero, teniendo la escena como fondo musical uno como preludio de los finales de la mayoría de las cintas de Almodóvar.

Este primer acercamiento a la música popular en el cine de Almodóvar es la base de todas las demás películas del director. *Laberinto de pasiones* supone su encuentro con la música popular catalana: la sardana. Utilizada como fondo en los títulos de crédito de la película, que se desarrolla en el popular mercadillo madrileño del Rastro, logra de nuevo adecuar lo popular dentro de su mismo contexto. Pues si la sardana es un baile popular de grupo homogéneo, el mercadillo responde al espíritu de este baile, folklorista, acompasado y mimético, escenas del mismo foco.

La explosión del bolero alcanza su clímax en *Entre tinieblas;* no es más que la traslación sentimental del español de posguerra. En él, el director se «arroja sin red», su identificación con este tipo de música populista lo ha hecho recorrer tiendas de discos antiguos y usados en pos de su propia prolongación temática, encontrando una veta inagotable para su cine, tanto que, sin temor a equivocarnos, aseguraríamos que el bolero es la quintaesencia musical del cine almodovariano, alcanzando su cenit en esta película, donde su protagonista, Yolanda Bell, es su mentora, a la cual aludimos cuando comentábamos el final de *Pepi...*

El hecho de convertir en protagonista a una torpe y cacofónica cantante de boleros, reafirma la progresión musical del director, que encuentra su continuación en la Madre Superiora de las Redentoras y Humilladas, confesando las dos en un enardecido diálogo su pasión por este tipo de música:

Yolanda: Pero si tiene todo mi repertorio.

M. Superiora: Adoro toda la música que habla de los sentimientos: boleros, tangos, merengues, salsas, rancheras...

Yolanda: Es que es la música que habla, que dice la verdad de la vida. Porque, quien más quien menos, siempre ha tenido algún amor o algún desengaño[5].

Cerrando el diálogo, el *Encadenados,* de Lucho Gatica, realiza en su desarrollo una continuidad temática que cierra el film con un grito de desesperación que la música se encarga de amortiguar.

A partir de *Entre tinieblas,* el director continúa utilizando su triunvirato musical, aunque lo popular resulte un elemento más explicativo que todos los demás al contexto temático, exceptuando, claro está, la música de Bernardo Bonezzi, que representa la innovación dentro de la escala musical de las bandas sonoras.

Los momentos más logrados del cine almodovariano en relación a la música popular se encuentran plasmados en:

1. Homenaje a Miguel de Molina con «La bien pagá», en *¿Qué he hecho YO para merecer esto!*

2. En *Trailer para amantes de lo prohibido* recrea en sus raíces la más pura comedia musical española. Huyendo de partituras originales, con canciones de Olga Guillot, Eartha Khit, Bambino o David Bowie, logra componer una especie de zarzuela operística moderna irrepetible.

3. La explosión de placer y orgasmo en *Matador,* a través de la canción de Mina «Espérame en el cielo», que en palabras del director: «es la mejor canción que he escuchado dedicada al orgasmo»[6], ejemplifica claramente la función de la música en su cine. Mina, famosa cantante en la década 60-70, es adaptada en *Tacones lejanos* con la voz de Luz Casal, consiguiendo de nuevo la identificación total entre música e imagen.

4. El bolero de *La ley del deseo,* «Lo dudo», enaltece también la circunstancia vital de los personajes y lo eleva a

---

[5] De los diálogos del film *Entre tinieblas.*
[6] Véase nota 1 de la Introducción.

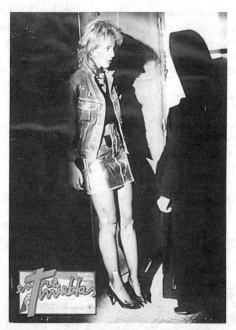

Fotocromos de *Entre tinieblas*

cotas impensables dentro de este tipo de música popular y su traslación a la pantalla. Hasta el punto de que, una vez utilizada por el realizador, cobra una nueva dimensión, llegando a absorber la propia música en beneficio de la historia, además de convertir el bolero y la música salsa en cita obligada en todos los locales musicales, propiciando la creación de locales específicos dedicados a este tipo de música.

5. *Mujeres...* continúa en la misma línea musical. «Soy infeliz» y «Puro teatro», cantadas por Lola Beltrán y La Lupe, respectivamente, son un mundo paralelo a la personal situación de los protagonistas, quedando totalmente sincronizados el argumento y la música.

6. *Átame* supone, por el contrario, un desequilibrio músico-argumental, donde se pierde el clímax de sus anteriores cintas. Ni Morricone, Loles León o la canción del Dúo Dinámico consiguieron crear el ambiente musical que la cinta requería.

7. *Tacones lejanos* supone su vuelta a la identificación temático-musical del realizador. Con dos canciones de Mina y Chavela Vargas, recreadas por Luz Casal, convirtiendo «Piensa en mí» en éxito internacional.

8. *Kika* penetra en el mundo del flamenco con «Se me rompió el amor», cantadas por Fernanda y Bernarda de Utrera. Además completa el ciclo de la comedia musical americana con la música de Pérez Prado.

Lo vanguardista

Música heredada del mundo del rock, al cual Almodóvar es adepto por identificación generacional y artística, donde su personaje era aceptado en un mundo belicoso que supo retratar muy bien en su film *Laberinto de pasiones,* época que coincide con la llamada «movida madrileña», durante la cual el director grabó un Long Play y dos Maxis con el inefable Fabio MacNamara musicados por Bernardo Bonezzi, y, a pesar de que no dejó títere con cabeza, manteniendo una postura crítica frente a una explosión mercantilista de música de consumo, supo llenar sus momentos musicales del fenómeno «dadá» y «pop», fuentes a su vez de dos movimientos socioculturales de la década: el «punk» y el «heavy».

No era de extrañar, pues, que Almodóvar se identificase con los movimientos musicales más inquietos. Su L.P. *Cómo está el servicio de señoras,* y sus Maxi-singles «SatanaSA» y «La gran ganga» representaron en su momento un aire fresco dentro del panorama de la música moderna española.

Sus letras, llenas de ironía, lujuria y un canto a las drogas y al alcohol como fenómeno lúdico, tenían un descaro que en su día no tuvieron Patti Smith, Rolling Stones, Bob Marley, Nina Hagen o Lou Reed con la Velvet Underground, la banda cuyo mecenazgo corría a cargo de Andy Warhol.

La música compuesta por Bonezzi, mediante sintetizadores y electrónica, recogía toda la tradición del rock, que con una composición plana, la melodía intercalaba un estribillo que se repetía sin cesar.

Este tipo de música que se interpretaba en la Sala más conocida de Madrid, el Rock-Ola, coincidió con la proliferación de grupos jóvenes y autodidactas que no habían pasado por Conservatorios, como ocurrió con Beatles, Rollings, Pink Floyd, etc., y, en poco tiempo, rompiendo grupos o reorganizándose en otros, pusieron la base de la auténtica música moderna española.

Desde Kaka de Luxe, Radio Futura, Alaska y Los Pegamoides, Alaska y Dinarama, Mecano, etc., le dieron calidad y personalidad a la vieja música española, colaborando algunos de ellos con el director.

Las letras de los discos de Almodóvar, de una gran ironía, recordaban las más duras del «pop-rock», asumiendo rápidamente la cultura «punk» que había nacido en Inglaterra, expandiéndose por toda Europa. Con respecto a esta época, Almodóvar recuerda: «Yo llegué a Madrid y me hice "hyppie", ya que entonces era lo más moderno, porque yo siempre me apunto a lo más moderno»[7].

---

[7] Betty López entrevista a Pedro Almodóvar, *Nuevo Fotogramas,* número 1.672, Barcelona, 1982, pág. 34.

Estas letras, que resultaban de un revulsivo de lo más chocante, estaban a su vez llenas de una gran carga cómica. La canción de Mick Jagger «Simpathy for the devil», la convirtió el director-cantante en «SatanaSA». A partir de entonces, aunque no grabase otro disco, Almodóvar había traspasado la frontera que habían marcado los Velvet y Warhol, ya que él era el intérprete de sus propias creaciones.

Desde este momento, su vinculación con Bernardo Bonezzi ha sido una constante hasta el rodaje de *Átame*. La identificación de músico y cineasta les llevó a realizar una renovación de las bandas originales de películas, al mismo nivel de Fellini-Rota, Hitchcock-Herrmann o Greenaway-Nyman.

De tal modo que lo popular-vanguardista-clásico forman un trío indivisible en su cine. B. Bonezzi, heredero de la vanguardia musical y componiendo a base de sintetizadores e instrumentos electrónicos, refuerza el espíritu contemporáneo de la obra del director.

Sus temas, inspirados en los grandes maestros, como los mencionados Rota o Herrmann, cobran una nueva vida en sus manos, que ya han sido editados por Tabú Records, su propia casa discográfica. La maestría de Bonezzi, compositor autodidacta, como el mismo Almodóvar, ha hecho que se convierta en un insustituible músico de bandas sonoras, superando a los caducos: Carmelo Bernaola, Antón García Abril o Pepe Nieto.

La adquisición de este músico, capital en la obra del director manchego, es un reflejo más de la capacidad innata del mismo para saberse rodear de aquellos personajes que enriquecen su propia obra, proyectando más tarde una personalidad propia que llena todas sus manifestaciones.

La obra de Bonezzi en la filmografía de Almodóvar será estudiada como clásica, puesto que el paso del tiempo la ha hecho heredera de los grandes maestros de las bandas sonoras y, por ello, un clásico.

Supone en la obra del director el encuentro con su Rota particular: Bernardo Bonezzi, además de su confirmación como cineasta consagrado, al que Morricone y Sakamoto han prestado su colaboración en sus últimos films.

Además de ellos, las melodías clásicas preexistentes, que en ocasiones han enriquecido escenas de sus películas, y que en palabras de Almodóvar: «utilizo a los músicos del Este, porque los derechos son muy baratos»[8]. Todo este conjunto conforma un mundo musical variopinto y rico en matices, escasamente valorado por la crítica y el gran público en general.

El «collage» musical de las películas de Almodóvar se completa con el toque clásico, el otro contrapunto de su obra. Sus dos fuentes: la clásica y la vanguardista, mezcladas con dos elementos:

— la música puramente culta;
— los grandes compositores de bandas sonoras.

La música culta en el cine del director supone la adecuación de la misma a la escena, la elevación de un tono de carácter lírico, dramático, sentimental o pasional; lo consigue a través de compositores como: Shostakovich, con su Sinfonía núm. 11, Stravinsky, con su Tango, ambos en *La ley del deseo,* y Rimsky-Korsakov, con su *Capricho español* y *Scherezade,* en *Mujeres al borde de un ataque de nervios.*

La utilización de estos compositores lo sitúa junto a los grandes creadores del cine, que han sabido adaptar una imagen a la música, cambiando todos los conceptos de su propia creación para adquirir un nuevo sentido en su historia. La pura abstracción de esta música deja paso a sentimientos que nunca estuvieron en la mente del compositor, como Mercero con la utilización del *Carmina Burana* de Karl Orff en *La cabina,* o Visconti con Mahler y su 5. Sinfonía en *Morte a Venezia,* o él mismo con Granados en *KiKa.*

---

[8] Véase nota 1 de la Introducción.

Todos ellos han acercado no sólo un estado de ánimo o una imagen al espectador, sino que también han sabido culturizar musicalmente al espectador medio que acude a las pantallas.

Este tipo de música, junto con Rota, Herrmann y Morricone, componen el elemento clave para entender la música en la obra almodovariana.

Cuando los clásicos han muerto, y en nosotros perviven los grandes genios de la música, el cine ha venido a suplir el vacío que ha dejado en la actualidad la música culta. Los compositores actuales, así como los directores de orquesta, se dedican mayormente a la música cinematográfica; por ello la banda sonora es hoy la sustituta de las grandes sonatas, sinfonías, adagios, larghettos, andantes, e incluso madrigales y cantatas.

Todas estas composiciones han sido tomadas en su esquema para su versión cinematográfica; por esto los compositores de bandas sonoras son los clásicos de nuestro tiempo, y han convertido la música de cine en clásica.

Sus grandiosas composiciones elevan la armonía, el tono y el ritmo a categoría de obras maestras. De manera que tanto los grandes temas de sus composiciones como sus pequeñas canciones devienen clásicas.

La *Obertura* de *Psicosis* recoge el más puro estilo neobarroco, como el Rota de *Otto e mezo,* o el *Novecento* de Bertolucci, obras que, una vez separadas de su contexto cinematográfico, adquieren vida propia.

La influencia de ellos es la clave para entender la obra de Bernardo Bonezzi en su proyección almodovariana. En primer lugar porque el mismo director requiere para su ejecución cinematográfica, paralela al suspense y al neorrealismo, referencias musicales que enriquezcan tanto la imagen como la acción. Y, en segundo, porque la influencia de estos grandes maestros ha sido decisiva en todo el proceso musical del siglo XX, ya sea o no cinematográfico.

La obra de Bonezzi en la filmografía de Almodóvar tiene una triple vertiente, a expensas siempre de la temática de la cinta, aunque con un nexo común, la instrumentación, que siempre acude a la electrónica acusando su formación, así como su comunión con los movimientos musicales contemporáneos.

Su primera colaboración con el director se limitó al acompañamiento musical de unos discos que fueron base para *Laberinto de pasiones,* y que, como ya dijimos antes en el apartado dedicado a la música de vanguardia, se repitió en otras cintas, como ejemplo de constante musical y ese afán de Almodóvar por el cine de Corman.

Cuando realmente compone la primera banda sonora para el director es para la película *¿Qué he hecho YO para merecer esto!* Esta película con tintes de comedia negra, en el más puro estilo neorrealista, con toques de thriller, recogió en su composición musical dos influencias clave en la música de Bonezzi-Almodóvar, Rota y Herrmann.

La identificación, que se puede señalar como simbiótica, termina por completar la influencia de dos creadores, logrando lo que conocemos por obra maestra. Los temas de esta película siguen la pauta esquemática de las bandas sonoras clásicas. Oberturas y finales cerrando el ciclo fílmico, con la intercalación de pequeños temas que, cambiando de ritmo y de movimiento, dan a la imagen el sentido emocional anhelado por el director.

Desde «El lagarto», «La familia de Gloria», «Madrid-Berlín», «La soledad de Gloria» o «¿Qué he hecho YO para merecer esto!», la banda sonora comienza cíclicamente como termina.

Desde su inicio, la música nos pone de manifiesto el medio social donde se desenvuelven los personajes, un escenario sórdido, pobre, proletario, de raíz neorrealista y bebiendo de las fuentes musicales italianas. La melodía introductoria, de clara inspiración popular, tomada de Nino Rota, que ya había jugado una baza importante en *Entre tinieblas,* del que tomó directamente la música del film *Rocco y sus hermanos.*

Como buen narrador, Almodóvar, como artista total, acude a un mundo musical que se identifique con su cine, por ello Bonezzi se sumerge en la más pura inspiración italiana neorrealista. Su banda sonora toma una fuerza inusitada, sobre todo por el cambio instrumental que supone, adaptando la música al medio que le corresponde: el proletariado urbano en la sociedad contemporánea.

El paralelismo es aún más evidente en el tema de «La familia de Gloria». Con un solo instrumental que lo acerca a los compositores más clásicos, dándole un sentido lírico-dramático de una intensidad rítmica inigualable hasta ahora en la música de cine española. El tema de *Gelsomina* de Rota, de la misma intensidad, no hace decaer por su recuerdo este tema, y si Fellini lo repitió en otras apariciones de Giulietta Massina en su obra, Almodóvar sitúa a Carmen Maura en las mismas coordenadas, de forma que este tema acompañará para siempre a la actriz en referencia al cine de Almodóvar.

El tema «Madrid-Berlín», más cercano al mundo del rock actual, recuerda en algunos compases la atmósfera de intriga y suspense que respira la música de Bernard Herrmann. El ritmo repetitivo de altos y bajos en forma binaria llena todos los elementos musicales de una gran fuerza.

Este último tema enlaza directamente con *Matador,* película con referencias cinematográficas y musicales cercanas al universo de Hitchcock y Herrmann. *Psicosis* y *Marnie la ladrona* son las piezas clave en estas composiciones: «Composición en rojo» y «Persecución telepática» (que acompaña a los títulos de crédito).

La película desde el título a su desarrollo nos introduce dentro del suspense y del thriller, que con Almodóvar adquiere un sentido renovado y moderno, rompiendo Bonezzi el clásico esquema de banda sonora. Pues Almodóvar culmina la película con una canción de Mina, resultando una ruptura conceptual y formal que sitúa a ambos en la vanguardia musical y cinematográfica.

La guitarra española, por medio de pequeños compases, sitúa la realidad en su medio. «Composición en ocre» es un tema lleno de resonancias puramente españolas, dando lugar a una personalísima mezcla instrumental que, huyendo de tópicos, está llena de hallazgos por su equilibrada adecuación sonora. Inusitado dentro de la música española, representa la autenticidad de un film de profundas raíces españolas, con un esquema básicamente moderno, reflejo de una música y un ambiente actual, que Almodóvar recrea de una forma tan personal, y que Bonezzi capta en su laborioso mundo musical.

La última composición de igual título que la cinta es igualmente otra recreación del mundo español y los toros. En este caso inspirado en un pasodoble, su comienzo recuerda las primeras composiciones que hizo Morricone con Sergio Leone, mezclados ambos además con la influencia de la música de Herrmann.

Digamos, pues, que esta composición representa en su concepción los tres ejes básicos del film:

— suspense,
— tradición,
— modernidad.

La última banda sonora que Bonezzi compuso para el director *Mujeres al borde de un ataque de nervios* está plagada de elementos constantes en la obra de ambos autores. La combinación de compases llevan a una perfección armoniosa que desencadenan una melodía totalmente nueva, fruto de esta mezcla de influencias.

Este *sound-track* está compuesto de los siguientes temas:

«Mujeres al borde de un ataque de nervios».
«La mirada indiscreta».
«Taxi triste».
«El teléfono no suena».
«Hacia el aeropuerto».
«Los tacones de Pepa».
«Taxi mambo».

Todo ello es un ejemplo de lo anteriormente expuesto, y demuestra la maestría de un autodidacta que ha sabido recoger lo mejor de la música en un intento fructífero que expresa todos los sentimientos, inquietudes y psicología de una obra concreta y el mundo que la rodea.

En este último trabajo del compositor están todas las constantes del director. En su primer tema, *Mujeres...,* hay un perfecto equilibrio entre elementos electrónicos y tradicionales, éstos utilizados como acompañamiento. El elemento tradicional es aquí, como en todas las canciones preexistentes de la película, de tono puramente sudamericano, bongos y guitarras se mezclan con unos sintetizadores que, lejos de sonar cacofónicos, confieren una armonía inusitada.

«La mirada indiscreta», influencia del cineasta inglés, recuérdese *La ventana indiscreta,* es una herencia en estado puro del maestro británico, que ambienta la angustia de la protagonista.

«Taxi triste» responde a un estado de ánimo, y es otra de esas pequeñas piezas maestras e inigualables con que suele regalarnos el mundo del cine.

«El teléfono no suena» acrecienta la impaciencia, la desesperación y la angustia de la protagonista ante el aparato. La música *in crescendo* es un complemento a la psicología y la trama argumental de los personajes.

«Hacia el aeropuerto», de tintes también herrmanianos, nos sitúa ya en un contexto lleno de suspense. Repitiendo el mismo tema central, la ejecución resulta más elocuente a medida que avanza el film.

«Taxi mambo» recoge la tradición de la música sudamericana en el cine almodovariano. Heredera de las grandes comedias hollywoodienses, donde era imprescindible (Cugat, Carmen Miranda, Gene Kelly).

En sus últimas películas, Almodóvar ha recurrido a compositores reconocidos mundialmente para la composición de sus bandas sonoras: Ennio Morricone, para *Átame* y Riuchy Sakamoto, para *Tacones lejanos.*

Después del éxito mundial que representó *Mujeres al borde de un ataque de nervios,* Almodóvar sufre un cambio personal que refleja en su obra. Este cambio afecta también la forma de plantearse la música en sus películas sucesivas.

En un principio contactó con los Talkings Heads para la banda sonora de *Átame,* pero terminó por encargársela a Ennio Morricone, pues parece ser que Bonezzi no pudo hacerla por problemas de fecha. Morricone estuvo en Madrid durante una semana, vio el copión de la película e inmediatamente marchó a Roma, compuso la banda sonora y la mandó a Madrid.

La banda sonora, al ser un producto de encargo y realizarse en un espacio tan corto de tiempo, adolece de la calidad de otras composiciones de Morricone, un compositor, además, a años luz del mundo almodovariano, motivo por el cual la música de la película no reúne las características personales que envuelven los films del director.

Morricone se limita a hacer un tema principal y a partir de ahí a realizar una serie de variaciones del mismo tema, llegando a convertir en monótona la melodía central. La música es una evocación romántica y en ella hay reminiscencias de algunos films de Morricone realizados en Italia, pero no llega a la categoría de *Novecento,* o *La misión.*

El tema «Loco por Marina», de mediana calidad, no tiene parangón con el de *Ada* de *Novecento,* que es un auténtico canto de amor en el mejor estilo de los grandes clásicos. En general, pues, la banda sonora de *Átame* no «acompaña» más que en contadas ocasiones la idea general de la cinta, entre todos los temas:

«Átame».
«El castillo encantado».
«El pueblo deshabitado».
«Las dos hermanas».
«Inquieta».
«Déjame sola».
«Introducción al psiquiátrico».
«Si supieras cuántas noches».
«Cuento infantil».
«El fantasma del caballo».
«La ciudad se mueve».
«Loco por Marina».

Los más notables por su calidad y armonía musical son: «Introducción al psiquiátrico» y «La ciudad se mueve».

En su última película, *Tacones lejanos,* Almodóvar busca un compositor más adecuado a su universo, y después del fracaso que supuso la colaboración de Morricone, se decide por el japonés afincado en EE. UU. Riuchy Sakamoto, que había compuesto, entre otras, la banda sonora de *Merry Christmas Mister Lawrence.*

Sakamoto, conocedor de todo el proceso de la música electrónica, es con Jean Michel Jarre uno de los más reputados músicos de la actualidad, y su colaboración con Almodóvar supone para el segundo una vuelta a sus raíces musicales, después de la estrecha colaboración que mantuvo durante varios años con Bernardo Bonezzi.

La música de la película, llena de hallazgos sonoros y con una gran fuerza rítmica, no se plasma en su totalidad en la película, ya que Almodóvar recurre, quizá por su experiencia anterior, a composiciones preexistentes en el mercado discográfico. Debido a ello, y aunque el film se beneficie de este cambio, para escuchar la banda sonora en todo su conjunto es necesario acudir a la edición del disco.

Los temas[9], exceptuando los interpretados por Luz Casal, además de temas orquestales que el director adecúa a su film, la banda sonora de Sakamoto nos retrotrae a un mundo almodovariano donde la música cobra una vida inusitada dentro de la trama argumental. Los temas de Sakamoto, utilizados en su momento justo, dan a la cinta la dimensión melodramática que ésta necesita para su mayor comprensión, a un público ansioso por descubrir la última creación del director.

En toda su magnitud, la música acrecienta la situación dramática de los personajes, penetrando en la psicología de los mismos, dando emotividad y sentimientos a unos personajes que se mueven por el odio, el amor y la venganza.

Con esta última banda sonora, Almodóvar logra equiparar de nuevo su mundo musical a la calidad de sus films, e incluso prescindiendo de Bonezzi, su mejor compositor musical hasta la fecha, equilibra su obra fílmico-musical. De tal manera que podríamos pensar en esta película como en un melodrama musical, por la cantidad de música que fluye por ella.

---

[9] Temas: «Tema principal», «Tacones lejanos», «Trauma», «Plaza», «Besos», «Un año de amor», «El cucu-1», «El cucu-2», «Asesinato», «Interrogatorio», «A punto de confesar», «Tele 7», «El arresto de Rebeca», «Piensa en mí», «Sonata de otoño», «La liberación de Rebeca», «El secreto de Letal», «El viaje en ambulancia», «Título final».

Las películas

Las primeras películas que realizó Almodóvar en Super 8 mm son hoy en día un material invisible para el público: en primer lugar, porque están en poder de su productora y ésta no permite su visionado a personas ajenas a la misma, y en segundo, porque muchas de sus escenas se han perdido o el estado de la cinta es deplorable.

Sin embargo, el productor, Agustín Almodóvar, pretende cuando llegue su momento pasarlas a vídeo con la intención de que puedan ser visionadas por el gran público. Sin embargo dos cintas se proyectan en la Expo 92 y en el Festival de San Sebastián de 1993.

Almodóvar nos cuenta así algunas de ellas, base de su posterior filmografía.

Dos putas o historia de amor que termina en boda

«Una prostituta está dando vueltas por el campo, histérica, quejándose de que por aquello del amor libre de los *hippies* tiene poco trabajo. Una hada se le aparece y promete ayudarla. Sale a la carretera y con su varita mágica detiene varios coches. De esta forma consigue llevar un montón de chicos a la puta, que se ponen en fila para que ella empiece a ejercer sus funciones. Al poco tiempo, la cola va desapareciendo, va empequeñeciéndose, hasta que la puta se da cuenta de que ha aparecido una de su misma condición que le está robando los clientes. Se quita de encima al chico que tiene en ese momento y se va histérica hacia la otra. Pero al mirarla descubre que le encanta. Se le acerca, se abrazan y se van a follar al campo. A los clientes no les hace ninguna gracia, y al aparecer el hada quieren lincharla. Entonces, ella les dice que aquellas chicas acaban de descubrir el amor, y que si ellos se miran los unos a los otros también lo descubrirían. Así lo hacen, y se dan cuenta de que están enamorados entre sí. Al final todos asisten a la boda de las putas, que se casan de blanco.»

La caída de Sodoma

«Lot, su mujer y sus hijas huyen de Sodoma. La mujer se vuelve y se convierte en estatua de sal, tal y como les habían advertido los ángeles enviados por Dios antes de que la ciudad fuera destruída. Lot, que no se toma muy en serio la recomendación de los ángeles, se vuelve a buscar a su mujer al ver que no le sigue, y se convierte también en estatua. Las chicas se dan cuenta de que no vienen sus padres, y aterrorizadas deciden ir a buscarles, pero reculando, por no desobedecer a los ángeles. Reculando descubren las estatuas de sus padres, y espantadas salen corriendo para refugiarse en una gruta. Allí se ponen cachondas y empiezan a decir que por lo menos si su padre hubiera venido se habrían acostado con él, y habrían tenido hijos que serían padres de pueblos. Eso es lo que realmente sucedió en la historia bíblica, pero aquí estando Lot convertido en estatua no hay al final ni pueblos, ni padres, ni nada.»

El sueño o la estrella

«Un chico, borracho en una fiesta, se imagina a sí mismo convertido en estrella, cantando con la voz de Billy Hollyday, *My man*. Se ve en decorado fastuoso, atravesando una enorme pantalla, mientras junto a él dos personajes vestidos de figuras del cine van haciendo pasar un rollo de papel higiénico en el que aparecen los subtítulos de la canción. Al final, rodeada de focos, la estrella cuenta la historia de su vida, toda llena de tópicos de alcohol, hombres y de desesperación.»

Sexo va, sexo viene

«Un chico que va por la calle se choca con una tía, haciendo que se le caigan los bolsos y paquetes que lleva. Ella le insulta y le da una bofetada. A él le es lo mismo, porque le ha encantado. Le pide su número de teléfono, y aunque ella al principio no quiere dárselo, por fin lo consigue.

Comienzan a verse de vez en cuando, y cada vez que lo hacen ella le sacude una paliza horrible. La chica, que en el fondo está harta, le dice un día que piensa dejarle. Él le ruega que no lo haga, le repite que está encantado con ella. La chica se extraña, porque cada vez que se ven le está pegando todo el tiempo, pero él le declara que eso era lo que estaba buscando hacía tiempo, una chica tan agresiva, tan violenta como ella. La chica, harta, le confiesa que a ella lo que le gustan son las mujeres, y que si ha salido con él era para humillarle, por hundirle. Razón de más para abandonarle, porque todo aquello le estaba gustando. Así que la chica le deja. Desesperado, el chico consulta a «la abuelita», una de esas máquinas callejeras que predicen el futuro. Allí obtiene la siguiente respuesta: «Si a ella le gustan las mujeres, hazte mujer.»

Así que el chico comienza a comprar ropas y maquillajes femeninos. Consigue encontrarse con la chica, y cuando ésta le ve, le encanta y se aman locamente.

Al cabo de unos meses la chica se da cuenta de que él está dejando de hacerle caso. Desesperada, le pregunta qué pasa. Y el chico le recomienda que se adapte a las circunstancias, porque a él, desde que se ha hecho mujer, lo que de verdad le gustan son los hombres.»

Folle... folle... fólleme... Tim

«Es un largo en Super 8 mm. Fue mi primera experiencia a nivel narrativo de estructurar una historia de hora y media y planificarla de acuerdo a su duración. Me gusta que cada cosa que hago sea para mí una especie de prueba, ponerme a trabajar en cosas que no conozco, y que tampoco sé si estoy capacitado para hacerlas.

Se trata del típico folletín; una pobre chica que trabaja en unos grandes almacenes, con un novio ciego que toca la guitarra. Él se hace famoso, ella se queda también ciega, etc., en fin, un melodrama de fotonovela.»

Salomé

«Como ya había probado diferentes duraciones con el Super 8 mm, me decidí a hacer una película en un formato mayor, en 16 mm. En *Salomé* se cuenta el origen del velo.

Abraham va paseando por el campo con su hijo Isaac, y se encuentra con Salomé, que va toda cubierta de peinetas y de velos. A pesar de que Abraham era una persona muy justa y muy piadosa, enloquece por ella y le pide que le baile. Ella comienza a bailar *El gato montés,* mientras que se va quitando los velos. Una vez que Abraham está completamente loco por ella, Salomé le pide la cabeza de su hijo. Abraham, que había prometido darle lo que fuese, no tiene más remedio que acceder. Isaac, al ver el panorama, dice que para nada sale corriendo. Pero Salomé, que tiene poderes, aparece delante de él, le hipnotiza y se lo entrega al padre. Abraham enciende una hoguera, y cuando se dispone a matar a su hijo se escucha una voz divina que le dice que aquello era una prueba, que Salomé no es otra cosa que una de sus representaciones, que Salomé era Dios, que a veces toma esta forma para seducir a los hombres. Y que si había hecho todo aquello era para probar a Abraham que era humano y podía pecar. Porque Dios estaba un poco mosqueado al ver que Abraham no pecaba nunca. Y que, para que todas las generaciones se acordaran de ese día y lo festejaran, recogiera todos los velos que Salomé se había quitado, para que a partir de entonces las mujeres de su pueblo se cubrieran con ellos en señal de respeto hacia la Iglesia»[1].

Los títulos en su totalidad son:

1974 *Dos putas o historia de amor que termina en boda* (Super 8 mm, 10').
    Film político (Super 8 mm, 4').
1975 *La caída de Sodoma* (Super 8 mm, 10').
    Homenaje (Super 8 mm).
    El sueño o La estrella (Super 8 mm, 12').
    Blancor (Super 8 mm, 5').
1976 *Trailer de Who's Afraid of Virginia Woolf?* (Super 8 mm, 5').
    Sea caritativo (Super 8 mm, 5').

---

[1] Artículo de Pedro Almodóvar, *Zine-Zine,* núm.1, Madrid, 12 y 25 de abril de 1985, págs. 17-18; núm. 2, págs. 14-15.

1977 *Las tres ventajas de Ponte* (Super 8 mm, 5').
Sexo va, sexo viene (Super 8 mm, 17').
Complementos (serie de cortometrajes simulando noticiarios, *spots* publicitarios y trailers de películas, que incluye varios de las previamente citadas, previstos para proyectarse como complementos en las sesiones de sus películas).

1978 *Folle... Folle... Fólleme... Tim* (largometraje en Super 8 mm).
Salomé (16 mm, 11').

Todas ellas ponen de manifiesto el potencial temático del director para elaborar sus guiones, así como su capacidad innata para crear historias. Estos films contienen, además, la mayoría de las constantes de su *corpus* cinematográfico.

A partir del año 1979, comienza su carrera como director de largometrajes comerciales, estrenando un film por año y dedicándose personalmente a la promoción y difusión de su obra.

De ella elaboramos un estudio partiendo del siguiente esquema:

— Génesis.
— Perfil literario.
— Perfil cinematográfico.
— Argumento y personajes.
— Arte.
— Narrativa.

EL MUNDO DEL POP LESTERIANO

Pepi, Luci, Bom y otras chicas del montón

Esta película, pensada en un principio como un corto, se convirtió en el espacio de tres años en su primer logro, debido sobre todo, al entusiasmo que Carmen Maura había mostrado al leer el guión.

Desde el comienzo del rodaje, el problema económico se

La fotonovela, el *comic* femenino y el *underground,* base de la narrativa
cinematográfica almodovariana

fue acrecentando, por lo que éste duró dos años en llegar a su fin, y ello, gracias a la colaboración de amigos y conocidos, que prestaron al director no sólo su tiempo y profesionalidad, sino también ayuda económica, como en el caso de Félix Rotaeta, el más entusiasta. Entre todos consiguieron vender la película que había costado ocho millones de pesetas al productor Pepón Corominas.

Inflada a 35 mm la película se estrenó en el fenecido Festival de Cine de Sevilla en la edición de 1980. Tuvo un gran éxito de público, a pesar de la división de la crítica, estrenándose a continuación comercialmente en toda España y obteniendo unas críticas divididas, que, sin embargo, le sirvieron para darse a conocer y poder realizar su segunda película con más medios que la anterior.

La película, como testimonio de un movimiento artístico, renovador y creativo, no tenía antecedentes en el mundo del cine, pero sí en el literario. No hay más que leer la novela de Tama Jamowitz *Esclavos de Nueva York,* cuyo tema era curiosamente el mismo que el de la película de Almodóvar, pero en la época dorada de Andy Warhol, paralela en todas sus coordenadas al mundo representado en esta película.

Desde un principio, la inspiración para la realización de la película le vino a Almodóvar por dos campos cinematográficos. Las películas que Richard Lester había rodado con *Los Beatles: Qué noche la de aquel día* y *Help,* que rápidamente se inscribieron dentro del mundo del *pop,* por estar plagadas de canciones de rock y un ritmo frenético.

El otro campo, el *underground* americano y la contracultura. Almodóvar, admirador y seguidor de la obra tanto pictórica como cinematográfica de Warhol, conocía además el cine de Pekas, Morrisey y del catalán Antoni Padrós. De la influencia de todos ellos, además de la netamente española (Berlanga, Bardem, Buñuel, Fernán Gómez, etc.), surgió el espíritu de esta película, ya presente en su obra más *underground* y en toda su filmografía posterior, configurando su propia personalidad y despegando hacia su original estilo.

El argumento de la película gira en torno a una chica, Pepi, que vive sola e independiente en Madrid, que intenta buscarse la vida por su cuenta. Su universo personal, sus amigos, vecinos y conocidos, hacen que nos sumerjamos en el posmodernismo y la «movida madrileña». Pepi, su amiga Bom y su grupo musical, se vengan de un policía que violó a Pepi y le dan una paliza, ya que ella intentaba vender su virgo. Al cortarle su padre el suministro económico, busca trabajo en el mundo de la publicidad. Se hace amiga de la mujer del policía, Luci, y ésta, que es masoquista, se hace novia de Bom. Ésta vive con unos pintores *kitschs* (*Los Costus* que se interpretan a sí mismos, y prestan su casa para el rodaje) donde fija su residencia con Luci, que a su vez se hace *groupie* del conjunto musical de la que es cantante Bom.

El policía intenta recuperar a su mujer, propinándole una soberana paliza. Luci es internada en un hospital; con la visita de Pepi y Bom, y el deseo de Bom de convertirse en cantante de boleros, termina el film.

Todos estos personajes le dan al director la oportunidad de introducir otros que de alguna manera entran en contacto con las protagonistas, enriqueciendo la calidad humana de la cinta y convirtiendo a ésta en una película coral. Músicos, «chaperos», una cantante de flamenco-rock, una actriz vestida de Margarita Gautier, un homosexual casado, reprimido, y su mujer (personaje tomado de Tenessee Williams en su obra *La gata sobre el tejado de cinc caliente*), el hermano gemelo del policía, una vecina de éste, un cartero, sudacas, un travesti e incluso un niño, forman la riquísima fauna del film.

Todo este conjunto hace que el director haga una reflexión sobre el arte que se hacía en ese momento en la capital de España representando la vanguardia, el *pop* y el *kitsch* a través de sus propios personajes, con los cuales tiene más de un punto en común, además de testimoniar el germen del mundo artístico español de los 80.

La narración, debido al elevado número de personajes, tiende en ocasiones a dispersarse, convirtiendo la linealidad en una perpendicularidad que no deja descanso al espectador, de forma que se puede decir que paralela a la historia principal corren una serie de temas, que llegan a adquirir papel de protagonista.

Esta forma de narrar viene dada no sólo por la cantidad de personajes, sino también por la influencia del *comic* femenino y la fotonovela, géneros literarios muy dados a la inflación de personajes, cortes de escenas principales para introducir otras secundarias y que, sobre todo, tienen una especial predilección por los temas secundarios.

Aparte de este curioso fenómeno, no podemos obviar la propia naturaleza del director, que, compleja y diversificada queda proyectada en su obra, ya que él mismo, escribe sus propias historias.

Ante este fenómeno que representa la proyección de su primera película, nos queda reflejar una característica común a todo el cine *underground* o experimental: el problema técnico que deriva de la precariedad económica para rodar una película. Todas las películas de corte experimental han tenido el mismo problema que el primer cine de Almodóvar: el desenfoque de las escenas y los planos cortados en uno de sus cuatro lados. Desde Warhol a Morrisey, todos han pasado por la imperfección técnica de sus primeras películas.

Laberinto de pasiones

Es, por llamarla así, la segunda entrega de Almodóvar, y como tal, es una continuación de su primera película. Consecuencia de ésta, el realizador intenta llevar a la pantalla los sucesos y anécdotas que ocurrían en Madrid durante la época de la «movida». Para ello, realiza esta película como complemento a la anterior.

Sin variar en su concepción literaria y cinematográfica, el film es complemento del primero, siendo como una prolongación.

En el argumento, el director apuesta por Madrid, entonces ya punto de mira internacional, como la ciudad «más moderna del mundo», y en ella introduce a sus personajes. En este film, los protagonistas principales, Sexilia y Reza Niro son víctimas de una ninfomanía adquirida durante su infancia, y ambos están destinados a redimirse mutuamente.

Fotocromos de *Laberinto...*

Hasta el momento en que este hecho se produce les ocurren toda una serie de peripecias que nos muestran a otros personajes que entonces pululaban por Madrid, además de unir la acción a la inseminación artificial, la música y la prensa del corazón, temas por otra parte usuales dentro del *pop* americano y el *kitsch* español.

Los personajes son fruto de la modernidad, apareciendo todos los que circulaban por Madrid en aquella época, añadiéndose todos los tipos que son inherentes a una gran urbe. Músicos, grupos, cantantes (entre los que se cuentan el mismo director, y su inseparable en aquel tiempo, Fabio de Miguel), taxistas, travestis, chiítas (estudiantes en la capital que luchan por su causa), médicos (entre los que se cuenta una psicóloga lacaniana de origen sudamericano, algo usual en estos años), azafatas, fotógrafos (Pablo Pérez Mínguez aparece fotografiando una fotonovela con Almodóvar, dejando su domicilio como plató para el rodaje), camareras, el tintorero y su familia (personajes típicamente berlanguianos pasados por el matiz del realizador), además de los puramente *pop:* Jomeini, el Sha del Tirán y Toraya.

Si los personajes quedan adscritos a un movimiento artístico que se estaba desarrollando en Madrid, éste se presenta en la película en su propia configuración y difusión. *Los Costus,* Pablo Pérez Mínguez, Ouka Lele, Guillermo Pérez Villalta, Javier Pérez Grueso, Carlos Berlanga, etc., protagonistas de la vanguardia, asocian el arte con actividades lúdicas, y en poco tiempo atraen todas las miradas hacia la capital, desde donde irradia la obra de estos creadores, además de una nueva manera de concebir la vida.

Esta doble ambivalencia es la que queda recogida en estas dos películas, fruto de sus vivencias con un nuevo arte, sus precursores y sus artífices, como testimonio de un nuevo movimiento artístico y social, que no se conocía en España desde la generación del 27. Desde la capital se difundió una forma de vida nueva, diferente y libre, y con ella llenaron todas las parcelas del arte, convirtiendo la «posmodernidad» en vanguardia del arte.

La cantidad de personajes que aparecen en la película, junto con las historias paralelas, hace que el director se decante por una narrativa típicamente de *comic,* de modo que las escenas están resueltas a modo de viñetas, donde la historia principal se corta para dejar paso a otras que adquieren la misma importancia, volviendo a tomar de nuevo su ritmo la principal, de modo que de esta cinta se podrían rodar varias películas. Su ritmo frenético es igual tanto para el argumento como para la acción.

Esta forma de coordinar las escenas sin hilación, heredada del *underground* y de la cultura marginal, manifiesta su disconformidad con los cánones academicistas, abriendo un nuevo paso en la narrativa cinematográfica.

EL MELODRAMA

Entre tinieblas

En esta película, el director se plantea un cambio dentro de su incipiente filmografía. Una vez que ha testimoniado el papel de la «movida» el director se plantea alternar su propio mundo personal con el cinematográfico, y lo hace enfrentándose con lucidez a un tema universal: la redención de la marginación.

Sus connotaciones cinematográficas de *Dominique, Historia de una monja* o *Sor Citroën,* aunque evidentes, sufren una transgresión temática, situándolas dentro de un contexto contemporáneo no carente de ironía.

El perfil literario, más localista, nos traslada a Galdós, tan regionalista como el propio Almodóvar, y por otro lado a la obra teatral de Martín Recuerda *Las arrecogías del beaterio de Santa María Egipcíaca.* El personaje de Fortunata y su internamiento en un convento queda aquí como una reflexión socio-religiosa sobre la actualidad de estas instituciones y su función en nuestros días. Como contrapunto a estos autores tendríamos que citar las continuas referencias a Genet y su mundo literario: «San Juan Bosco empieza a crear albergues, y casas donde reunirlos y entretenerlos jugando y enseñándoles una profesión, y Genet se convierte en uno de ellos. Para protegerlos se une a ellos, les ayuda a robar, los ama en la cárcel y los acompaña en su viaje al infiermo, como Julieta y las "Redentoras Humilladas". Toda la obra literaria y la vida de Genet tienen este tipo de misticismo»[2].

Esta doble ambivalencia cinematográfico-literaria provoca en el director la creación de un melodrama a caballo entre lo cómico y lo trágico, que convierte la cinta en una obra original dentro de un contexto totalmente vanguardista y rompedor.

La fotonovela y el *comic* femenino siguen siendo los nutrientes del argumento. Yolanda, cantante de boleros, lleva una dosis de heroína a su novio al que encuentra muerto; a partir de este momento intenta huir y recuerda una tarjeta que le entregaron unas hermanas de «Redentoras y Humilladas» y se dirige al convento. Una vez allí, la Hermana Superiora de la Orden, enamorada de Yolanda, la acoge y le presenta al resto de la comunidad. Entra en contacto con la vida cotidiana del convento, y a su vez intenta salir de la droga a la vez que la Madre Superiora, a la que sabe enamorada. Una vez pasado el peligro Yolanda decide marcharse y rehacer su vida ante la desesperación de la Madre Superiora.

Todos los personajes de la cinta revisten un carácter esperpéntico, desde el propio nombre de las hermanas de la comunidad («Sor Rata de Callejón», «Sor Perdida», «Sor Víbora» o «Sor Estiércol»), hasta el enganche de *trypis,* coca o heroína de las mismas hermanas.

Frente a éstos aparecen los personajes burgueses, representantes del orden, del bienestar y el mundo burgués, y un enfrentamiento que será una constante en toda su obra.

El arte toma una doble forma: por un lado, el barroco eclesial (inspirado en los conventos andaluces), y por otro el mundo del *pop* de Andy Warhol, con escenas-tipo inspiradas directamente en las serigrafías del pintor americano.

En esta película, el director abandona la narrativa de sus anteriores películas para dar paso a un mundo cinematográfico de connotaciones clásico-vanguardistas. El ritmo narra-

---

[2] Cita de Pedro Almodóvar. Véase nota 1 de la Introducción.

El barroco *pop-kitsch* de Almodóvar en *Entre tinieblas*, y su paralelismo en el sevillano Alfonso Grosso «el pintor neobarroco de las monjas»

tivo queda supeditado a planos que el director hará suyos, como expresión de su propia obra: el plano picado, el *travelling* y lo que podíamos llamar planos imposibles. Siguiendo la tradición del melodrama, el director consigue a través de esta cinta una perfecta unión entre el cine y su propio mundo expresivo.

LA TRAGICOMEDIA NEORREALISTA

¿Qué he hecho YO para merecer esto!

La génesis de este film se encontraba ya en las primeras películas del director, con un tema que nunca había sido tratado antes en el cine: la figura del ama de casa que ejerce de asistenta. Figura que situada en su contexto familiar y social, queda reivindicada socialmente, haciendo un alarde de causa feminista en su grado más alto.

El mundo literario que ha tratado el papel de la «criada» ha sido muy amplio. Desde Menandro, Plauto, pasando por Cervantes, hasta llegar a Galdós, su papel se ha limitado a servir de complemento a un mundo burgués, al que sirve, ayuda, comprende, admira e incluso por el que sacrifica su vida (véase *Misericordia* de Galdós).

En el cine, sin embargo, su papel es herencia de la fotonovela y los seriales radiofónicos y televisivos, recordemos: *Las que tienen que servir, Criada para todo, Ama Rosa,* o en la actualidad el «culebrón» televisivo *Rubí*.

Bebiendo de sus fuentes, Almodóvar es el único autor que realiza un alegato feminista a la problemática social y familiar de estas mujeres (y la mujer en general) además de reinvidicar las condiciones del proletariado urbano y satirizar a la burguesía urbana y denunciar su vacío mundo intelectual.

Debido a ello, el director toma como fuente de inspiración el neorrealismo italiano. *Mamma Roma* o *Roma città aperta* revelan los ejes centrales por los que se mueve la cinta, inspirándose incluso en los temas musicales de Nino Rota.

Gloria, esposa de un taxista, necesita salir a la calle para hacer un trabajo de asistenta por horas para el sustento de su familia. Su marido, Antonio, no gana lo suficiente para

Fotocromos de *¿Qué he hecho YO...*

soportar las cargas de su familia compuesta por cuatro miembros: su mujer, su madre y sus dos hijos. Gloria, agotada cuando llega a casa, recurre a las anfetaminas para poder terminar sus tareas domésticas; angustiada, obtiene alivio gracias a las conversaciones que mantiene con su vecina Cristal (prostituta enternecedora). Su marido, machista, rígido e intransigente, es un emigrante que estuvo en Alemania y, que a su vez, es amigo de Lucas, cliente de Cristal. Éste, burgués y literato frustrado, pretende escribir unas memorias falsas sobre Hitler, cuya existencia Antonio conocía. Patricia, mujer de Lucas, cleptómana y obsesionada por la estética, ridiculiza a su marido por el interés de éste en convertirse en literato. Ésta, a su vez, tiene un hermano, Pedro, que es un psiquiatra maníaco-depresivo a causa del abandono de su novia.

Gloria, desesperada con la problemática de su entorno familiar: su hijo mayor, drogadicto y «camello», el menor, homosexual precoz, la abuela, testaruda y exigente, el marido con su intransigente postura, provocan en ella tal desesperación, que mata a éste en la cocina con una pata de jamón. Avisada la policía, no encuentra al sospechoso del homicidio y uno de ellos abusa de los servicios de Cristal para curar su impotencia.

Gloria continúa su lucha diaria, el hijo mayor decide marcharse al pueblo con la abuela, y al menor, lo cede a un odontólogo homosexual. Su vecina Juani, andaluza inmigrada, modista, soltera y con una hija, Vanessa, con poderes telekinésicos, son un contrapunto para Gloria. De manera que Vanessa termina por utilizar sus poderes para ayudar a Gloria en sus tareas como asistenta.

Gloria ante la desesperación de su existencia sale a la terraza con intención de acabar con su vida; en ese instante su hijo menor la llama desde la calle, viene a quedarse con ella para siempre.

El arte en esta película queda supeditado a la propia historia:

— El arte contemporáneo, el vanguardista y el diseño industrial quedan reservados al mundo burgués.

— El *kitsch* en su versión más popular, queda reservado en los objetos y en su decoración al mundo del proletariado urbano.

Ante la aglomeración de personajes la narrativa vuelve a tornarse perpendicular. La acumulación de historias y personajes hace que ésta se vea perjudicada, parcelando el ritmo narrativo y provocando un decaimiento de la acción en varias ocasiones; sin embargo, el interés del argumento obvia estas imperfecciones técnicas.

LA COMEDIA MUSICAL ESPAÑOLA

Trailer para amantes de lo prohibido

Partiendo de su film anterior *¿Qué he hecho YO para merecer esto!,* el director recibe la proposición de Paloma Chamorro de rodar un corto para su programa televisivo *La edad de oro.* Aprovechando la finalización del rodaje de su película decide realizar un trailer de su propio film, género además al que es adicto.

El mediometraje de 25 minutos de duración sigue la temática de su película, sin embargo se la plantea como una comedia musical.

Siguiendo pues la técnica de la comedia musical española y americana sustituye el diálogo por las canciones.

El argumento que gira en torno a un ama de casa que es abandonada por su marido es análogo al film del que es un trailer. Una vez que la mujer se queda sola y va pasando el tiempo, decide, ante la penuria económica que padece, atracar a un ama de casa para robarle la cesta de la compra. En la huida se introduce en un estudio de pintura que hace los carteles de *¿Qué he hecho YO...!* y se enamora del pintor. Se dedica a la prostitución para sacar adelante a su familia, una noche que está haciendo la «carrera» la ve el pintor que en ese momento está colocando los carteles y se declaran su amor. Su marido, abandonado por su amante pretende volver de nuevo al hogar, y el día del estreno de la película al ver a su esposa en televisión con el pintor en el hall del cine va en su busca. Ella que sale al terminar la proyección acompañada del pintor se tropieza con su esposo que la insulta, sin mediar palabra ella saca de su bolso una pistola y lo mata, empezando con el pintor una nueva vida.

El mundo del arte en este mediometraje queda bajo los auspicios del *pop,* con una escenografía totalmente *kitsch,* desde una escena rodada en una tienda de muebles, hasta el traje a lo *Gilda* de Bibi Andersen.

La narración, supeditada a la música, se acompaña de un pequeño diálogo entre los personajes. Las escenas, desarrolladas con continuidad sin cortes adyacentes, convierten este corto en una de las cintas más lineales del director.

LA TRAGICOMEDIA AMOROSO-PASIONAL

Matador

Este film comenzó como un estudio de la España de los 80 a través de la Fiesta Nacional. Su perfil literario nos remonta a Blasco Ibáñez y su novela *Sangre y arena,* a José María de Cossío y su ingente obra *Los toros,* y a Jesús Ferrero en el conjunto de su obra, ya que colaboró con el director en el guión de la cinta. De todos ellos, el director toma frases, situaciones, diálogos e incluso estética.

El campo cinematográfico cobra más fuerza en la película que el anterior. En primer lugar, porque existen numerosos precedentes, desde la versión de Blasco Ibáñez que se hizo para Valentino, de cita obligada para cualquier film que se ocupe del tema de los toros, hasta la versión que de la misma hizo Mamounlian, que protagonizada por Rita Hayworth, fue un hito estético tan enorme, que el director no podía obviar en un film sobre el mundo del toreo.

Su otra inspiración viene dada por la película de Oshima *El imperio de los sentidos,* titulada también *La corrida del amor* y en su original japonés *Ai no corrida,* primero por el tema y segundo, por la ambientación de la película, tan paralela al mundo de Ferrero.

Fotocromos de *Matador*

De todo este universo, Almodóvar se centra en el tema fundamental de la Fiesta: Eros y Tánatos. El erotismo de su colorido, sus luces, sus trajes y sus posturas, y la muerte por la valentía y el coraje de un hombre ante un animal salvaje, hechos que despiertan secretas intenciones entre los espectadores.

La tradición y el culto al toro desde la antigüedad, recordemos Creta y Micenas, Roma y su influencia en la cultura mediterránea, hasta llegar a nuestra península, es un tema tan español que el director, por su carácter, no podía obviar, enfrentándose a él de forma abierta y sincera, consiguiendo hacer el film más auténtico que se haya realizado sobre la Fiesta Nacional.

Diego Montes, torero retirado a causa de una cornada en la pierna que le produce cojera, crea una escuela de tauromaquia para futuros matadores. Un alumno suyo, Ángel, obsesionado por la homosexualidad intenta violar a la novia de Diego: Eva. Ángel acude a la policía y se acusa, el comisario intenta investigar el asunto y ordena a dos policías que traigan a Eva. Ésta y su madre relatan lo sucedido y deciden no poner ninguna denuncia, pero Ángel, que oculta un grave sentimiento de culpabilidad, se acusa además de una serie de muertes que están ocurriendo en la ciudad.

Ángel es ingresado en prisión. Aquejado de alucinaciones es internado en el hospital de la prisión. El juez le asigna una abogada de oficio, María Cardenal, además de una psicóloga que se ocupe de su enfermedad.

María y Diego se conocen gracias al apresamiento de Ángel. María se da cuenta de que un coche la sigue por la ciudad y decide entrar en un cine donde se proyecta *Duelo al sol*. Diego la sigue y ambos ven la escena final de la muerte mutua de los protagonistas. María se dirige a los aseos del local, allí se hablan por primera vez, y ambos presienten como suyo el final del film.

María visita a la madre de Ángel para que actúe como testigo a favor de su hijo; ésta, madre rígida y religiosa considera culpable a su hijo. A su vez María y Diego descubren que tienen cada vez más puntos en común, siendo ambos la mano ejecutora de los crímenes, intentan que Ángel quede como culpable, pero éste, ayudado por la psicóloga consigue demostrar que tiene poderes paranormales.

María y Diego tienen varios encuentros, llegando a confesarse su amor-pasión y su gusto por la muerte. Descubiertos por Eva, la novia de Diego, éste, la descubre a su vez espiando, por lo que decide llamar a María y contarle lo sucedido. Se ponen de acuerdo y adelantan su encuentro, se citan y se dirigen a una casa que María tiene en el campo decorada con fetiches de Diego.

Eva decide contar al comisario lo sucedido, y a su vez la psicóloga se presenta ante el comisario con Ángel para que éste le cuente las visiones que tiene acerca de los asesinos. El comisario, aunque indeciso decide hacerles caso a los tres y se dirige al lugar que Ángel les va indicando.

María y Diego tienen por fin su ansiado encuentro, a la vez que el visionario de Ángel les está contando lo que ocurre entre los dos. Después de un gran orgasmo, María y Diego se quitan la vida mutuamente, a los cinco minutos aparecen los demás, encontrándose el cuerpo desnudo de los homicidas sobre un capote taurino.

El arte tiene aquí dos funciones, una como elemento decorativo, otra como testimonio de la explosión y creación de la moda en España, donde el director hace el papel del diseñador Montesinos.

En este film, que es en realidad un *thriller* moderno, siguiendo las reglas que le marca el género, con los planos usuales de su cine, Almodóvar consigue establecer su propio ritmo narrativo, dándole el toque que la historia requería, colocando, según su estilo, insertos con alusiones irónicas que le dan a la cinta el carácter tragi-cómico que llena toda su obra.

La ley del deseo

«Me he tomado a mí como referencia, y eso es como preguntarme: ¿eres tú ese o no lo eres? Y la verdad es que no lo sé. Algunas de las cosas que me han salido al mirarme a mí mismo me dan un poco de miedo. Es muy delicado cogerte a ti mismo como materia, tomarte a ti mismo como inspiración y hacer una serie de combinaciones casi químicas contigo mismo. Estás experimentando con tu propio yo y eso puede ser doloroso y peligroso. Es un viaje psicológico muy peligroso, no por una cuestión de vanidad, de descubrir cosas tuyas que no te gustan, lo peligroso es el viaje en sí mismo. Ese viaje se produce en la escritura del guión, donde yo reconozco el punto de origen, que soy yo, pero en el desarrollo dejo de ser yo, o soy yo desdoblado. Por ejemplo, yo no tengo esa relación con la máquina de escribir, ni con la creación, pero sí está en ella mi método de trabajo, porque yo trabajo con la máquina exactamente como lo hace Pablo, de forma que la máquina se acaba convirtiendo en un objeto diabólico, un enemigo»[3].

«En todo este proceso yo he sido un cobaya en mis propias manos y he estado bordeando un abismo todo el tiempo»[4].

Estas palabras del director resumen la génesis de este film, que supone el número seis en su filmografía, donde se plantea por primera vez expresar su mundo interior. Esta obra, casi autobiográfica, llega en un momento de su vida en que experimenta la necesidad de verter en su obra sus propias inquietudes personales y profesionales. Para ello, el tema de la homosexualidad, una constante de su obra como tema secundario, adquiere el papel de protagonista.

El perfil literario de esta obra lo situamos históricamente en el mundo griego con *El banquete* de Platón, *El Satiricón* de Petronio, más adelante con *Los cuentos de Canterbury,* y casi actualmente con el *Maurice* de Forster. De una u otra forma todos ellos se han ocupado del tema de la homosexualidad. Unos enalteciéndola, otros condenándola, y otros presentándola como una opción distinta a la heterosexualidad, bisexualidad o el llamado «tercer sexo».

En cuanto al cine, tenemos antecedentes en Pasolini, Fassbinder, Eloy de la Iglesia, Chávarri, Ivory, Frears o

---

[3] Véase nota anterior.
[4] Véase nota anterior.

Fotocromos de *La ley...*

Derek Jarman, que se han ocupado del tema en muy distintas ocasiones, intentando hacer llegar al espectador la temática. Almodóvar ha sido el único que se ha acercado a ella de forma valiente y sincera, presentándola como un hecho natural, evitando todo tipo de sublimación. Haciendo además un profundo análisis del papel creativo del autor, del que ya había un esbozo en *Laberinto de pasiones*.

Pablo, director cinematográfico y teatral, estrena una película, *El paradigma del mejillón;* cuando ésta finaliza, un chico se masturba en los aseos del local. Posteriormente al estreno se celebra una fiesta en una discoteca; al terminar ésta, Pablo se dirige a su casa acompañado de un chico que pretende acostarse con él para obtener un papel en su próxima obra teatral, pero él prefiere estar solo. Al tanto aparece su compañero Juan, que se va a marchar a trabajar como camarero a la costa andaluza.

Pablo prepara el estreno de *La voz humana* de Cocteau, su protagonista será Tina (transexual), su hermana. El día del estreno, Antonio, admirador de Pablo, se le acerca y se van juntos a su casa. Antonio, posesivo y enamorado apasionadamente de Pablo, no quiere que nadie mantenga relaciones con éste.

A partir de aquí la historia se complica. Antonio marcha a su tierra, haciéndole prometer fidelidad a Pablo, ya que conoce su relación con Juan. Antonio decide acabar con esta relación, se dirige al Faro de Tarifa para ver a Juan que trabaja de camarero en un «chiringuito», se hace pasar por novio de Pablo, y para convencerlo se coloca una camisa igual a la de éste. Después de una violenta discusión Antonio lo mata arrojándolo al vacío.

Informado de su muerte, Pablo acude al sepelio. Sospechando que Antonio ha tenido que ver en el asunto, se dirige hacia su domicilio, y después de una acalorada discusión, vuelve a Madrid, de tal suerte que sufre un accidente durante el trayecto.

A causa del accidente es hospitalizado, sufriendo además de una serie de contusiones y roturas, una amnesia total. Su hermana Tina intenta como puede que Pablo recupere la memoria, puesto que él es el único que posee todos sus

El desarrollo cronológico de la narrativa en el cine de Almodóvar

recuerdos. Tina en sus idas y venidas al hospital tiene varios encuentros desagradables con los policías que llevan el caso (un padre y su hijo): intentan violarla, por lo que Tina pega al padre.

Poco a poco Pablo va recuperando la memoria, sin embargo, no quiere que la policía lo sepa hasta que él mismo descubra al asesino. Pablo llama a Tina a su casa por teléfono y le dice que Antonio, su novio, es el asesino. Tina intenta huir pero Antonio se da cuenta y la retiene en la casa.

Pablo y el médico avisan a la policía, y todos se dirigen a casa de Tina. Desde la calle la policía con un megáfono intenta exhortar a Antonio para que libere a Tina, pero éste pone como condición la subida de Pablo a la casa. Antonio y Pablo se encuentran en el portal, Tina es liberada. Antonio declara su amor a Pablo y le cuenta por qué mató a Juan. Pablo ignoraba la pasión que Antonio siente por él, y terminan los dos en la cama.

Antonio se levanta, se dirige al comedor y delante de un altar de Mayo se dispara un tiro, Pablo lo recoge del suelo mientras que al fondo el altar se quema. Todos los que estaban en la calle suben a la casa por un andamio.

En esta película, el arte, como la fotografía y la iluminación son hiperrealistas, haciendo el director un homenaje a Edward Hopper. Este hiperrealismo escenográfico es una consecuencia lógica de la obra del propio cineasta, cuyo lenguaje literario adquiere formas totalmente hiperrealistas.

La narración corre paralela a la historia, pero sostenida. El director comienza a huir de personajes secundarios y pequeñas historias que difuminaban su mundo anterior. Consiguiendo huir de los *happy end* termina la historia con finales que dejan al espectador la posibilidad de continuar por sí mismo la historia.

Mujeres al borde de un ataque de nervios

Después de su película anterior, que supuso una introspección en su mundo personal y profesional, Almodóvar,
con las posibilidades que le da la creación de su productora,
retoma los personajes de Pepi y los sitúa en el año 1988.

El perfil literario de este film lo encontramos, sobre todo,
en el cómic femenino, la fotonovela y, en menor medida, en
la literatura moderna de autoría femenina. También tenemos que señalar además la influencia del teatro, sobre todo
de Moreto y Moratín, además de los clásicos.

El mundo del cine es el que más ha influido en la
película. La comedia americana de Cukor, Sirk, Mankie-
wikcz y Wilder, y, en menor medida, las películas españolas
que tenían grandes papeles femeninos en la década de
los 60-70, de tal manera que en *Mujeres...* vemos retazos de
cualquiera de ellas.

Pepa, dobladora de profesión y actriz de «spots» televisivos, ha roto con Iván, el último hombre de su vida, con el
que intenta comunicarse en vano. Su amiga Carmela, modelo y actriz, también intenta a su vez comunicarse con ella.

Pepa llama continuamente a Iván e intenta encontrarlo;
llega a su casa donde al rato aparece su amiga Carmela, que
le relata su experiencia con un grupo de chiítas que son
terroristas y están siendo buscados por la policía. Pepa
intenta tranquilizar a su amiga. Llaman a la puerta, son
Carlos y Marisa, pareja que quiere alquilar el ático de Pepa
para casarse. Carlos viendo la casa descubre una foto de
Iván y le dice a Pepa que es su padre; Pepa le cuenta la
historia a Carlos y decide ir al bufete de una abogada
feminista para ayudar a su amiga Carmela. Paulina, la
abogada, escucha a Pepa con prisas y terminan en una pelea
en la que Pepa le propina un tortazo. En el despacho de la
abogada, Pepa pide un teléfono obsesionada por localizar a
Iván, y oye la voz de éste a través del auricular; sobre la

mesa descubre dos billetes de avión con destino a Estocolmo.

Llega a su casa y le explica a Carmela la situación; ésta, que también le ha contado su situación a Carlos, ha avisado a la policía de la instalación de una bomba en el Aeropuerto Internacional de Madrid.

Cuando Pepa se entera de lo que han hecho, arranca el teléfono y lo arroja por la ventana. Lucía, mujer de Iván, ha salido del psiquiátrico y busca también desesperadamente a su marido; habiendo observado antes a Pepa buscarlo y dejarle notas en su casa, se dirige a casa de Pepa para localizar a Iván.

Llega a casa de Pepa exigiendo ver a Iván; ella le explica lo sucedido, pero Lucía no la cree. Carmela y Carlos preparan un gazpacho con orfidal que Pepa pensaba tomar para dormir. Llaman a la puerta, es la policía. Carmela se pone nerviosa, Pepa domina la situación y pide a Carmela y a Carlos que sirvan gazpacho a los presentes, y al instante todos se quedan dormidos, menos Pepa y Lucía. Ésta se niega a tomar el gazpacho, amenaza a Pepa con dos «colts» y le echa encima el vaso.

Lucía huye cuando Pepa descubre, analizando la situación, que Iván se va con Paulina a Estocolmo. Lucía sale a la calle y consigue que un motorista la lleve al aeropuerto a punta de pistola.

Pepa va detrás y se encuentra a la novia del motorista, a la que cuenta lo sucedido; ambas toman un taxi. El taxista, que ya conoce a Pepa, la escucha atentamente. Ella cuenta a los tres lo sucedido, encontrando a Lucía por el camino con el motorista, se entabla una persecución con disparos que culmina en el aeropuerto.

Pepa se dirige hacia la oficina de salida del vuelo a Estocolmo, allí encuentra a Paulina y a Iván, e inmediatamente se desmaya. Iván acude en su ayuda, Lucía, al verlos, dispara, y la policía la detiene. Iván pide disculpas a Pepa, y ella, cansada, se va a casa. A su llegada, se encuentra a todos dormidos, excepto Marisa, que se despierta.

Pepa le cuenta lo sucedido, y ella a su vez le confiesa que ha dejado de ser virgen en sueños. «Es verdad, has perdido

Fotocromos de *Mujeres...*

la dureza ésa que tienen las vírgenes en la cara, porque las vírgenes son muy antipáticas», le dice Pepa a Marisa[5].

Aparecen además personajes constantes en la obra de Almodóvar:

— El instalador de la Telefónica.
— La portera, aquí Testigo de Jehová.
— El empleado de una inmobiliaria.
— El basurero.
— Personajes anónimos de la urbe.
— Dobladores.
— La chica de la centralita de la Casa de Doblaje.
— La locutora del Telediario, interpretada por la madre del director.

El arte queda supeditado a la teatralidad de la cinta, donde actores, diálogos y decoración, recuerdan al teatro clásico español, ya que, no en vano, el film finaliza con un bolero titulado «Puro teatro».

El resto es una mezcla de diseño industrial aderezado en su decoración con el *kitsch* y alguna serigrafía de Andy Warhol.

La narrativa resulta obviamente lineal, puesto que al ser la película una *crazy-comedy* que se desarrolla en veinticuatro horas, la rapidez y la ansiedad de la protagonista obligan a centrar la historia que Almodóvar sitúa como las viñetas de un cómic.

EL «THRILLER» MODERNO

Átame

Producto del recorrido de promoción mundial de *Mujeres...*, esta película supone una mirada a sí mismo y hace una reflexión sobre el porvenir del matrimonio institucionaliza-

---

[5] De los diálogos del film *Mujeres al borde de un ataque de nervios*.

Fotocromos de *Átame*

do, base sobre la que gira el guión, aunque no abandona sus propias constantes.

La génesis de la cinta la relata él mismo en el «press book» del film: «Será una película dura y romántica, más en la línea de *¿Qué he hecho YO...* y *La ley del deseo,* que de *Mujeres...,* pero siempre con humor. Como siempre será una película urbana, con personajes muy marginales y muy vivos que luchan por sobrevivir y se refugian en el amor como principal terapia»[6].

El detonante del guión, el síndrome de Estocolmo, refleja la atmósfera asfixiante del año que supuso para el director recorrer el mundo con sus *Mujeres...* bajo el brazo, y confirma su compromiso con una sociedad contemporánea de la que participa.

El perfil literario está en la línea de la novela negra, desde Hammett a la Highsmith, todos ellos han ejercido una fuerte inspiración para la realización del film.

Las connotaciones cinematográficas están en la línea de *El coleccionista, Bus stop* y estéticamente en *La gata sobre el tejado de cinc.*

Ricki, enfermo mental, ha sido dado de alta por el juez y sale del psiquiátrico. Una vez en la calle compra una revista de cine que habla de una actriz llamada Marina que está rodando una película. Sin pensárselo dos veces, se dirige a los estudios. Se cuela en los camerinos y asiste de polizón al rodaje. Marina rueda un film a las órdenes de Máximo Espejo, que está enamorado de ella, su hermana Lola es ayudante de dirección. Cuando terminan de rodar la última escena, Marina y Lola se van a los camerinos, se tienen que ver por la noche para acudir a la fiesta de fin de rodaje.

Marina sale a la calle y es llevada por un amigo a su casa, Ricki la sigue. Consigue dar con su domicilio y cuando ella está sola llama a la puerta; ella abre y, al darse cuenta que es un tipo sospechoso, intenta cerrarla, pero Ricki tiene más fuerza y consigue entrar. Después de un forcejeo, él le da un puñetazo. A partir de aquí, Ricki y Marina viven en continuo sobresalto, pues ella quiere que alguien acuda en su

---

[6] Véase nota 58, «Las constantes de un *collage*».

ayuda y él teme que alguien entre. Corta las correas de las persianas y las cierra, y a continuación ata a Marina; ésta, que estaba enganchada con la droga, le pide a Ricki que le busque un calmante para el dolor. Ricki sale a la calle con ella y visitan a la doctora que la desenganchó.

Ricki le cuenta a Marina el porqué del secuestro, cómo la conoció siendo una puta y se enamoró de ella, pero ella no accede a sus ruegos. Ricki sale de nuevo a la calle para buscar «Sosegón», pues en la farmacia no se lo dan y tiene que ir al mercado negro. Le dan una paliza y le quitan las botas. Marina, al verlo llegar, se enternece y le ayuda a curarse las heridas, comienza a besarlo y terminan haciendo el amor; comienza para ellos una nueva vida.

Ricki le habla de su intento de volver a su pueblo y conocer sus raíces. Ella está enamorada de él, y él sale a la calle para buscar un coche. En ese momento llega su hermana, entra en el cuarto de baño y observa que allí hay gente extraña; va hacia el dormitorio y se encuentra a Marina atada, ella le cuenta lo sucedido y además que está enamorada del secuestrador. Su hermana la arrastra a la calle y se la lleva.

Ricki se va a su pueblo. Cuando está en el Castillo aparece Marina y le cuenta sus deseos de irse a vivir con él y formar una familia, como estaba en el pensamiento de Ricki. Suben al coche de su hermana y cantando y conociéndose los tres se dirigen carretera adelante hacia no se sabe dónde.

Otros personajes:

— La madre de Marina y Lola, interpretado por la madre del director.
— El decorador.
— Los técnicos.
— Una periodista.
— La mujer de Máximo Espejo.
— La directora del psiquiátrico.

El arte y el color cobran una nueva vida en la obra de Almodóvar, todo se supedita a varios colores. Mondrian planea por toda la cinta, lo mismo que Warhol y los dibujos de Dis Berlin.

Almodóvar, después del éxito mundial que supuso su anterior película, revalida su condición de cineasta, realizando una película técnicamente perfecta y rodando además cronológicamente, por lo cual la narrativa se desarrolla con más precisión no se resiente en ningún momento, aunque pierde frescura y la música no acompaña los grandes momentos como en ocasiones anteriores.

EL MELODRAMA MUSICAL

Tacones lejanos

Representa la explosión cinematográfica y artística del mundo almodovariano.

Su génesis, que el director tenía *in mente* desde el año 1987, fue cambiando hasta su estado actual. Lo cuenta así el director:

«Sí, estoy escribiendo una historia que me gusta mucho. Es absolutamente distinta a las otras, pero es el resultado de todas ellas. Entre las novedades que tiene es que sucede fuera de Madrid; no es urbana, pero tampoco es rural. Es muy andaluza. Será la primera vez que ruede fuera de Madrid toda una película. Estaremos fuera dos o tres meses. Me apetece hacer una película en exteriores, plásticamente, por la luz y porque quiero salir de Madrid. Madrid, como todas las ciudades, tiene decorados de todo tipo, pero una de las cosas que quiero buscar es un espacio que no sea ni una cosa ni otra, una especie de escenario de tierra perdida. Toda la historia ocurre en dos kilómetros cuadrados. Hay fenómenos de la Naturaleza que tienen mucha importancia y que hay que esperar que se produzcan. Por eso debemos instalarnos en un sitio y rodar todo en exteriores. No sé muy bien qué estoy buscando con esta película, pero hay un montón de cosas que empiezo a intuir y me atraen mucho.

»En principio, como siempre, es una historia de intriga

Fotocromos de *Tacones...*

familiar, con pasado. Son dos hermanas y una madre. Me interesa que suceda todo en un paisaje como postnuclear, perdido, abandonado, anclado en el tiempo, decrépito. Eso es lo que busco, una atmósfera extraña que será el «leit-motiv» de la película. Será muy distinta a las otras seis. A veces, mientras escribo, me parece una película de terror, otras me parece una película de Bergman. Son dos herma-nas que se encuentran en sus orígenes, que vuelven a su lugar de nacimiento después de haber pasado mil cosas. Ambas salieron de allí huyendo y ambas vuelven en el mismo momento. Es un encuentro familiar con muchos problemas no resueltos, que se van a manifestar a lo largo de la historia. Hay muy pocos personajes: las dos hermanas, la madre, el ejército que está en aquella zona y que es en sí mismo un personaje con varios elementos destacados, dos soldados y un oficial, y un nazi que vive refugiado en un chalet desde el final de la guerra. Todo tendrá un aspecto del fin del mundo, pero ahora mismo. Lo que voy escri-biendo es bastante raro. Hay un faro también. A raíz del rodaje de *La ley...*, me dieron ganas de hacer una película muy simple de estructura, que es, en cierto modo, una prolongación de algunas secuencias de *La ley...*, aunque no tiene nada que ver. Inconscientemente, estoy tocando cada vez más elementos fundamentales de nuestra cultura, ésta será casi una película folklórica, lo que pasa es que igual que *Matador* es una película de toreros muy especial, ésta será también muy especial. Ni naturalista ni costumbrista. Como yo no conozco el sur, prefiero inventármelo todo de una manera muy inocente, sin profundizar.

»De hecho, se podría definir como una variante de *La casa de Bernarda Alba*. Es una historia con una madre feroz e intolerante que les hace la vida imposible a sus hijas, pero de otra manera. Ésta ha matado al marido y le gustaría matar a las hijas. Es una madre loca de intolerancia, pero loca también por los vientos de levante, que vuelven loca a la gente. Las dos hermanas huyen de ella, pero la madre no quiere dejarlas en paz. Se supone que la madre ha muerto en un incendio provocado por ella, pero en realidad no ha muerto y empieza a aparecérsele a una de las hijas como si fuera un fantasma. Lleva quince años viviendo como un fantasma con una de las hijas. Esta hija, un buen día no aguanta más, abandona su casa, su trabajo y cree abandonar la locura de que su madre se le aparezca todos los días, y se marcha al sur de nuevo. Es como *Psicosis* pero al revés. Aquí lo interesante es que ella piensa que está loca y ve un fantasma, en *Psicosis,* Perkins no sabe que está enfermo y no sabe que es un fantasma. El fantasma de aquí esta vivo y le hace la vida imposible. Esta madre es tremenda. La hija que vive con ella es bailaora, la otra hija es fotógrafo de guerra y ha estado en todas las guerras del globo. Al cabo de los años, cansada de tanto horror, vuelve también a su tierra, al sur, y monta un chiringuito. Me está saliendo muy terrible, pero muy divertido.

»Cuando las dos hermanas se vuelven a encontrar, la bailaora le explica a la otra que la madre se le ha estado apareciendo, y la del chiringuito cree que está loca, hasta que descubre a la madre en una foto que ha hecho y comprende que está viva. Esta madre es como una prolongación de la madre de *Matador,* o como una Bernarda Alba que actúa. Tiene que haber un equilibrio que permita al espectador dudar si lo que está viendo es verdad o mentira, si es de terror o no, quiero que funcione a varios niveles. Quiero que esa madre dé mucho miedo. Además, irá siempre quemada, con vendajes, porque la chica, al abandonar Madrid, quema también su casa con la madre dentro. Así que se supone que se quema dos veces, pero no se muere ninguna. El fuego es algo exterminador pero también es purificador. La primera secuencia sucede en Madrid, y de ahí se marchan al sur, pero no habrá *flashbacks,* no me gustan los *flashbacks,* a no ser que sean como los de *La condesa descalza,* que son la esencia de la película. Pero en una narración normal, volver al pasado no me gusta, es un discurso bastardo que dificulta el ritmo de la narración. Toda la historia se contará desde ahora y sin grandes explicaciones. Habrá una asociación de imágenes de fuego a fuego muy abstractas. Todo transcurre en el faro, el chiringuito que hay al lado del faro, la casa del nazi y los alrededores, que son una zona militar ocupada por soldados que hacen la mili. Habrá música, canciones, charlas y fantasmas varios. Vuelvo a los personajes femeninos en un mundo donde habrá muchísimos hombres que son como el atrezzo y que le sirven a la del chiringuito para explicar que no tiene miedo al fin del mundo, porque tiene un ejército para defenderla.

»Ella ha estado en todas las guerras y tiene cantidad de fotos de cosas terribles; en este chiringuito ella se dedica, además de vivir de una forma muy particular, a hacer fotos, reproduce las fotos que ha hecho de verdad pero de mentiras, con los soldados, fotografía a los soldados haciendo acciones de guerra absurdas, hace un paralelismo entre las fotos de verdad y las falsas. Ella, como Buñuel, duerme con una pistola debajo de la almohada y al final matará a la madre, de verdad. Con esta muerte, una se libera y comprende que no ha estado loca toda su vida, pero la otra se convierte en parricida. La madre se muere tres veces y al final dice: "Ya era hora, llevaba muerta demasiado tiempo, las llamas del infierno no me dan miedo, porque me he librado de dos incendios." Es una película muy surrealista, muy buñueliana, muy lorquiana, lo digo yo antes de que lo digan los demás, cuando esté hecha. Es muy surreal en un ambiente absolutamente natural.

»La película se abre con los labios de la protagonista diciéndonos exactamente cuál es el *leit motiv* de su vida. Estos labios dicen "soy infeliz", una canción ranchera de Lola Beltrán. Haré varias versiones de esta canción para que la cante Ángela Molina, que es una de las dos hermanas, la bailaora. Con estos labios cantando voy a situar al público en la película y en lo que le pasa a esta chica. Un primerísimo plano de los labios, en una superficie como la de una pantalla de cine, impresiona mucho, es la pura abstracción del origen de la voz. Ángela canta esta canción al principio y luego la misma canción se cantará varias veces más: en el chiringuito con otro ritmo y cambiando la letra, ya que dice "soy muy feliz", y eso explica el sentido dramático de su estado de ánimo, y en otro momento se canta en un *playback* muy especial: ella se ha comprometido a salir a cantar en el chiringuito de su hermana porque es una gran cantante, pero tal como está no puede salir al escenario. El oficial que está enamorado de Kiti Manver, que es la otra hermana, la fotógrafo de guerra, lo intenta solucionar. Como lo que quieren es oírla cantar, pone un disco de ella y obliga a salir al escenario a un soldado, el más torpe de todos, un papel que quisiera que hiciera Marxtelo Rubio, que está enamoradísimo de la bailaora y sale a hacer el *playback* y todos les insultan y les tiran cosas.

»Voy a hacer una versión melódica flamenca tipo Jurado o Pantoja y quiero que Angela la cante de un modo poco convencional, casi como un lamento, muy agresiva, como una queja amenazadora y perturbadora.

»Ángela se llamará Adela. Era bailaora, pero tuvo un accidente y ahora está coja y lleva una pierna ortopédica y un bastón. Empezamos con ella en el escenario cantando esta canción, inmóvil, clavada, y de repente se empieza a desplazar con la muleta o el bastón. A la muleta o el bastón hay que sacarle mucho partido, quiero que lo haga todo con ese bastón tipo circo, que sea como una prolongación de sus dedos. La película empieza con este "Soy infeliz", dirigido a un invisible culpable de todo lo que le pasa. Entra en el camerino y abre una carta del farero en la que le cuenta que está gravísimamente enfermo. Entonces ella va a su casa, recoge todos los recuerdos del farero; los mete en una bolsa, los ata, hace su maleta, va a la habitación donde vive el fantasma de su madre y le dice que ha llegado el momento de separarse. Se va. Mete su pasado, todos los recuerdos del farero en un cubo de la basura y prende fuego a su casa. Desde la oscuridad total se abrirá una ventana del Expreso de Andalucía, veremos el cielo de Madrid y una casita ardiendo. Nos metemos en las llamas y vemos a la madre toda chamuscada que desaparece. Ella llega con un taxi al faro. La puerta está abierta y ella va andando con su pata de palo, la buena y el bastón y sonando los tres golpes de su andar aparece el título: *Tacones lejanos*.

»El farero lo oye desde la cama y se siente aterrorizado. Ella abre la puerta de su habitación y lo ve. Para que se sepa que es cantante hay un póster de ella en la pared, abre la puerta y se encuentra frente a un póster de ella hace diez años, cuando era bailaora. Es como un efecto óptico, la Adela de antes y la Adela de ahora vistas las dos a la vez. Él dice que pensaba que era la muerte que venía a buscarle y ella contesta muy canalla. No, sólo soy yo: Adela.

»Hay un lapsus en el que se supone que él le ha dicho que quiere morir arriba, con las lámparas. Ella lo prepara todo, le viste, coge las medicinas y algo para comer, frutos secos para sobrevivir arriba y está dispuesta a subirle arriba. Por eso necesito un faro que sea alto. Pero para llegar arriba tardan dos días, ella coja y él enfermo, con las medicinas y los frutos secos, se sientan, duermen, comen y, mientras, se van contando todo lo que no se han dicho en todos esos años. Ella le explica todo su odio, su vida en esos quince años, y cuando llegan arriba ya no hay ningún punto oscuro en esa pareja. Todo muy abstracto y muy directo. Él es una especie de "hippie" que se ha puesto de todo, era bailaor y su pareja de baile. En los últimos años se ha retirado allí con el viento, el mar, la naturaleza y se ha hecho farero. Está seguro que se va a reencarnar en viento de levante. En esa ascensión se lo han dicho todo. Él quiere morir arriba, con la luz. Cuando llegan arriba, ella mira con unos prismáticos y empieza a presentarnos todos los elementos de la película: el chiringuito de su hermana, los militares, el médico nazi en su chalet y la madre que también está ahí. Con esa cosa popular de que en el mar se muere con la marea, el farero muere cuando sube la marea y se encienden las lámparas. Es un entorno surreal, como una orgía de luz. Ella baja, se viste y se va al chiringuito de su hermana, a la que no ha visto desde hace quince años. Kiti se va a las guerras por culpa de su madre, pero también porque Ángela le ha quitado el novio, el farero que entonces era bailaor de flamenco. En el chiringuito están los dos soldados, el zumbado que quiero que haga Antonio Banderas y el tímido que hará Martxelo Rubio.

»Mientras ellos suben al faro, hemos visto a la madre haciendo "auto-stop" en medio de una carretera de la Mancha, en un paisaje manchego al amanecer. La madre está chamuscadísima y hace que el conductor de un coche acabe estrellándose al verla en la carretera haciendo "auto-stop", porque cree que ha visto un fantasma. La madre llega al faro y va a ver al médico nazi para que la cure. El médico la mira sin creérselo y la cura, descubriendo debajo de las heridas del primer incendio...»[7].

Este guión fue sufriendo transformaciones hasta conseguir uno definitivo. Sin embargo, tuvo problemas en el reparto, pues Antonio Banderas fue contratado en Hollywood para rodar *Mambo Kings*. Almodóvar, un mes antes del rodaje, contrató a Miguel Bosé y cambió a Esperanza Roy (vedette) por Marisa Paredes (cantante *pop*), el director tuvo listo el guión definitivo a pocas semanas de la primera vuelta de manivela.

El perfil literario de esta cinta se encuentra en la tragedia griega *Electra,* de Sófocles. La relación de amor-odio y abandono entre madre e hija se encontraba ya en esta obra, también y en la actualidad *La casa de Bernarda Alba,* de Lorca, y, en menor grado, *La madre,* de Simone de Beauvoir.

En el cine hay clarísimas referencias en *Imitación a la vida,* de Sirk; *Sonata de otoño,* de Bergman, que incluso se menciona en un diálogo del film, *Isadora,* en referencia al papel de la secretaria de Becky, y, por último, *West Side Story.*

Becky del Páramo, famosa cantante española, llega a Madrid después de haber cosechado grandes triunfos en el extranjero. Su hija Rebeca, que hace años que no la ve, la espera con ansiedad en el aeropuerto. Cuando se encuentran solas frente a frente, puesto que la hija no quiso que los periodistas estuviesen presentes, se abrazan y se tratan con cierto distanciamiento.

Antes de la llegada de su madre, Rebeca recordaba la última vez que estuvo con ella, y de cómo cambió un frasco de pastillas al entonces amante de su madre porque querían apartarla de ella y enviarla a un internado.

Una vez que salen del aeropuerto, se dirigen hacia la casa de su madre, una portería donde vivían sus abuelos que ha sido comprada y redecorada por su madre. Durante el trayecto, Becky le va contando sus proyectos, a la vez que

---

[7] Véase nota 1 de la Introducción.

pregunta a Rebeca por su vida actual. Cuando llegan, descubren en las paredes de la casa de enfrente unos carteles de una doble de Becky, es *Femme Letal,* un travestido que la imita. Rebeca, que lo conoce y va a verlo añorando a su madre, le insiste para que vayan a verlo más tarde.

Rebeca se va a su trabajo, es presentadora de un telediario en una cadena privada de televisión de la que su marido es director. Rebeca invita a cenar a su madre a su casa para que conozca a Manuel, su marido. Una vez acabada la cena, Rebeca pone una excusa y se levanta de la mesa; desde una ventana los observa; Manuel había sido amante de Becky, y Rebeca se casó con él por pura imitación materna.

Rebeca propone una salida nocturna al «Villa Rosa» para ver a *Femme Letal,* Becky y *Femme* quedan encantados uno con la otra y se intercambian regalos. Rebeca acompaña *Femme* al camerino, comienza a desnudarlo y terminan por hacer el amor.

Marchan a su domicilio correspondiente, y al siguiente día aparece el cadáver de Manuel en la cama y cosido a balazos. El juez investiga el caso y Rebeca marcha a su trabajo. Una vez que su programa está en emisión, confiesa en directo la culpabilidad del crimen. Custodiada por la policía, Rebeca, Becky y la amante de su marido son interrogadas por el juez, pero Rebeca sigue culpándose.

Rebeca ingresa en la cárcel; en el furgón va con una chica que le ha lanzado una piedra a un policía para poder entrar en la cárcel y controlar a su novia, que es heroinómana y está desengachada. A la vez que Rebeca ingresa en la cárcel, su madre hace una espectacular presentación en un famoso teatro de Madrid, desde donde le dedica una canción a su hija; ésta la oye en la cárcel gracias a un pequeño transistor que tenían unas reclusas.

El juez manda llamar a Becky para que tenga un *tête-à-tête* con su hija. El diálogo de ambas, dramático, termina por revelar en cada una de ellas su propia identidad, llegando a cobrar tonos violentos; madre e hija se cruzan verdades y reproches. Becky llega a encontrarse mal, toma una pastilla y resta importancia a su enfermedad.

Rebeca vuelve a la cárcel, pasan varios días, se desmaya y

es conducida al hospital de la prisión, y allí descubre que está embarazada de *Femme Letal;* al mismo tiempo, descubre la identidad de *Femme Letal,* que no es otra que la del juez.

Becky cae enferma de gravedad; Rebeca sale temporalmente de prisión, y el juez le confiesa por qué se disfraza en multitud de ocasiones, y que no es más que para esclarecer los asuntos turbios. El juez confiesa su amor a Rebeca, y va descubriendo pistas gracias a su madre que colecciona fotos de la cantante.

Rebeca, viendo la televisión, se entera de que su madre está a punto de morir. Sin perder tiempo, se traslada a casa de su madre con el juez. Una vez en la habitación y a solas con ella, se descubren y se perdonan mutuamente.

Rebeca saca una pistola, su madre la coge, y ésta la envuelve en un pañuelo; este hecho será la prueba de amor que su madre le entrega en el lecho de muerte.

Otros personajes:

— Las reclusas.
— La chica que ayuda a las reclusas y las pone en contacto con el exterior.
— El empleado de una tienda de fotos.
— Los travestis del «Villa Rosa».

El arte es una explosión colorista en todos los aspectos. Almodóvar lleva a su cenit su propia concepción del arte, el color inunda todas las paredes, los muebles, los objetos decorativos y los escenarios.

El *pop* y el *kitsch* tienen aquí una pequeña representación en las raíces populares y artísticas de los protagonistas. Un San Sebastián barroco, encima de un receptor de televisión, simboliza el mundo de la homosexualidad, quedando el mundo religioso representado en una confesión a la antigua usanza.

El melodrama como género, la fuente de esta película no queda sólo en la simple representación de éste, sino que, como ocurre con el director y su mundo transgresor, introduce un «melo» moderno con un fuerte toque de comedia musical y gotas de comicidad. La narrativa, exacta, lineal, a veces rompiendo el paralelismo rítmico, se convierte, junto con la técnica, en la línea maestra del film, certificando la personal obra de un gran cineasta.

LA COMEDIA Y EL CINE NEGRO

KiKa

Su hasta ahora última película representa la confirmación de sus postulados estético-fílmicos, así como la continuidad de su personal estilo.

La génesis de esta cinta la explica así el realizador:

«Cuando comencé a escribir el guión, entre viaje y viaje de promoción, Kika-personaje era la dueña y señora de la historia.

»Como siempre, yo la escribía por mera diversión, para desintoxicarme. También, como siempre, al principio era una traslación de mis necesidades. El mundo que me rodeaba y mi propio mundo amenazaban con asfixiarme, necesitaba una buena dosis de optimismo. Quería recuperar para mi vida y para mi cine el aliento fresco de la comedia. Así nació KiKa título y KiKa personaje...

»Pero con los meses, aparecieron en el camino de KiKa sus circunstancias, otros personajes, cada uno con un género a cuestas. La antagonista, Andrea Caracortada, el padrastro de su propia pareja, Nicholas Pierce y su pareja, Ramón.

»La historia que narro ocurre en dos intensas jornadas, vertiginosas y disparatadas, que empiezan como un vodevil y terminan de un modo perverso.

»*KiKa*-película es (será) un intento de comedia, de perfiles muy contrastados, que se envenena al final. Guarda con *Mujeres...* el paralelismo del humor, la historia femenina y lo urbano. Pero si en *Mujeres...,* la tesis consistía en mostrar una ciudad idílica donde todo era vivible (las farmacéuticas no pedían recetas, los taxistas eran verdaderos ángeles de la guarda y la amistad un refugio seguro) y cuyo único motivo de tensión lo provocaba el hecho de que los hombres abandonaban a las mujeres, en *KiKa,* la ciudad es un infierno agresor, los hombres no abandonan a las mujeres, pero

Fotocromos de *KiKa*, e influencias artísticas

les mienten, se callan, las espían, y, si llega el caso, las matan...»[8].

Las referencias literarias de *KiKa* las encontramos, en primer lugar, en el *Live Flesh* de Ruth Rendell (novela de la cual Almodóvar posee los derechos), además de *Perdita Durango,* que llevará al cine Bigas Luna; también tiene un gran paralelismo con la narrativa de Tom Sharpe, sobre todo en el ingenio de mezclar lo cómico con lo cruelmente dramático. Además, no quiero dejar de señalar la influencia teatral del mundo almodovariano, que nos retrotrae a los grandes clásicos del teatro español (destacando sobre todos ellos a Agustín Moreto), Galdós en sus obras para el teatro y entre los contemporáneos: Jardiel Poncela, Muñoz Seca y Alonso de Santos. Por último, la influencia tan señalada en su cine del comic femenino, tanto por su narrativa, expresión, contenidos y formas.

Las referencias cinematográficas de esta películas representan un superlativo en su obra, ya que desde su comienzo, *KiKa* es un cúmulo de referencias y homenajes a la pura cinefilia del director. Desde los títulos de crédito a su final, la película es un hallazgo de citas al mundo del celuloide:

— En los títulos aparecen ya unas connotaciones explícitas a *Peeping Tom* y a *Blow-up,* primero por la profesión del personaje de Ramón, y segundo por la intriga que rodea a los personajes.

— Paralelismos a su propia obra *Mujeres...* y *Matador,* son homenajeadas y recreadas en esta película.

— También hay un paralelismo con el cine de Eloy de la Iglesia, en sus films *El techo de cristal* y *La semana del asesino.*

— El nombre del personaje de Andrea Scarface es ya un homenaje al cine negro en la cinta que protagonizó Paul Muni, y que más tarde fue un *remake* en manos de Brian de Palma *Scarface.*

— El homenaje continúa con una proyección de *The prowler,* además de continuas referencias a Alfred Hitchcock,

---

[8] Declaraciones de Pedro Almodóvar, *Press-book,* de *KiKa,* editado por El Deseo, S.A., Madrid, 1993, págs. 13, 14 y 15.

sobre todo a *La ventana indiscreta,* y al compositor Bernard Herramnn, del cual incluso toma una melodía de *Psicosis.*

— Homenajea también al cine de terror serie B francés, con la aparición de una serie de carteles como: *La maison des horreurs* y *La sadique,* en referencia al personaje de Andrea.

— El cambio de género de la misma cinta es de cita obligada en *Corazón salvaje,* de David Lynch, y la película de los Cohen, *Barton Fink.*

— También existe un paralelismo entre el personaje de Peter Coyote y el de Michael Caine en *Misery.*

— Como colofón, Almodóvar, autohomenajeándose de nuevo a sí mismo, se reserva un final paralelo al de *Átame,* sin dejar atrás la referencia a *Los girasoles,* película italiana de los 70, rodada en Rusia, para acercarnos a la perestroika y el nuevo orden mundial.

El argumento gira en torno a KiKa, mujer de buena condición que termina engañada por todos y todo. Ella, maquilladora que vive con Ramón, fotógrafo de modas, tiene una criada, Juana, que está secretamente enamorada de su señora. La aparición de Nicholas, padre de Ramón, desencadenará la tragedia en esta historia.

Nicholas, escritor, llega a España para presentar su último libro (aparece en un programa cultural de televisión presentado por Francisca Caballero —madre del director de la película y del programa—, que es un alegato contra la incultura del país y el medio televisivo) y de camino vender una casa *Youkali,* que tiene a medias con su hijo Ramón.

A su llegada, KiKa recuerda la forma en que conoció a Ramón y a su padre. Nicholas se instala en el piso superior donde KiKa habita, y ésta mantiene un romance con su suegro, a la vez que su amiga Amparo la engaña sabiendo el romance que ésta mantiene con Nicholas.

Nicholas mantiene relaciones profesionales con una antigua novia de Ramón, Andrea, que se apellida a sí misma Caracortada para un reality-show que presenta en directo en televisión (en el programa aparece realzando una cicatriz que tiene en la cara, autoproducida por ella misma en venganza al abandono de Ramón, al que acusa como autor), sale a la calle en busca de las noticias armada con un casco-cámara y focos en el pecho de su chaqueta para grabar en directo las noticias más morbosas.

Andrea convence a Nicholas para que elabore guiones para su programa, presintiendo que hay algo oculto detrás del mundo literario de Nicholas.

KiKa y Juana llegan a un gran entendimiento, confesando ésta su amor por KiKa, y confiándole intimidades de un hermano suyo, Paul Bazzo (deficiente mental y violador), que no tarda en aparecer en escena, pues éste, fugado de la cárcel, se presenta a ver a su hermana Juana para que lo ayude; ésta simula un robo con violencia y Paul (además de sus taras, actor porno) viola a KiKa repetidamente.

Un voyeur, desde un bloque situado frente a la casa de KiKa, graba la escena, y de camino decide avisar a la policía que, convencida, se persona en el lugar de los hechos. Avisada también, Andrea se presenta con su moto y su cámara, dispuesta a grabarlo todo.

Una vez que la policía logra separar a Paul de KiKa, éste huye por la terraza y le roba la moto a Andrea, que no cesa de grabar. Andrea entra en el domicilio de KiKa con la intención de hablar del percance en directo para sus telea-dictos; KiKa se enfurece, Andrea insulta a la policía y Juana trata de consolar a su señora.

KiKa sube a ver a Nicholas y se encuentra con Amparo; allí descubre que ésta la estaba engañando con Nicholas. Desesperada, llega a su casa, toma unas copas, y aparece Ramón y tras sus pasos, Nicholas. Ambos son informados del atropello que ha sufrido KiKa.

Por la noche, ya más serenos, KiKa, Ramón y Juana se disponen a ver el programa de Andrea Caracortada, *Lo peor del día,* y cuál no es su sorpresa al ver un vídeo con su violación. Nicholas se pone en contacto con Andrea, ame-nazándola en un intento de que le pasase la información de la obtención de sus imágenes; ella le habla de fuentes anónimas; Ramón y KiKa escuchan por los teléfonos de la casa.

Andrea, a solas en su casa, descubre que Nicholas es un homicida a través de las grabaciones de los vídeos, y en ese momento descubre la verdadera identidad de Susana, una chica sudaca que había preguntado por él en televisión. Inmediatamente se dirige a *Youkali* para hablar con Nicholas.

Ramón le cuenta a Nicholas su verdadera identidad de voyeur, grabador y confidente de Andrea (sin ésta saberlo). Nicholas intenta deshacerse del cuerpo de Susana en *Youkali;* Ramón llega y le acusa de la muerte de su madree, que hasta el momento había sido certificada como un suicidio. Nicholas teme que éste descubra la muerte de Susana y le golpea en la cabeza, dejándolo inconsciente.

Andrea llega para hablar con Nicholas, éste le impide el paso, pero ella logra entrar en la casa y contarle a Nicholas que lo ha descubierto. Amenazándolo con una pistola, intenta que éste confiese ante su cámara, pues es la primera vez que ella se encuentra cara a cara con un asesino múltiple. Andrea, en un forcejeo, hiere mortalmente a Nicholas; éste logra quitarle la pistola y la mata.

En ese momento llega KiKa, que se ha despedido con anterioridad de Juana, después de ésta contarle la verdad sobre su hermano Paul y la violación. Una vez en la casa, KiKa se encuentra el cuerpo sin vida de Andrea y a Nicholas moribundo; éste le da a KiKa un manuscrito para que ella lo venda y lo convierta en su autobiografía, y muere.

KiKa busca a Ramón e intenta reanimarlo (cosa que había hecho la primera vez que lo conoció, puesto que éste sufría catalepsia debido al complejo de Edipo que padecía). Al conseguirlo con una lámpara de mesa, le cuenta lo sucedido, llama a la policía y a una ambulancia. Ramón se queda en la ambulancia, ella coge su coche y se dirige a la ciudad. Por el camino encuentra a un atractivo autoestopista, lo recoge y decide cambiar de dirección e irse con él, con la esperanza de olvidar el pasado y encontrar su camino, que se prevé incierto.

KiKa es en cuanto al arte la expresión por antonomasia de un cineasta con la visión de un pintor que intenta abarcar todos los resortes iconográficos de un film. Para ello Almodóvar reafirma su concepción del arte dentro del mundo de la vanguardia partiendo del *pop*. El decorado de KiKa, mezcla de estilos, pone en relación a los personajes entre sí, y además es una forma de acercarnos con más exactitud a la verdadera personalidad de los mismos, llegando incluso a ser una continuación artística de la visualización del director. Sus vestimentas y actitudes, junto con la luz de las escenas, forman en sí mismos escenas que son puramente pictóricas.

Las constantes artísticas del mundo almodovariano se agudizan en esta película a los mismos niveles que en sus dos anteriores películas, prolongadas aquí en los modelos que luce Andrea Caracortada como presentadora de televisión. Porque si en las cintas anteriores los modelos de los grandes creadores Armani y Chanel son utilizados con una doble finalidad: colorista y social, en el caso de los modelos de Andrea son una creación artística para el propio desarrollo de la historia y una constatación de la personal visión artística del director, por lo que están llamados a formar parte de la historia de la indumentaria cinematográfica, como ocurrió con el caso de Audrey Hepburn en *My Fair Lady*.

Los demás resortes artísticos están en función de la continúa búsqueda que supone para el director el planteamiento de un nuevo film, sobre todo en el campo del interiorismo, donde hay una continuación colorista, pero también una intensa investigación espacial que resulta acorde con la propia historia y el espacio en que se mueven los personajes. De ahí los cuadrados y los círculos de esta cinta, que responden a la idea del voyeur, el campo social y el juego en forma de damero en que se mueven los personajes.

La narrativa en forma de comic con resortes teatrales es una de las características que han hecho de Almodóvar un director original que ha creado escuela en su forma de contar y visualizar un film.

Esta manera de narrar, saltando las propias leyes cinematográficas, le hacen acercarse a su propia visión personal del arte, creando una simbiosis perfecta entre su concepción artística y su concepción de narrativa cinematográfica, apareciendo ambas inseparables y confiriéndoles al cine del director un clima de libertad indiscutible.

Las escenas responden al ritmo narrativo de la película, cambiando éste a medida que la historia va adentrándose en un nuevo género. Así, intercalando géneros, Almodóvar ha creado sus tomas, escenas y planos en una dimensión novedosa, que no exenta de libertad lo acercan al mundo pictórico por su paralelismo, en un campo que descubrió la pintura contemporánea y que él ha llevado al cine.

SUS PROYECTOS

Almodóvar enfoca su carrera en tres puntos:

A) Como director de cine.
B) Como director de teatro.
C) Como productor.

Como director de cine

— Varios guiones propios. Uno de ellos sobre una chica que se opera todas las partes de su cuerpo; como protagonista ha probado a la modelo Cindy Crawford.

Otro sobre una chica que es violada, disfruta con ello y se niega, ante la extrañeza de su marido, a denunciarlo.

— Adaptaciones literarias. El director tiene comprados los derechos de *Live Flesh*, de Ruth Rendell; su intención es rodarla en Inglaterra y con actores ingleses. El otro sería una adaptación a largo plazo de un cuento de Paul Bowles, *El tiempo de la amistad*.

Sin embargo, su proyecto más inmediato fue el rodaje de *KiKa*, una producción propia que comenzó a rodarse a finales del mes de abril de 1993, y que finalizó a principios del mes de julio. Actualmente, Almodóvar escribe tres historias: una de ellas se rodará fuera de Madrid, otra en Francia, y parece ser que en francés, y la última, sobre su infancia en un colegio de sacerdotes católicos, tratará el tema del acoso sexual. El título (sin confirmar) de esta nueva película es *La flor de mi secreto*.

Como director de teatro

— Parece ser que Almodóvar, como otros realizadores (Gutiérrez Aragón, Bergman, etc.), tiene intención de dirigir teatro, concretamente una ópera.

Como productor

— Hasta este momento El Deseo sólo ha producido una película, *Acción mutante,* para Alex de la Iglesia, que ha obtenido un gran éxito, además de varios premios, siendo muy bien acogida tanto por el público como por la crítica especializada.

Su Editorial *Kantimplora,* que hasta ahora no ha editado un solo libro, es un proyecto que tiene entre manos el tándem Almodóvar. Señalando, además, la vuelta al mundo literario del director, que ha retomado de nuevo su personaje de *La Luna,* Paty Diphusa, en unas entregas que durante varias semanas han llenado las páginas del diario madrileño *El Mundo.*

Como actor

— En *Pret-à-porter,* de Robert Altman, en París.

Como escenógrafo

— Exposición de los muebles de sus películas en la tienda BD Ediciones de Diseño en Madrid.

Epílogo

Este análisis sobre la figura y la obra de Pedro Almodóvar que hemos llevado a cabo en este trabajo nos ha conducido por su minuciosidad a conocer el mundo de un cineasta que ha sido estudiado superficialmente y por ello mal comprendido.

El hecho de que sea el único realizador de la historia del cine español que ha conectado con un público internacional, que además estrena actualmente en todas las pantallas del mundo, acrecienta esta labor.

Si desde sus comienzos en el mundo del cine fue tachado de rudimentario, soez y perpendicular, ha conseguido, sin embargo, film tras film, instalarse en el Olimpo cinematográfico a fuerza de ser fiel a sí mismo y su obra, rehuyendo incluso de *remakes,* como han hecho otros directores como Berlanga, Summers o el cine americano.

Huyendo de la comercialidad, se ha impuesto un sistema de trabajo, con el que ha conseguido desarrollar una obra original y reconocible dentro del panorama del cine mundial. Cada una de sus cintas obedece a la anterior y a sus propias vivencias coyunturales y sociales, premisas de «genio» que hacen que personalidad y obra confluyan en una misma vertiente; su constatación como autor.

Abanderado de la modernidad, Almodóvar ha logrado a lo largo de su carrera aunar comercialidad y calidad, hecho avalado por el éxito desbordante de *Mujeres al borde de un ataque de nervios,* que lo situó en la antesala del Óscar, su nominación española al mismo premio por su film *Tacones lejanos.* Las semanas de cine y homenajes que se le dedican en todas las principales capitales del mundo, así como los ciclos televisivos que se proyectan en todas las televisiones internacionales, han despertado el interés del público por la obra del realizador.

Su labor constante, la elaboración de sus guiones y el desarrollo de su original arte-iconográfico, hace que su cine adquiera nuevos significados ante un público que se va diversificando. Desde la más pura modernidad, pasando por el culto gay y adoración de las feministas, su obra ha pasado a desarrollar y enriquecer su peculiar mundo creativo.

Tocando los más diversos temas y géneros, ha transgredido como investigador todas las normas impuestas por el academicismo, llegando a crear un clima totalmente nuevo en base a un mundo clásico, que lo han consagrado como paradigma y fuente indispensable de la modernidad.

Aclamado por el público (*Mujeres...* ha sido la película española más taquillera de nuestro cine, dentro y fuera de nuestras fronteras, situando además en lugares preferentes sus últimas películas, consiguiendo con *KiKa* trescientos millones de recaudación en sus primeros quince días de exhibición en España), incomprendido por cierto sector de la crítica, y envidiado por la cinematografía nacional, es hoy en día el único valor exportable del cine español en el

Estrenos y portada de *Cahiers*...

mundo, además de «puente» para la cinematografía nacional.

La creación y desarrollo de su propia productora le facilita su labor profesional, libre y personal, en el mismo ámbito, e incluso con más comodidad, en el que se sumergen Woody Allen en Estados Unidos o Peter Greenaway en Holanda.

Instalado en Madrid, Almodóvar ha conseguido desde aquí imponer su propia labor cinematográfica, inmerso en un universo que no admite imposiciones, espaciando sus apariciones en público y concentrado en su trabajo, desarrolla nuevos guiones, publica una recopilación de sus escritos bajo el título de *Patty Diphusa y otros textos,* que es traducido al francés y al inglés, estrena su primer film como productor, ejerce de Jurado en la edición de 1992 del Festival de Cannes, y consigue el César francés por su film *Tacones lejanos,* que había sido despreciado por la Academia de Cine Español en la ceremonia de la entrega de los premios Goya de 1992, a pesar de haber obtenido 15 nominaciones.

La incesante actividad del director, que aprovecha todos sus viajes para empaparse de arte, música, literatura y cine, hace que éste ruede una película durante el periodo de un año o dos.

Considerado por la prestigiosa revista *Cahiers du cinéma* uno de los directores imprescindibles para el 2001, Almodóvar supone, sin temor a ponderarlo, la total renovación del panorama cinematográfico mundial. Habiendo creado su propio estilo, heredado de la «movida», mezcla de arte de vanguardia, cinefilia y literatura, se ha situado en un punto de mira internacional, influyendo no sólo al cine español e internacional, sino también a la sociedad.

De forma que podemos hablar de un nuevo movimiento artístico, que sería el último ismo del siglo XX: el «almodovarismo».

El año 1995 comienza con la preparación de un guión entre dos títulos: *¿Existe alguna posibilidad, por pequeña que sea, de salvar lo nuestro?*, o el más corto *La flor de mi secreto*. Las dudas sobre la comercialidad de los dos decide a Pedro Almodóvar a inclinarse por el segundo, más fácil de traducir a otros idiomas y más en consonancia con la idea general del film. Se selecciona a los actores: Ana Belén, Juan Echanove, Imanol Arias, Chus Lampreave, Rossy de Palma, Manuela Vargas y, como novedad, Joaquín Cortés, un bailarín flamenco que se está abriendo un hueco en el mundo internacional de la danza.

Inmerso de lleno en su trabajo, el director ha dejado de ser *motu proprio* el personaje imprescindible de la bohemia y de las fiestas «modernas» de Madrid. Su fama internacional lo ha convertido en una persona más reservada y solidaria. Rodeado de los suyos, se inspira en un círculo más cercano y familiar, inclinado a hurgar en los sentimientos y las debilidades humanas. Es una introspección hacia un grupo social restringido que determinará un cambio en su vida y en su cine, incidiendo sobre todo en la temática, que se va a ir puliendo en el estudio de pocos personajes frente al cine coral que representaban antes sus películas. Sus personajes secundarios van perdiendo importancia en aras del protagonista o de los protagonistas del film, transpirando esa sentida soledad, incomprensión y vacío del mundo que nos rodea.

Sus personajes, ahora y en las actuales circunstancias de nuestra sociedad, viven solos, ya no son esos alegres y alocados de la década de los 80 que compartían piso, tristezas, parejas y estupefacientes. Sus personajes, como su cine, como él mismo, han madurado.

El cambio político que se ha producido en el país como consecuencia de las elecciones generales de 1996 dando la victoria a las «hordas» conservadoras del P.P., han llenado a España de un aire grisáceo lleno de contradicciones. A la vez que este giro se hace patente, la sociedad experimenta una dinámica que se dirime entre el núcleo familiar y la independencia. El ocio, los placeres, la noche y el boato social corren paralelos hacia una calidad de vida falsa, cuyo ídolo y bien más preciado es el dinero.

La sociedad mundial, despolitizada, busca elementos catalizadores en unas coordenadas económicas que se han dado en llamar «globalizadoras» porque así está ocurriendo en todos los lugares del mundo, unido ya vía Internet. Todas las manifestaciones humanas son devoradas a una velocidad vertiginosa, sean del tipo que sean: artísticas, deportivas, folclóricas, económicas o políticas. Todo se vende o se compra y una nueva picaresca viene tomando forma: no se limita a pequeños hurtos o escaramuzas a modo de Lázaros o de Rinconetes y Cortadillos, en esta sociedad mercantil-capitalista los robos, hurtos y engaños ascienden a millones, diríase que incluso miles de millones. La humanidad cae rendida al «poderoso Caballero Don Dinero» (véanse los casos Roldán, Mario Conde, Polanco, Vera, Barrionuevo, las huestes del P.P. de Canarias, etc.), del que no se ha salvado ni tan siquiera el Comité Olímpico Internacional.

En este contexto, el cine español despunta con una cantera de nuevos realizadores y caras nuevas que van a renovar la exigua industria nacional y van a abrir la frontera por primera vez en la historia del cine patrio a una eclosión que se vislumbra como la más inspirada de Europa, unas puertas que han sido abiertas precisamente por el director manchego, que ha hecho posible que el mundo del celuloide gire su mirada hacia el país de la piel de toro. Festivales y Semanas de cine patrio que se celebraban a lo largo y ancho del globo terráqueo, estrenos comerciales de películas españolas, algo impensable en nuestra raquítica industria cinematográfica, añadiendo además la ayuda que supone el pertenecer a la Unión Europea, un beneficio a largo plazo para nuestra industria, sobre todo en lo referente a su conocimiento y distribución.

El Ministerio de Cultura, en esos momentos en manos de Esperanza Aguirre (una iletrada compulsiva), sigue sin proteger económicamente al cine nacional, que no acaba de despegar como industria, con ayudas y subvenciones mínimas, en un país donde el auge del celuloide es un hecho incuestionable. Junto a la proliferación de creadores, las cadenas televisivas se están lanzando a la producción propia de series y de paso coproducen largos reservándose los derechos de antena, dotando al cine nacional de una bonanza desconocida hasta estos momentos, que unido al hartazgo de una población cuya voracidad videográfica ha ido disminuyendo con los años y al creciente interés de la juventud española (más preparada culturalmente) han ido multiplicando las salas de exhibición en todo el territorio nacional y han atraído un público ávido de verse reflejado en las pantallas.

Comienzan los ensayos de *La flor de mi secreto*. Es necesario decir que el realizador prueba y ensaya las escenas del guión original antes de comenzar el rodaje por espacio incluso de unas semanas. Un ensayo que perfecciona la labor actoral en todos sus campos y refuerza el contenido narrativo de la película (otros directores españoles siguen su ejemplo). Así pues, la puesta a punto de un rodaje de Almodóvar es un proceso lento que el realizador va perfeccionando poco a poco y que comprende varias fases bien definidas siguiendo las pautas de un estreno teatral; las pruebas, los ensayos y el rodaje propiamente dicho.

Problemas de comprensión provocan la salida de Ana Belén del proyecto y es sustituida por Marisa Paredes. Los periodistas sólo tienen acceso a uno de los primeros días del rodaje, a partir de aquí el secretismo será la clave de todos los rodajes del director, y cuando la película se monta y está lista se presenta a un pase restringido semanas antes de la fecha de su estreno comercial, con el fin (al modo de las superproducciones americanas) de que el realizador pulse la reacción del público.

La película se estrena en el Festival de San Sebastián y las críticas son favorables en el 90 por 100 de los casos. Periodistas de todo el mundo se asombran de la maestría de un director que se enfrenta a un reto dentro de su obra: el estudio intimista de sus personajes. A continuación, la película se estrena en todo el mundo y recibe la misma crítica que en nuestro país.

Almodóvar, sin embargo, sigue sin ser profeta en su tierra, no se le perdona su aceptación internacional, a pesar de que el cine español sigue abriéndose paso en el mercado nacional, europeo e internacional. Antonio Banderas es ya una rutilante estrella hollywoodiense, Carmen Maura, Penélope Cruz, Marisa Paredes, Miguel Bosé, Victoria Abril, Laura del Sol, Iciar Bollaín etc., ruedan ya en algunos países extranjeros (incluido Unión Soviética). *Secretos del corazón* del realizador Montxo Armendáriz es una de las candidatas a los Oscars como mejor película extranjera.

Marisa Paredes obtiene varios premios por su trabajo con el realizador, que por primera vez se embarca en la adaptación de una novela ajena de la que ya hacía tiempo había adquirido sus derechos, *Live Flesh* de la inglesa Ruth Rendell, y además (como ocurrió con *Matador)* cuenta con la colaboración en el guión de Ray Loriga (quien estrena su primer largometraje) y con Jorge Guerricaechevarría, guionista habitual de Alex de la Iglesia.

Dos títulos se barajan de nuevo, *Carne de cañón* o *Carne trémula* (traducción literal de la novela original), prevaleciendo el segundo sobre el primero. En esta ocasión, los actores seleccionados son: Jorge Sanz, Javier Bardem, Francesca Neri, Ángela Molina, Pepe Sancho, Penélope Cruz y Pilar Bardem. También en esta película se produce una sustitución, Liberto Rabal por Jorge Sanz. La película donde se homenajea a Luis Buñuel a través de su film *Ensayo de un crimen* va más allá de la simple admiración con la incorporación de Liberto (nieto del actor Paco Rabal, que ya había trabajado con el realizador en *Átame,* actor favorito de don Luis) y Ángela (una de las últimas actrices de la obra del realizador aragonés).

El proceso es idéntico al de su anterior film y se estrena comercialmente en Madrid en octubre de 1997.

Su estreno supone una rendición de la crítica en el 100 por 100 de los casos, incluso sus más acérrimos detractores la califican de obra mayor, en el extranjero sigue la misma tónica y la revista francesa *Cahiers du cinéma* la califica de obra imprescindible de la historia del cine europeo[1], bate

---

[1] Serge Toubiana, «En chair et en os», *Cahiers du cinéma*, número 518, noviembre, París, 1997, pág. 29.

récords de taquilla no sólo en España, donde las películas desbancan ya a las majors, sino también en el extranjero. Pepe Sancho consigue el Goya al mejor actor secundario, los franceses asocian su nombre en el film (Sancho) al vocablo *sang-chaud* («sangre caliente»). La película es nominada al Óscar europeo junto con Javier Bardem como actor. Francesca Neri, por su parte, obtiene el Oscar italiano.

El director no descansa, y lanza al mercado el guión no velado de la cinta, una recopilación de las mejores canciones de sus películas y además algunas de las que interpretó a dúo con el inefable Fabio MacNamara en sus comienzos, y prepara el guión de la que será su próxima entrega.

El cine nacional sigue imparable, pero la industria continúa estancada por la falta de apoyo financiero y promocional. Cada vez surgen más directores noveles, así como actores y actrices, muchos de ellos procedentes del corto, una especialidad nada comercial pero que varias cadenas de televisión como Canal+, la 2 o Canal Sur fomentan; y por primera vez en la historia del cine español, un corto, dirigido por Juan Carlos Fresnadillo, obtiene un Oscar, y el director es fichado por la productora americana Miramax para la realización de tres películas.

La buena estrella de Ricardo Franco bate récords no sólo de taquilla, sino también de premios, una historia imposible sin la existencia en nuestro cine de Pedro Almodóvar. Alex de la Iglesia estrena *Perdita Durango;* es rodada con grandes medios entre México y Estados Unidos, y su promoción sigue las pautas marcadas por el director manchego, al igual que Santiago Segura con el estreno de su primera cinta, *Torrente, el brazo tonto de la ley,* una ácida crítica contra el machismo y la agresividad imperantes que termina por batir récords de taquilla en la historia del cine español, no precisamente por su calidad, que la tiene, sino por convertirse en bandera de aquello a que precisamente critica, ejerciendo de boomerang de sí misma. Alejandro Amenábar se convierte con el estreno de su segundo film, *Abre los ojos,* en el director más interesante del panorama cinematográfico español después de Almodóvar, incluso algunos críticos nacionales hablan ya de una inexistente e irreal factoría

Amenábar; éste logra vender la película en el festival de Sundance y los derechos son adquiridos por Tom Cruise, quien pretende no sólo hacer un remate, sino incluso interpretar un pequeño papel en su película *Los otros,* en fase de preparación. En el mismo festival despuntan Julio Médem y Javier Fesser con *Los amantes del círculo polar* y *El milagro de P. Tinto,* respectivamente.

A su vez, Almodóvar produce a dos nuevos valores: Daniel Calparsoro en *Pasajes* y Mónica Laguna en *Tengo una casa.* Casi todos los directores españoles noveles vuelven a dirigir un segundo largo y surge una pléyade de realizadores.

En palabras de Alex de la Iglesia: «La españolada es historia... Almodóvar vació un bote de alcohol sobre la herida y la limpió profundamente. Ahora hay que convencer a la gente de que una película española puede ser divertida, terrorífica, excitante, inteligente, frenética, encantadora, inquietante, apasionante»[2]. Y añade Jorge Berlanga: «Algo de lo que han tomado nota los nuevos cineastas, para lanzar a lo grande sus obras, convertir los estrenos en multitudinarios *happenings,* buscar la omnipresencia en los medios de comunicación... se podrá decir o criticar lo que se quiera, pero la fiebre millonaria de la actual industria cinematográfica tiene una deuda fundamental con Almodóvar»[3].

Entre 1996 y 1998, 38 directores españoles hacen su debut; unidos a los 50 nuevos que ya existían, componen un renovado panorama del cine hispano. Aunque también cabe destacar que muchos realizadores no han visto estrenada su *opera prima,* el número aumenta cada año, y conforman una incipiente industria que requiere mucha más atención que la que le prodigan las instituciones.

Esperanza Aguirre es sustituida en el Ministerio por Mariano Rajoy, pero hasta ahora no se ha producido nada reseñable en cuanto a un avance institucional de la industria cinematográfica, a pesar de que incluso dos películas españolas compitiesen al Oscar a la mejor película extranjera:

---

[2] Carlos F. Heredero, «Cine español, nueva generación», *Dirigido,* núm. 278, abril, Barcelona, 1999, págs. 56 y 57.

[3] Jorge Berlanga, *La Razón,* domingo 21 de marzo, Madrid, 1999.

El abuelo de José Luis Garci y *Tango* de Carlos Saura, en coproducción con Argentina, además de contar en la ceremonia con un ballet en el que participó Joaquín Cortés, y que Marisa Paredes forma parte del casting de la oscarizada *La vida es bella* de Roberto Benigni.

El éxito del cine hispano no se detiene aquí, *Solas,* película desconocida de un director novel andaluz, Benito Zambrano, obtiene dos premios del público en el Festival de Berlín de 1999.

En este contexto de auge cinematográfico, Almodóvar estrena su hasta ahora última película, *Todo sobre mi madre,* un guión personal protagonizado por un elenco habitual aunque con algunas innovaciones, y marcada por el tono intimista de sus últimas producciones: Cecilia Roth, Marisa Paredes, Candela Peña, Penélope Cruz, Rosa Maria Sardá y la casi novel Antonia San Juan, y junto a ellas: Eloy Azorín, Fernando Fernán-Gómez, Fernando Guillén, Toni Cantó y Carlos Lozano completan el reparto. Por primera vez, el director rueda fuera de Madrid y marcha a Barcelona, como Woody Allen hace lo propio rodando en Venecia. Su génesis y finalización sigue el mismo proceso que las anteriores y se estrena comercialmente el 16 de abril en toda España con un éxito unánime de crítica y público, obteniendo más de 150 millones de recaudación en sus primeros tres días de proyección.

En el Festival de Cine Hispano de Miami, el cine español consigue el primer premio con la película *Mararia,* además del premio a Santiago Ramos como mejor actor. Alex de la Iglesia estrena *Muertos de risa* y lanza el libro de la película y el making off.

Almodóvar es ya, sin ningún género de dudas, el director más importante y emblemático del cine patrio, motor de su evolución y desarrollo y punto de mira de la cinematografía nacional e internacional.

Su presencia es requerida en los festivales más importantes del mundo, pero sólo se decide por él de Cannes, donde participa a concurso en su edición de 1999 (sin duda el hecho de que su película sea producida por los franceses ha sido determinante).

Su productora se encuentra sumergida en la posibilidad de llevar a cabo dos proyectos, uno con Agustí Villaronga, *El mar,* y el otro con Guillermo del Toro, aunque aún no hay nada confirmado.

El director, incansable, prepara sus próximos proyectos, un guión terminado, *El chico del periódico,* según la novela de Peter Dexter, que parece ser que rodaría en Estados Unidos, y una comedia de amas de casa con una atmósfera semejante a la de *¿Qué he hecho YO...,* quizás su próximo film.

T.V.E., con su director general Pío Cabanillas al frente, llega a un acuerdo con la F.A.P.A.E. y ofrece una ayuda de 9.000 millones de pesetas al cine español para repartirse entre producciones y coproducciones y en un período de tres años. El fondo europeo de cooperación cinematográfica ha acordado subvencionar tres coproducciones españolas y Lauren proyecta la construcción de varios multicines en Barcelona.

La Generalitat de Catalunya pretende doblar todas las películas al catalán, produciéndose un fuerte enfrentamiento entre los productores y el gobierno de Jordi Pujol, por lo que la ley queda en suspenso.

En el año de la muerte de Kubrick, un cineasta tan independiente como el director manchego, el cine español corona su lanzamiento en Cannes. Iciar Bollaín con su segundo largometraje, *Flores de otro mundo,* y un novel, Roberto Santiago, con su corto *Ruleta,* acompañan a Almodóvar. Los tres obtienen un resonante éxito. Bollaín gana el Premio Internacional de la Crítica, y Pedro Almodóvar, el premio al mejor director de esta 52 Edición del Festival, además del Premio Ecuménico. Una edición que ha presentado los mejores trabajos de los directores más modernos del panorama cinematográfico internacional (Egoyan, Lynch, Jarmusch, Greenaway, además de Kitano, Ripstein y Oliveira) y que haciendo gala de su merecida fama chauvinista ha otorgado sus principales premios a franceses, exceptuando a Almodóvar y a Manuel de Oliveira, cuando tanto el director español como Lynch y Egoyan se encontraban entre los favoritos no sólo del público (Almodóvar ha sido el más aplaudido de todo el Festival), sino también de la crítica internacional que cubría el evento.

Después de esta prueba de fuego, el realizador manchego con su espléndido film *Todo sobre mi madre* se perfila como el favorito del año y esperamos que consiga por fin los premios Goya y que como ocurrió con *Mujeres...* llegue a la antesala de los Oscars.

LA CONSTATACIÓN DE UN MOVIMIENTO: EL ALMODOVARISMO. ALMODÓVAR, PARADIGMA DE LA GENIALIDAD ESPAÑOLA

En sus tres últimas entregas, el realizador ha ido refundiendo y renovando su labor cinematográfica en un campo estrictamente individual, una labor que le ha llevado a reafirmar su propio universo fílmico.

El hecho de que disponga de su productora y de que a su vez sea coproducido por compañías francesas, le ofrece una libertad asegurada para llevar a cabo sus proyectos más personales y ambiciosos, y aunque no es un asunto novedoso, como ya constatábamos en la primera edición de esta obra, supone la continuidad de su obra creadora, algo indispensable para un autor (ahora tan de «moda») que, según sus palabras, «no quiero perder ni la libertad ni la independencia»[4], tesitura en la que se encuentran Woody Allen en Estados Unidos o Peter Greenaway en Europa.

Resuelto el problema en el caso que nos ocupa, el realizador continúa la exposición de su personal discurso cinematográfico que abarca tres ámbitos fundamentales: la narrativa, la estética y la transposición al celuloide de nuestra sociedad. Unidos han desembocado en la elaboración de su propia teoría cinematográfica.

Si ya estudiamos antes las constantes de su obra, ahora sólo nos queda certificar la validez de un cine que todavía en el año 2000 sigue vigente como paradigma de una manifestación artística original, inimitable, pero imitada, con una capacidad innegable para yuxtaponer todas las artes en una sola, una expresión de la libertad individual como parte integrante indivisible y generadora del arte, además de expo-

---

[4] Pedro Almodóvar en «Cine Español», TVE-2, 1999.

sición de los problemas del hombre contemporáneo, con los que la sociedad se identifica y que el artista, en su intensa actividad observadora, tiene la capacidad de retratar, llegando a una perfecta comunión entre obra y público.

Almodóvar se convierte en la quintaesencia del arte, en tanto en cuanto que como creador, vive por y en función de su propia obra fílmica. Vida y obra presuponen una conjunción continuista de la que ambas se alimentan, resultando una unión de justo equilibrio, de manera que no se puede entender una independientemente de la otra.

El cineasta respira, vive y crea en función de su proyección artística. El mundo que le rodea en su cotidianidad es su inspiración. Los personajes, objetos y situaciones son en sí mismos manifestaciones de su propia personalidad individual y, por lo tanto, social y artística. Este vivir por y para el arte es una característica común a todos aquellos seres cuyo *modus vivendi* corre paralelo a su creatividad (sustantivo cuya utilización abusiva ha perdido su significado real).

Sus viajes promocionales, el ocio y su quehacer diario son utilizados por el realizador como abono para sus próximos frutos, de todos ellos se alimenta y la vez los fagocita y transgrede en pos de su universo.

Este proceso es una constante entre los grandes creadores, y en nuestro caso, la más acusada, puesto que no en vano, el genio es el resultado de una sabia mezcla entre inspiración y trabajo, una dilatada y ardua labor que, como podemos observar en la historia, es un camino seguido por los grandes personajes que han cambiado el rumbo del arte.

Si nos centramos en nuestro país y hacemos un breve repaso, podríamos citar a varios de ellos, y, en el mundo moderno y contemporáneo, dos figuras que apoyan nuestra teoría vendrían a colación: Buñuel y Picasso, incluso diríamos más el malagueño que el aragonés representa un mundo paralelo al de nuestro realizador manchego.

La original, innovadora, vasta y perfecta obra del pintor sólo tiene parangón con la del manchego. Dos campos divergentes pero no excluyentes de la investigación artística. Aunque en el primer caso sólo se necesiten una serie de materiales al alcance de cualquiera, en el segundo tendríamos dos planos superpuestos, el guión (labor individual) y la puesta en práctica de esta base literaria inmersa en una complicada labor de colaboradores dentro de un vasto proceso industrial y que en el plano real sigue ejecutándose bajo la dirección de su creador, que asume los resultados en su conjunto. Añadiendo además que el factor tiempo entre un proceso pictórico y otro fílmico es mucho más dilatado en el segundo que en el primero, nos daría las claves y las pautas para comprender a los dos autores dentro de sus coordenadas vitales, sociales, artísticas e históricas en su conjunto.

Si Picasso presupone el nacimiento de un movimiento artístico, cuyos precursores ya existían, Almodóvar, por su lado, presupone el nacimiento de un movimiento que por sus postulados únicos en la historia sólo alcanzamos a llamarlo ALMODOVARISMO, puesto que camina de una forma individual y no se adscribe a ningún otro movimiento coetáneo, y claro está, también tiene sus precursores.

En ambos casos, su desarrollo determinó la vigencia de los dos. En el cubismo vivimos varias etapas que concluyeron en su aceptación como clásico y en el almodovarismo estamos ya en el último eslabón de su reconocimiento.

Los dos estilos resultan, sin duda, originales, influyentes e imitables. En el primero, las circunstancias sociales e históricas en que se desarrolló (Francia) lo hicieron artísticamente aceptable. En el almodovarismo, al ser distintas sus circunstancias, resulta mucho más lenta su labor de aceptación y aunque fuera del país sus valores sean ejemplificados, en España, lugar donde se genera el movimiento, sus valores no son aceptados como tales y aunque sus resultados sean concluyentes, el director debe pasar un examen película tras película para superar las trabas y exigencias que a los demás se les perdonan. Pero no por ello el cineasta ha dejado de cultivar y enriquecer las etapas de su labor inherente a su propio proceso creativo.

Las etapas cubistas aceptadas como legítimas tienen el mismo carácter que las del movimiento que nos ocupa, pero al ser el almodovarismo un movimiento reciente y de gran magnitud, sus etapas se traducen en lo que se ha dado en llamar «una pérdida de frescura», y si en Picasso siguen vigentes, en Almodóvar vienen a llenar un hueco que nadie ocupaba desde la corta historia del cine.

El almodovarismo, que es una mirada al mundo del arte moderno y contemporáneo, no podía obviar una mirada posmodernista al movimiento cubista y le rinde su homenaje en *Pepi, Luci, Bom...* a *Las señoritas de Aviñón*, y resulta curioso que una de sus actrices más emblemáticas, Rossy de Palma, sea conocida como la chica del rostro picassiano. Si Picasso no hubiera sido nada sin las pinturas de Cezánne y aquellas del África negra, Almodóvar no sería igualmente nada sin la existencia del cine *pop* americano (Pekas, Warhol...) o Douglas Sirk.

Podríamos seguir más caminos paralelos y todos nos llevarían indefectiblemente a la elaboración de un manifiesto artístico asociado a una serie de elementos divergentes que mezclados originan su propia esencia, y con un grupo de discípulos que dividimos en dos: los confesos y los ocultos. Llamémosle confeso a aquel artista que sostiene su influencia y oculto a aquel que se inspira, pero que prefiere, aunque resulte obvio, ignorarlo. Ambos, sin premeditarlo, han sido los motores del desarrollo de este estilo.

Un movimiento que reúne en sí mismo una rica gama de matices que vienen dados por el mismo tinte polifacético de su creador:

— Es colorista. Tanto por rica gama cromática, como por la variedad de personajes y situaciones que recrea.

— Es transgresor. En tanto en cuanto es una crítica social nada complaciente.

— Es literario. En sus citas, en sus diálogos coloquiales y en su narrativa.

— Es contemporáneo. Porque sólo se impregna del «hic» y el «nunca», abominando de un pasado histórico vergonzante.

— Es innovador. Por ello, es una representación artística de todos los ismos del siglo XX, que constatan la huida del academicismo del autor.

— Es cinéfilo y teatral. Sus citas a ambas artes resultan especialmente testimoniales y popistas.

— Es pasional. La mayoría de sus personajes viven al límite de sus emociones.

— Es libre. Tanto en su concepción como en su desarrollo, puesto que no respeta las leyes del cine ni las de las artes de las que se nutre.

— Es proletario y antiburgués. Puesto que su mentor lo es.

— Es urbano. Su escenario es Madrid.

— Es musical. Ya que su utilización es fundamental en la proyección de su obra.

— Es barroco. Por su abigarrada escenografía y decoración, así como por su gusto por los personajes marginales.

— Es hiperreal. Puesto que nada ni nadie es fruto de la invención.

— Es feminista. La problemática de la mujer es su leitmotiv.

— Es universal. Porque sus postulados los son.

— Es Arte total. Porque se alimenta de todas las artes y las fagocita dándoles una dimensión individual.

En sí mismo es un testimonio de la sociedad contemporánea, como prototipo de un mundo laico, pluricultural y diversificador. Un rompimiento brusco entre dos conceptos: lo tradicional y lo moderno, o como se ha dado en llamar, una ruptura entre el academicismo y la modernidad.

Un suceso que se ha ido alternando a lo largo de la historia de la humanidad en épocas de vaivenes conceptuales y artísticos. Por ello, no queremos pasar por alto al referirnos a este punto la obra de Fernando de Rojas *La Celestina* (que precisamente cumple 500 años), puesto que guarda muchos puntos en común con el corpus almodovariano en su conjunto.

En este paralelismo es donde radica precisamente la magnitud y la importancia de la obra de Almodóvar, encontrándose inmerso en un proceso histórico de transición, que al igual que *La Celestina* sirvió de puente entre dos conceptos antagónicos del mundo; uno, arcaico, tradicional y agónico (el medievo), y otro, nuevo, abierto a las nuevas teorías, liberador y moderno, que cambió el curso de la historia (el renacimiento).

Un devenir que en el realizador cinematográfico es una herencia de un mundo arcaico, castrante y represor (el franquismo, con una clara alusión en la declaración del estado de excepción por Fraga Iribarne en *Carne trémula* o a Videla en *Todo sobre mi madre*) y el advenimiento de uno nuevo, libre, testigo de los cambios de Europa del Este y globalizado (la democracia, cuya alusión queda patente al final de *Carne trémula* en los labios de Víctor: «por suerte para ti, hijo mío, hace muchos años que en España hemos perdido el miedo»).

Si la obra de Rojas es un binomio cultural, la de Almodóvar sigue la misma corriente, religiosidad-cultura-burguesía y ateísmo-incultura-proletariado. Los mismos personajes que rodean a la trotaconventos y a los padres de Calisto y Melibea, tienen su paralelismo en la obra de Almodóvar. Y si el amor entre ambos amantes alberga un concepto revolucionario y moderno, el amor erótico, en el director manchego es una de sus constantes más acusadas, y a la vez, el amor-pasión es el tema central. En el primero, es la causa de la desgracia y la muerte; en el segundo, es un amor con las mismas características, aunque con un concepto más amplio: heterosexual, homosexual o transexual. El espanto de los progenitores de Melibea ante su descubrimiento reviste igual carácter que el de la madre de la Hermana Rosa ante el conocimiento de la paternidad de su nieto en *Todo sobre mi madre*.

Los otros personajes, libres, sin ataduras, poseedores de un lenguaje literario mal llamado «soez», que pertenecen a un bajo estrato social, son los representantes de un mundo que aparece para desestabilizar el concepto burgués de la vida cotidiana, son también en Almodóvar la representación de ese mismo mundo, siglos más tarde pero con las mismas coordenadas vitales.

Celestina, trotaconventos, putas, criados, pícaros, asesinos, embusteros, etc., son personajes de la obra de Rojas presentes en el director manchego, que además añade sincrónicamente las últimas adquisiciones marginales.

¿No es *La Celestina* una tragicomedia? ¿Y qué es en germen la obra de Pedro Almodóvar sino una tragicomedia ya dentro del tercer milenio?

Uno y otro, cada uno en su tiempo, abrieron un camino al mundo del arte en toda su amplitud, y es el caso de Almodóvar un claro exponente de la continuación de la genialidad española en nuestro tiempo presente. Hasta estos instantes, el último atisbo de genialidad en un mundo lleno de mimetismos y mediocridades. La obra del manchego no se detiene, continúa personal e independiente, enraizada en la cultura española más auténtica, causa por la que está dando sus frutos.

SUS ÚLTIMOS FILMS: «LA FLOR DE MI SECRETO», «CARNE TRÉMULA» Y «TODO SOBRE MI MADRE»

Los tres últimos títulos del realizador suponen el inicio de una nueva etapa en su carrera. Un giro que viene marcado por una mirada a las profundidades de sus personajes y a una concreción temática-fílmica que ejerce un efecto unidireccional sobre la acción. La aglomeración deja paso a una visión más intimista y psicológica-emotiva, que por sus características ejerce una concentración sobre unos personajes que necesitan de su propio espacio-tiempo para expresar y contar sus historias.

Ahora son seres en constante sufrimiento, soledad y angustia. Ya no son aquellas alocadas chicas de los 80 que acababan de descubrir la libertad y sólo follaban, bebían y se drogaban, por el contrario han llegado a la mayoría de edad, la del realizador, una madurez que acompaña a su existencia y queda proyectada en su obra.

Los personajes se amortiguan y van desapareciendo en pos del conocimiento de uno de ellos, el protagonista de la historia, y los demás ejercen de complemento o contrapunto del personaje central, que aparece en casi todas las escenas y es el eje de la acción.

Envueltos todos ellos en un mundo literario que se desvela, de nuevo y de forma fehaciente, como en la gran frustración del director. La protagonista de *La flor...*, Leo, es una escritora de novela rosa; *Carne trémula* es una versión libre de una novela inglesa, al estilo de las adaptaciones de

Luis Buñuel (no en vano el director le rinde un homenaje a través de *Ensayo de un crimen),* y *Todo sobre mi madre* es una reflexión sobre la literatura dramática y el universo teatral.

La flor de mi secreto

Después de la incomprensión que supuso *KiKa* en el panorama cinematográfico, Almodóvar se entrega sin desmayo a su nuevo proyecto. La película hunde sus raíces en la literatura, pues la protagonista es una escritora de novela rosa al estilo de Barbara Cartland, Corín Tellado o Delia Fiallo, reina de los culebrones sudamericanos y con la que el director tiene diversos contactos.

De paso, es un homenaje a la literatura escrita por mujeres, que de una forma u otra se citan en la película, aclarando que las citas en el cine tienen la misma validez que las citas literarias.

Sus referencias cinéfilas están cerca de Bergman, Kieslowsky y John Cassavettes, por el estudio intimista y el propio carácter de los personajes, incluso el director pasaba continuamente a Marisa Paredes la interpretación de Gena Rowlands en *Opening night.*

La génesis de la película la cuenta así el mismo realizador: «lo que hoy es *La flor de mi secreto* formaba parte de una trilogía, tres historias que no tenían que ver entre sí pero cuyo leitmotiv era la idea de una visita como desencadenante de la acción, la llegada de un personaje que revoluciona su entorno. Cada visita tenía un formato de una media hora. La primera era la de un transexual a su colegio al cabo de los años; había sido educado por los curas desde niño para ser mujer, y él los visita para hacerles chantaje. Lo que pasa es que acaban matándole. Es una historia muy anticlerical, una especie de *Adiós a mi concubina* salesiana.

»Otra visita era la de un vampiro a un convento de monjes trapenses de clausura, que viven en continuo reto con su naturaleza mundana (esta historia se convirtió en un pequeño relato de verano que publicó *El País Semanal*[5]. Este vampiro al que ya no le divierte ir por ahí mordiendo pescuezos después de tantos siglos de hacerlo, descubre que hay un Cristo que sangra por todas sus llagas. Y lo que quiere es retirarse y disfrutar de esa ración de sangre diaria... Aquí mezclo el mito vampírico con el misticismo, a través de la comunión de la sangre de Cristo.

»Para la tercera visita acudí a un terreno que me es mucho más familiar, el del abandono. Así que, el germen, el punto de partida está en el episodio de la visita crucial del marido (Imanol Arias) a Leo (Marisa Paredes). Luego empecé a desarrollarlo y acabo fagocitando todo el proyecto. Quizá algún día desarrolle las otras historias...

»Yo quería contar una historia sobre el dolor, la épica del dolor. Épica en el sentido de que es sobre el Dolor con mayúsculas, sobre un gran dolor, pero no quería expresarlo con grandes términos, sino a través de hechos cotidianos, a base de pequeñas cosas. Como al principio: para demostrar que Leo está sola y se está volviendo loca, quería darlo a entender mediante algo tan simple como que le aprietan unos zapatos y no tiene en ese momento quién se los quite. Algo casi ridículo, patético, que cualquier otra persona menos mimada, menos frágil, superaría. Pero ella, no.

»Me interesaba también comenzar con una metáfora que resumiera de forma muy directa el tema del que se va a hablar, pero a la vez, un poco como en *La ley del deseo,* que arrancase también la película de modo misterioso y oblicuo, una extraña ficción dentro de la ficción. El cursillo que Betty (Carmen Elías) imparte a los médicos para enseñarles a comunicar la muerte cerebral de un ser querido a sus allegados (más tarde el comienzo de *Todo sobre mi madre)* cumple esa función. El espectador entra en la película desconcertado, pero pronto ve que se trata de un correlato de la situación que vive Leo. La muerte cerebral es muy difícil de explicar porque el cadáver, oxigenado por máquinas, da

----

[5] Pedro Almodóvar, «La ceremonia del espejo», en «Relatos de verano», *El País Semanal,* núm. 1.139, domingo 26 de julio, Madrid, 1998, págs. 74-80.

la impresión de que aún esté vivo. De igual modo, el amor de Leo ha muerto, pero a ella le da la impresión de que aún sigue vivo. Y por otro lado, el dolor que provoca una separación, o el abandono, es equivalente al de la muerte física de la persona amada. Una de las actrices, que había pasado por un trance parecido, sentía de pronto dolores tan fuertes que se tenía que acostar.

»En esta película, el planteamiento tanto argumental, como formal y visual, tanto interno como externo, es exactamente contrario al de *KiKa*. *KiKa* va en múltiples direcciones y ésta es lineal, lo que no quiere decir menos compleja; sólo que una vez que cojo a un personaje, ya lo sigo hasta el final. No es una película coral (aunque haya muchos personajes importantísimos) porque el hilo narrativo es Leo. Todo se articula en torno a ella. Mis películas de más éxito son ésas en las que sigo a un personaje y no lo abandono. Tengo mucha tendencia a la dispersión...

»A pesar del sufrimiento, mi visión del mundo aquí es más positiva, más humana, más grata y más cálida que con respecto a *KiKa*. Incluso aparece por primera vez en mi cine un personaje masculino tan positivo como el de Echanove...

»Es delicado decir "Leo soy yo" (es curioso constatar cómo en su estreno en Francia un periodista de una revista de cine, *Prémiere,* le preguntaba: "¿Madame Bovary es Flaubert?") porque no lo soy; sin embargo, toda la película me retrata de un modo muy fiel y muy contundente... Siempre me desnudo en las películas, aunque de modo velado... Nunca había hablado de un modo tan directo de mis orígenes. Yo empecé a leer y a escribir del modo en que lo hace Leo. Todo es una traslación directa de mi infancia y de cómo mi madre y yo corríamos de corral en corral escribiéndole y leyéndole las cartas a las vecinas de un barrio de analfabetos donde empezamos a vivir después de La Mancha. Como Leo, también tengo una relación directa, de interlocutor, con los libros; les robo palabras, frases, los corrijo, los lleno de apuntes, los hago míos. De hecho, los libros que salen son míos con apuntes míos (presente en el personaje de Eloy Azorín en *Todo sobre...,* cuando habla con su madre de la posibilidad de ser escritor).

»Las secuencias con Chus y Rossy, hasta cierto punto, sirven de contrapunto y desahogo del drama. Lo que pasa es que están contagiadas por el dramatismo del conjunto. Aunque, sin duda, lo que les ocurre a ellas es divertido... Divertido y terrible. Esa madre viuda y su hija que se pelean continuamente es una parte de la familia española que conozco muy bien y me impresiona mucho. Viven en una continua batalla que termina convirtiéndose en lo que da sentido a sus vidas. Cuando fuimos a ensayar estaban presentes mi madre y mi hermana, verdadero origen de los personajes; y, era muy curioso comprobar que, no sólo no se extrañaban lo más mínimo de la ferocidad de las peleas, sino al contrario: ampliaban, ayudaban y daban ideas. La vida y su reflejo eran iguales...

»La película debería estar dedicada a mi madre (le dedica *Todo sobre mi madre*) porque, básicamente, habla de ella, y del mejor modo en que puede hablar un hijo. Es una película llena de amor hacia la maternidad, aunque no retrato una madre abnegada (véase el personaje de Penélope Cruz en *Carne trémula* o a Cecilia Roth en *Todo sobre...*), sino agresiva, gritona, machacona...

»Hacer cine no es un buen modo de huir de la soledad. Lo que sí es cierto es que escribir y dedicarte a un trabajo tan obsesivo como éste le da sentido a tu vida, y sobre todo, te proporciona el pretexto para huir de tus auténticos problemas. Los aparcas y el cine se convierte en tu propia vida...»[6].

«En *La flor de mi secreto* Leo (Marisa Paredes) es a la vez Amanda Gris, el seudónimo que encubre a la exitosa novelista rosa. Pero Leo es un ser humano vaciado de amor que espera obsesivamente el regreso de su marido, Imanol Arias, empleado lejos de ella en Bruselas o los Balcanes. Leo en su camino hacia la locura de una Frida Kahlo o la soledad neurótica de Dorothy Parker, asume a petición de Ángel (Juan Echanove) otra personalidad literaria, Paz, que

   [6] Daniel Monzón, *Nuevo Fotogramas,* núm. 1.823, septiembre, Barcelona, 1995, págs. 70 y 72.

escribe ensayos sobre la literatura femenina en un periódico»[7].

«Una pareja de médicos trata de hacerle entender a una
madre angustiada que su hijo ha muerto en un accidente de
moto, y que no lo parece (su pecho se mueve como si res-
pirara) porque sus órganos están siendo oxigenados por máquinas. Pero su hijo está muerto. No es fácil explicar la
muerte cerebral, especialmente cuando la madre está dispuesta a aferrarse a cualquier esperanza por absurda que
sea. Al final de esta desconcertante secuencia se desvela que la
situación no es real, se trata de un ensayo, una dramatiza-
ción, la representación de un caso típico al que se enfrentan diariamente los mismos médicos que hacen de actores.
Esta representación forma parte de un seminario organizado
por el Plan Nacional para la Donación de Órganos, para en-
señarle a los médicos el modo más humano y más claro de
comunicar la trágica noticia de la muerte súbita al familiar
de la víctima.

»Después le pedirán la donación de alguno de sus órganos y para ello es necesario que el familiar haya entendido
y aceptado la muerte del ser querido. Estos cursillos los dirige Betty, una reputada sicóloga.

»En el descanso para comer, Betty recibe la inesperada
visita de su amiga Leo Macías. A Betty le sorprende (y mo-
lesta) la irrupción de su amiga. Cuando Leo le explica la razón ("He venido a que me ayudes a quitarme los botines.
Me aprietan y yo sola no podía"), la sorpresa de Betty se
convierte en estupor.

»"He llamado a mi asistenta, pero no la he encontrado
—dice Leo, próxima al llanto—, hoy es su día libre... y no
sabía a quién acudir. No estoy loca, Betty, estoy sola."

»Antes de que se Leo se derrumbe, Betty la ayuda a quitarse los botines y a ponerse unos más holgados. Leo le co-
menta que los botines se los regaló Paco, su marido. La primera noche tuvo que quitárselos él, porque también le
apretaban, y ella sola no podía.

---

[7] Eduardo Torres-Dulce, *El Semanal,* septiembre, Madrid, 1995,
págs. 26 y 27.

»Pero Paco no está. Ésta es la razón por la que Leo puede desmoronarse simplemente porque le aprieten unos botines. Su marido se halla en Bruselas. Los meses anteriores a su partida, la pareja vivía una de sus mayores crisis. Paco es militar, un estratega profesional, que participa en una Misión de Paz para Bosnia. Pertenece a las fuerzas internacionales de la OTAN, y solicitó voluntariamente este destino.

»La primera secuencia de la película, la ficción que interpretan los médicos y una madre (la que hace de madre es una enfermera del equipo de Betty) que se niega a entender la muerte de su hijo, supone una metáfora muy precisa del momento que atraviesa Leo. El amor de Paco ha muerto, pero ella lo defiende ciegamente y se agarra a cualquier esperanza, por absurda que sea. Nadie le explica la evidencia de un modo adecuado, ni su marido, ni su amiga Betty, especialista en dar malas noticias, que además de sicóloga es la amante secreta de Paco.

»En una carpeta llena de recortes, que Leo tiene en su mesa escritorio, sobresale uno con la noticia de la muerte de Kurt Cobain. El titular destaca una frase dicha en la última entrevista del músico: "Sufro más de la cuenta", dicen que dijo.

»También Leo sufre más de la cuenta. Junto a la carpeta hay siempre un vaso largo de whisky. Y es que Leo bebe más de la cuenta.

»El aplazamiento de la solución a sus problemas matrimoniales (podría decirse que Paco se fue a Bruselas dejándola con la palabra en la boca) provoca en Leo una fragilidad y una incertidumbre que invade todos los aspectos de su vida. Empezando por el trabajo. Leo se siente tan débil que es incapaz de mentir. Aunque sea un secreto, sólo conocido por su marido, su amiga íntima Betty y su editora, Leo Macías es una escritora de novela rosa que se oculta tras el seudónimo de Amanda Gris, una de las reinas del género sentimental. Obligada por contrato (millonario) a entregar tres novelas al año, Leo lleva meses incumpliéndolo. En vez de novela rosa le sale negra, según ella misma confiesa. Para llenar este vacío, la Editorial Fascinación, que publica las obras de Amanda Gris, edita su primera Antología y amenaza a la escritora con demandarla y airear su identidad, hasta ese momento cuidadosamente velada.

»Leo se pasa los días recortando noticias de los periódicos, leyendo compulsivamente, y esperando la llamada de su marido. Betty la anima a que salga de casa y llene su tiempo. Leo decide buscar trabajo. Betty le aconseja que se entreviste con su amigo Ángel, redactor jefe de las páginas culturales de *El País*.

»Leo va a verle. Ángel es un tipo simpático, bebedor, cinéfilo y fan de Amanda Gris. No sospecha que la mujer que tiene delante y que viene a pedirle colaborar en su suplemento es precisamente su autora favorita. Para empezar, Ángel le propone que escriba un artículo sobre la Antología de Amanda Gris. Leo se niega, le dice que odia ese tipo de literatura y a esa autora en especial. Sale muy deprimida de la entrevista, pero después decide suicidarse artísticamente y escribe una demoledora crítica de su obra utilizando otro seudónimo.

»Paco la llama desde Bruselas para anunciarle su visita, ha conseguido un día de permiso. Ante la perspectiva de volver a ver a su marido todos los problemas desaparecen. Pero se equivoca, a partir de ese momento comienza el auténtico calvario de Leo... Una aventura que la pondrá al borde de la muerte»[8].

Leo intenta un suicidio y marcha a Almagro, su pueblo, a casa de su madre (es una vuelta a las raíces) para reponerse, pues Paco la engañaba con Betty. Leo vuelve curada del campo, Ángel ha escrito sus tres novelas, liquidando su contrato amoroso y al mismo tiempo su contrato editorial.

Aparecen además:

— El yonqui.

— Una huelga callejera de médicos.

— La asistenta: una gitana y su hijo (además bailaores) que le sirven al realizador para hacer una denuncia del racismo.

— La familia de Leo; una proyección personal del direc-

---

[8] Guía de *La flor de mi secreto*.

tor a través de la que hace una reflexión sobre la literatura y la añoranza de un mundo rural.

El arte está representado por la profesión de la protagonista y su estado emocional. Las portadas de libros de Amanda Gris y sus carteles promocionales tienen un carácter novecentista y romántico, como el *affiche* de la película: un corazón lleno de rosas naturales partido en dos por una especie de rayo negro y en su centro la imagen también en negro de la protagonista escribiendo en clara alusión al estado creativo de Leo: «Ya no sé escribir novela rosa, todo me sale negro.» Una delicada mano femenina que lleva una rosa roja en sus dedos es el cartel promocional de la antología de Amanda Gris, que cubre una gran fachada en el centro de Madrid, al estilo de los antiguos cines de la Gran Vía.

Este afán por fusionar y relacionar los distintos elementos del film convierte la pantalla en un arquetipo de una historia sentimental, porque si en Almagro todavía se trenza el encaje de bolillos, éste aparece en unas cortinas en una escena clave que por su tratamiento estético recuerda *La dama de las camelias,* certificando la diferencia entre culebrón y melodrama que el director se encarga de subrayar por boca de Ángel-«Paquiderma» (otra alusión a los personajes de nombre plautino y esperpéntico tan usuales en su cine).

La decoración de los interiores reviste tres formas diferentes en razón a la condición vital y estética de sus pobladores. El piso de Leo, situado en el centro de Madrid, es parte de un viejo inmueble restaurado. Los colores de sus paredes van desde el blanco más puro a suaves tonos pasteles, y están cubiertas parcialmente con cubos que sostienen una colección de botellas de cristal de colores, espejos (una constante que el director utiliza siempre en sus películas como multiplicación de la personalidad de los personajes y que algunos críticos han querido ver como una influencia de Orson Welles) y cuadros que van desde un mapa de España a unos pequeños dibujos de Manolo Quejido. Los muebles representan una elegante mezcla entre el diseño y lo artesanal. Consolas y mesas artesanos estilizadas de estilo minimalista, sofás y tresillos donde el director juega con diferentes colores. Los objetos decorativos son lo más personal y sobresaliente, puesto que como en anteriores ocasiones, suelen ser propiedad del realizador. Marcos de diferentes formas y colores, floreros, figuras de cerámica, todo un mundo decorativo con un sentido estético barroco, tanto por su mezcla como por ese afán del realizador de no dejar un espacio libre. Lo más destacado de ellos es un marco de canicas, procedente del MOMA de Nueva York. Todos ellos ordenados simétricamente, reflejo de una casa típicamente burguesa.

La artesanía tiene su representación en la casa del pueblo de Jacinta, madre de Leo, maderas oscuras y diseños artesanales y clásicos en camas, mesas, puertas y ventanas. En la decoración, macetas y objetos de cerámica, además de las pequeñas sillas de enea que ya aparecían en *KiKa*.

El *kitsch* en su versión más popular se halla representado en el piso proletario de Parla de la hermana de Leo: mueble-bar, tresillos rinconera, tapices de terciopelo llamativos e imposibles, centros de mesa con flores de plástico con purpurina, etc., un mundo proletario en un barrio de la periferia de la capital.

La imaginación del director se vuelca en la decoración de la casa de Ángel. Un piso elevado desde el que se divisa toda la ciudad, con ventanas semicirculares, ojos de buey separando espacios, chimenea de azulejos clásicos, butacas de diseño estilizado y colores fuertes en las paredes. Una decoración y estilismo personal que ha influido no sólo muchos hogares peninsulares, sino también los platós de los programas televisivos.

La moda pasa también por el hiperrealismo social con el que el director trata a los personajes y su mundo. Leo, firme representante del mundo burgués, viste ropa sobria y minimalista, sin estridencias. Su madre es la viva representación de una señora procedente del mundo rural, tanto en su peinado como en su indumentaria (adquirida por el director entre miembros de su misma familia), y su hermana representa la aspiración proletaria a la burguesía, tanto en su fondo como en su forma, de modo que su indumentaria de calle es el típico traje Chanel de Zara, el formalismo de la falsa calidad de vida española.

Madrid es el escenario urbano por antonomasia. Muros decorados con pinturas típicas urbanas de *skate,* pintados ex profeso para la película, vistas *kitsch* del centro de Madrid, así como sus edificios, entre ellos el FNAC, y como contrapunto, los campos de Castilla machadianos a través de los cristales de las ventanillas de un coche.

Carne trémula

Por primera vez en su filmografía Almodóvar se dispone a rodar una película extraída de una novela. Una novela de la cual su productora hacía varios años había adquirido sus derechos y es en este momento cuando el director decide apropiarse de una historia ajena para enriquecer su particular visión de la sociedad contemporánea, un hecho que aunque no es ajeno a los genios del cine, resulta novedoso en la obra del realizador.

Hecho que presenta unas singulares características para un cineasta con un mundo personal e intransferible. En primer lugar, su autora es una escritora, Ruth Rendell, preferencia que el director ha dejado patente en su anterior trabajo; en segundo lugar, es un thriller, género cultivado en varias ocasiones por el cineasta; en tercer lugar, la historia es urbana, y, por último, se convierte en un mero vehículo para el desarrollo de sus personales historias.

La novedad no radica tan sólo en su base, sino también en su elaboración, con la colaboración en la escritura del guión de Ray Loriga y Jorge Guerricaechevarría, escritor y cineasta y guionista, respectivamente. El traslado de la novela a guión cinematográfico sufre incontables cambios, tantos que ésta queda completamente integrada dentro de la obra del director, perdiendo en su particular visión del cine toda su identidad.

La adaptación resulta ejemplar en su reconversión al almodovarismo, cobrando una fuerza inusitada, y convirtiéndose en una adaptación libre y ejemplar, más cerca de las de Buñuel (que no en vano está muy presente) que las de, pongamos por caso, Vicente Aranda.

El comienzo de la historia arranca de la novela, pero a partir de aquí, ni Londres es Madrid, ni las circunstancias políticas, sociales y culturales de los personajes guardan relación con el original, ya que han adquirido una nueva vida en las manos de su adaptador. Con ella, Almodóvar hace una fusión ejemplar entre literatura y cine.

Desde los inicios de su rodaje la película tiene dos probables títulos: *Carne de cañón* o la literal *Carne trémula*, pero la adecuación a la personal historia es decisiva para decidirse por el segundo, además más reconocible para su traducción al inglés. El desarrollo del argumento, además también por primera vez en el cine del realizador, es diacrónico, usando la técnica del transcurso del tiempo y el blanco y negro en algunas escenas y que sólo había utilizado en algunas de *KiKa*.

La película en el campo de la literatura está llena de claras alusiones a la novela negra y al suspense, y en el campo puramente cinéfilo de King Vidor o el cine *indi* americano.

El director cuenta así el film: «Víctor Plaza (Liberto Rabal) sale de la cárcel una mañana de este caluroso invierno (se refiere el director al de 1997). Y al igual que el sol imprevisto enloqueció a moscas, grillos, cucos, cerezos, cigüeñas y mariposas, la presencia de Víctor va a provocar una verdadera catarsis en Elena, David, Sancho y Clara, sin pretenderlo, simplemente por el hecho de estar vivo, sano, libre (y caliente) como el sol.

»Elena (Francesca Neri) es hija única de un diplomático italiano viudo, una de esas "pobres niñas ricas" de infancia nómada y consentida.

»Al final de los 80, Elena tonteaba con el abismo, el caos y las drogas duras. Una de esas interminables noches madrileñas, en el lavabo de un *after hours* tuvo un encontronazo erótico con el adolescente Víctor. Cuando éste la llama por teléfono, una semana después, ella ni siquiera le recuerda. No le da opción a enrollarse porque la chica está esperando a un *dealer*. Víctor se queda frente a la puerta de la casa de Elena, frustrado, humillado, solo y rebotado. Es un adolescente solitario, susceptible y orgulloso, hijo de una prostituta con la que comparte una casa prefabricada en un barrio condenado a desaparecer.

»David y Sancho (Javier Bardem y Pepe Sancho, respectivamente) son dos policías vestidos de paisano que patrullan el centro de la ciudad. El primero es un joven todavía por hacer (de haber tenido la oportunidad se habría convertido en un buen policía), el segundo le dobla en edad y en desesperación. Es un personaje típico de film noir. Sancho bebe como un cosaco, desprecia y sospecha de todo bicho viviente. Según le confiesa a David, su mujer, Clara, se "entiende" con alguien. "Podría ser cualquiera de los que pasan por la calle", lo dice y lo piensa, mientras mira por la ventana del coche. Obcecado, intoxicado, ciego, esclavo de la pasión como esos hombres mayores y gordos (los Broderick Crawfords, de *Human Desire*) capaces de matar como único modo de liberación. Sancho armado supone un peligro en sí mismo, una auténtica arma letal. David, su compañero, lo sabe e intenta llevarle la corriente mientras pasean su tensión por las calles animadas y pacíficas de un Madrid noctámbulo.

»Clara (Ángela Molina) es una hermosa mujer que merodea la cuarentena rodeada de plantas, flores y temores. En su juventud fue bailaora de flamenco. Del flamenco conserva esa mirada ancestral de mujer trágica y eterna. Imprevista y pasional. Maternal y fatal. En su momento debió de amar intensamente a Sancho, pero de eso hace tiempo. Cuando él la llama desde el coche-patrulla (la aciaga noche del 90), Clara le responde con monosílabos. Tiene un ojo morado, antes de salir Sancho la golpeó, y no hay nada más doloroso para un enamorado que el recuerdo de haber golpeado a la mujer que ama. Ya en el 90 la relación con su marido atravesaba por un grave proceso de deterioro. Cuando Víctor sale de la cárcel el proceso es el mismo, pero seis años más deteriorado.

»La fragilidad de Clara la hace inmune al dolor, se ha convertido en un ser sin voluntad, una sombra de sí misma que recupera su cuerpo cuando encuentra a Víctor en el cementerio, dos días después de salir de la cárcel.

»Siempre fue un muchacho intempestivo, Víctor. Una fría noche de enero de 1970 arrancó a su madre de la cama de la pensión donde vivía y trabajaba. No le dio tiempo a llegar al hospital, Víctor nació a mitad del camino, en el interior de un autobús. La ciudad estaba desierta, un viento helado no conseguía barrer el miedo de las calles. Y no era para menos, ese día el Gobierno de Franco había declarado el Estado de Excepción en todo el territorio nacional. Se prohibían toda tipo de libertades y se legalizaba la detención indefinida de cualquier español, sin la menor explicación (suspensión del Art. 18 del Fuero de los Españoles).

»Es muy saludable que muchos de los que vean la película ni siquieran sepan en qué consiste el Estado de Excepción.

»Las primeras secuencias de *Carne trémula* narran el nacimiento de Víctor, dentro de un autobús, en pleno y desierto corazón de Madrid.

»La idea de este vibrante arranque no me la inspiró *Speed* sino mi propia madre.

»Hace algunos años, como parte de un documental que sobre mí realizaba la BBC 2, un equipo se desplazó hasta el pueblo donde vive mi madre, para entrevistarla. Yo hacía de improvisado traductor. Cuando el periodista le sugirió que contara alguna anécdota sobre mi infancia, mi madre comenzó narrando con todo detalle cómo vine al mundo, cuáles fueron mis primeros gestos, mis primeros sonidos, más primeras reacciones. Y me moría de vergüenza, después comprendí que sólo las madres y algunos genios poseen esa capacidad de abordar de inmediato lo esencial, sin esfuerzo ni pudor.

»En efecto, no hay mejor modo de empezar una historia que explicando el nacimiento de su protagonista, es lo que se llama, "empezar por el principio"»[9].

Los personajes están destinados a encontrarse (un desen-

[9] Pedro Almodóvar, *Carne trémula. El guión,* Barcelona, Plaza y Janés, colección Jet, págs. 234-237.

lace de la tragedia griega y una constante en el almodovarismo) y precisamente en un cementerio, durante el entie-
rro del padre de Elena. Víctor había acudido a la tumba de
su madre después de salir de la cárcel y junto a ella se encontró con Clara, con la que inicia una relación amorosa,
pero no puede apartar de su mente a Elena. Consigue dar
con ella y consigue trabajo como voluntario en la guarde-
ría donde ella colabora. Casada con David, Elena arrastra un
complejo de culpa que la persigue continuamente como cau-
sante de la parálisis de su marido.

Enterado éste de la presencia de Víctor, teme por la pérdida de su amada y persigue a David hasta descubrir dónde
vive, además de averiguar que tiene un *affaire* con Clara.

Sancho y Clara viven en un infierno del que Clara está
dispuesta a salir. Víctor tiene un encuentro con David y le
cuenta la versión de su desgraciado accidente, pero David
teme perder a su mujer. Elena tiene un encuentro íntimo con
David que le habla de su amor, ésta se lo cuenta a David.

A partir de aquí la tragedia es irremediable, David le cuenta a Sancho la relación de su mujer con Víctor, y Clara va
a su casa tratando de evitar el desastre. La muerte de Sancho y Clara une a Víctor y Elena, que como en un círculo
acaban por ser padres en un taxi.

El film recuerda las películas de Altman, personajes que
cruzan sus vidas, y es también la primera vez en que Almodóvar da referencias del franquismo en su cine. Las constantes de su obra forman un todo en esta ocasión en que
el director incide en el thriller.

En esta película el arte guarda relación en la pintura con
el personaje de Francesca Neri, hija de un diplomático italiano (como la propia actriz), y por ello la representación
pictórica es un cuadro de Tiziano sobre el mito de Dánae
y Júpiter poseyéndola en forma de lluvia de oro; del mismo modo, Antonio de Felipe representa el mundo del pop
hispano en un retrato de Ángela Molina, homenaje además
al mundo del folclore.

La decoración es similar a la de las anteriores cintas del
director, con utilización de objetos decorativos que aparecen en anteriores films. La novedad radica en el espacio y

en los objetos de la casa de Javier Bardem, adaptados a su circunstancia de minusvalía y profesión de jugador de baloncesto. De forma que la vivienda está dotada de elementos adecuados a su situación de invalidez: barras de acero que sirven de ascensor, dormitorio elevado en una especie de segunda planta de la casa. Son de destacar los electrodomésticos de última generación, coloristas y simples, así como la utilización del pavés haciendo de tabique.

Los habitáculos restantes responden a la idea de realidad del estilo del director, utilizando espacios y edificios preexistentes.

El enfrentamiento burguesía-proletariado viene en esta ocasión representado por la vivienda de los personajes, desde una casa de pisos de la alta burguesía (Elena) hasta la vivienda semiderruida de Víctor en «La Ventilla», precisamente junto a las torres de Kio.

La moda no tiene un destacado papel, los personajes visten adecuados a su clase social y posición, aunque hay una abundancia de productos comerciales que además de tener un carácter pop redundará en beneficio de la productora. Sólo nos queda mencionar el gusto por la moda de los 70, la época que se representa, y el *kitsch* español en la decoración de la pensión de Doña Centro.

Todo sobre mi madre

Su hasta ahora última película significa una vuelta a los orígenes de este movimiento artístico, reuniendo en sí misma todos los logros que ha tenido el director a lo largo de su trayectoria artística.

El guión original del cineasta, el retrato del mundo femenino, el homenaje al teatro y a través de todo ello un homenaje a tres grandes actrices que a su vez hicieron de actrices: Bette Davis, Gena Rowlands y Romy Scheneider, y un gran homenaje a su propia madre.

Es una vuelta de Almodóvar a sus propias raíces, pero en su época de madurez. Una etapa donde los sentimientos y emociones predominan sobre todo lo demás. Y una madurez de su narrativa, tanto literaria como cinematográfica, dentro de la trilogía sobre los sentimientos humanos que han supuesto sus últimas obras.

Las referencias literarias de esta cinta se inician con su mismo homenaje al teatro, es un mundo lleno de referencias teatrales; sobre todo Tennessee Williams, al que el realizador en una entrevista concedida a la revista francesa *Première* en 1995 considera como «su padre espiritual», no en vano se cita en varias de sus películas. También está Federico García Lorca o Genet. En otro ámbito, el de la literatura propiamente dicha, se encuentran las citas a Truman Capote, también presentes en *¿Qué he hecho YO...!,* y a la pura creación literaria.

El cine es la otra faceta que determina la cinefilia del director. *All about Eve, Un tranvía llamado deseo,* tanto en cine como en teatro, *Fedora, Cleopatra,* etc. Todas aquellas películas donde aparecía un gran personaje femenino en relación o no con las grandes damas del teatro.

Las críticas unánimes de la película la convierten en la obra cumbre de esta etapa emotiva y lineal de su cine.

Pedro Almodóvar cuenta así su gestación: «Después del rodaje de *La flor...* tomé algunas notas sobre el personaje de Manuela, la enfermera que aparece al principio. Una mujer normal, que en las simulaciones (que hacía con los médicos del seminario de trasplantes donde dramatizaban una situación en la que los médicos le comunicaban a una hipotética madre la muerte de su hijo) se convertía en auténtica actriz, mucho mejor que los médicos con los que comparte la escena.

»Mi idea al principio fue hacer una película sobre la capacidad de actuar de determinadas personas que no son actores.

»De niño yo recuerdo haber visto esta cualidad en las mujeres de mi familia. Fingían más y mejor que los hombres. Y a base de mentiras conseguían evitar más de una tragedia.

»Hace cuarenta años, cuando yo vivía allí, La Mancha era una zona árida y machista, en cuyas familias el Hombre reinaba desde su sillón orejero, tapizado de brillante "eskai". Mientras las mujeres solucionaban realmente los problemas, en silencio, teniendo muchas veces que mentir para ello. (¿Será ésta la razón por la que García Lorca decía que España había sido siempre un país de buenas actrices?).

»Contra ese machismo manchego que yo recuerdo (tal vez agigantado) de mi niñez, las mujeres fingían, mentían, ocultaban y de ese modo permitían que la vida fluyera y se desarrollara, sin que los hombres se enteraran ni la obstruyeran. (Además de vital era espectacular. El primer espectáculo que vi fue el de varias mujeres hablando, en los patios.) No lo sabía, pero éste iba a ser uno de los temas de mi película número 13, la capacidad de la mujer para fingir.

»Y la maternidad herida. Y la solidaridad espontánea entre las mujeres. "Siempre he confiado en la bondad de los desconocidos", decía Williams por boca de Blanche Dubois. En *Todo...*, la bondad es de las desconocidas»[10].

Y explica el argumento: «Manuela huye. Huye siempre en tren, atravesando túneles interminables.

»Primero huye de Barcelona a Madrid. Dieciocho años después, huye de Madrid a Barcelona. Y pocos meses más tarde, de nuevo hace el trayecto Barcelona-Madrid, huyendo.

»Todas sus huidas están marcadas por algún tipo de Esteban. En la primera huida llevaba a Esteban-Hijo dentro de sí, en sus entrañas. Manuela huía del padre, que también se llamaba Esteban (Esteban-Padre), aunque hacía tiempo que nadie le llamaba así.

»En la segunda huida, Esteban-Hijo la acompaña en forma de foto, y cuaderno de notas. Murió en un accidente. En esta ocasión Manuela va vagamente en busca de Esteban-Padre, para comunicarle la muerte de su hijo. Esteban-Padre no conoce la existencia de aquel hijo, porque Manuela nunca se lo dijo. Cuando supo que estaba embarazada simplemente huyó del padre, y no ha vuelto a verlo.

»Manuela no había vuelto a Barcelona. Barcelona es el territorio del padre. Y Madrid el del hijo. Y en la política emocional de Manuela, ambas ciudades son irreconciliables e incompatibles.

---

[10] Del *press-book* de *Todo sobre mi madre*.

»Cuando Esteban-Hijo preguntaba por el padre Manuela siempre respondía con evasivas.

»¿Qué otra cosa podía hacer? ¿Hay un modo de decirle a un hijo que la persona que le engendró, su padre biológico, tiene unas tetas mayores que las de su madre, y que la última vez que lo vio se hacía llamar Lola y que incluso, ella, su mujer, ya hacía tiempo que no le llamaba Esteban?

»Puede que exista una manera de explicar todo eso a un niño, pero Manuela no supo encontrarla. Y tantos años de silencio le pesan como un crimen sobre la conciencia.

»Manuela se condena a sí misma a buscar a Lola, el padre de Esteban. Y esta condena le salva. Necesita huir de Madrid. Madrid representa al hijo, es la ciudad que vio nacer, vivir y morir a Esteban. Una ciudad demasiado grande y demasiado vacía.

»Manuela vagabundea por las calles del Borne, por el barrio gótico, por la Plaza Real... A veces se detiene y contempla a la gente durmiendo en la calle. No son mendigos, sino gente normal que está tan relajada que se deja vencer por el sueño. Amas de casa, gordas, sesteando, sentadas en el banco de una plaza sencilla. Hombres que se han cansado de caminar. Jóvenes extenuados por dos días de fiesta ininterrumpida, bohemios internacionales cada vez de más tierna edad. Gente despatarrada y descalza, que endulzan la espera del hospital, dormidos sin pudor.

»Personas para las que el sueño ha vencido al miedo.

»Para Manuela es una sensación muy grata verles dormir. Tal vez ella también consiga recuperar el sueño.

»Se alegra de haber vuelto a Barcelona. Por el día dormita, y por la noche sale en busca de Lola. Lola podría hallarse en cualquier lugar, Nápoles, Marsella o La Habana. Mar, vicio y manga ancha son las cualidades que Lola le exige a una ciudad para quedarse. Barcelona las tiene todas. Podría ser cualquiera de esas tres ciudades, además de ser Barcelona.

»Al compás de un ritmo sonámbulo Manuela encuentra personas (La Agrado, la hermana Rosa, Huma Rojo, el hijo de la Hermana Rosa) y razones para quedarse. Después de algunos meses, encuentra también personas y razones para salir huyendo.

»Otra vez al tren, dirección Barcelona-Madrid, y con otro Esteban, el tercero, en los brazos, un bebé de pocos meses, al que Manuela se aferra y al que debe proteger de la hostilidad de su abuela. El niño es seropositivo y la Abuela teme que la infecte sólo por arañarla. Y a los niños les gusta arañar. Es su modo de acariciar y tocar las cosas.

»Dos años más tarde, el nuevo milenio acaba de empezar. El tercer Esteban ha negativizado de forma natural el virus y Manuela le lleva a un Congreso en Can Ruti para que investiguen.

»Así que Manuela vuelve a Barcelona con el tercer Esteban, sentado sobre sus rodillas. El niño rebosa salud y juguetea con un montón de migajas de pan. De vez en cuando hace partícipe a Manuela del banquete.

»Mientras le da miguitas, para que no se atragante, Manuela le explica al tercer Esteban la historia de sus fugas. El niño la escucha como si la entendiera: "Esta es la primera vez que no vengo huyendo a Barcelona."

»Manuela le explica cómo fueron las tres veces anteriores. Le dice por qué se llama Esteban, quiénes fueron sus padres, cómo murieron y en qué circunstancias ella se convirtió en su única madre, teniendo que arrebatárselo a una abuela que no le quería. Pero la Abuela ha cambiado, vive en Barcelona y él tiene que quererla mucho.

»Le explica también que antes de que él naciera, hubo otros dos estébanes. Uno fue su hijo, el segundo Esteban. Por un pudor absurdo, ¡ella le ocultó tantas cosas! Pero eso no volverá a ocurrir. A él le contará todo. Según vaya creciendo en tamaño y curiosidad, ninguna pregunta de las que le haga quedará sin respuesta. Manuela le promete responderlas todas, y si no sabe la respuesta se la inventará.

»"Porque se me da muy bien improvisar."

»Manuela sonríe y piensa que realmente la suya ha sido una vida extraordinaria.

»"Hubiera podido ser actriz, si hubiera querido. Pero mi única vocación ha sido cuidar de mis hijos: '¡Cuidarte a ti!' " (En esta frase Almodóvar resume todo al homenaje al teatro, a su madre y a la mujer-madre por excelencia, un homenaje presentado en *La flor...* con unos versos escritos por su madre titulados «Mi aldea», recitados por Jacinta, la madre de Leo).

»Estrecha al pequeño entre sus brazos, como para que no se olvide de lo último que acaba de decir»[11].

Ésta es una película de homenajes, elipsis y metáforas, llena de hallazgos teatrales artísticos y literarios. De alguna manera, esa huida de Manuela es la misma que la del director hacia otra urbe, puesto que por primera vez sus exteriores pasan a recrearse en otra ciudad, dentro de su mismo contexto espacial, una ciudad cosmopolita y muy contemporánea, es un cine específicamente urbano.

Sus personajes guardan todos alguna relación con el teatro, una de las aficiones del realizador; actrices, actores, directores (Lluís Pascual), actrices que lo fueron, pretendidas actrices o fingidoras (la Hermana Rosa, la Abuela) o aspirantes de historias (Esteban [Eloy Azorín]), y por último, hombres que fingen ser mujeres. Los personajes masculinos se nos presentan pasivos, como espectadores de una galería de mujeres, y entre todas ellas, Manuela, la madre por antonomasia, de su hijo, de sus amigas y del hijo de su amiga.

Los apuntes teatrales ya estaban inmersos dentro de la temática de sus películas, y así lo reseñamos en su momento, con más fuerza en *La ley del deseo* con el monólogo que interpreta Carmen Maura, y en *Mujeres...,* cuya estructura fílmica e interpretativa se resume en un bolero de La Lupe «Lo tuyo es puro teatro», cuyo título ha tomado un programa de la segunda cadena de televisión española.

Todo sobre mi madre representa la obra maestra de la madurez del almodovarismo. En ella podemos encontrar todos los postulados del movimiento y ejemplifica la validez del estilo personal del director.

El arte vuelve a recuperar su papel, carteles teatrales, el mismo *affiche* del film que recuerda a aquel de *Matador* que aquí realiza Oscar Mariné —los fotocromos tienen de nuevo un carácter pictórico distinto del cartel publicitario de la película—, además de unos cuadros que aparecen en la

[11] Pedro Almodóvar, *Nuevo Fotogramas,* núm. 1.866, Barcelona, 1999, pág. 119.

casa de Manuela (actriz almodovariana), pinturas de Marc Chagall (una copista que satisface los deseos de la nueva burguesía), cuadros de pinturas sudamericanas, fotografías de actrices en el camerino de Huma Rojo, un personaje tan pop como Leo, un mundo warholiano de características hispanas; La Agrado y su mundo, los mismos personajes y las marcas de productos de consumo. La silla, «Zig-Zag», otro ejemplo de diseño único, y las escenas, algunas verdaderas obras pictóricas, como esas marinas, una mirada impresionista de la escuela catalana. Y Barcelona, una ciudad que respira el arte modernista de Gaudí (La Sagrada Familia, representación transgresora de la circunstancia vital de la protagonista) y sus seguidores; puertas, llamadores, frescos de los zócalos, columnas y capiteles del Palau, fachadas de edificios, un universo tan colorista como los propios personajes, y tan contemporáneo como la obra del director.

La decoración de interiores deja paso a la identificación social de los personajes. El *kitsch* de las casas de La Agrado y Manuela en Barcelona son un ejemplo más de este estilo artístico en manos del realizador; papeles pintados geométricos, cocinas coloristas (siempre con pimientos, una obsesión en su filmografía y que su propia madre cocina en forma de pisto en *Átame,* además de la receta dada por el director —a la sección de platos cocinados por famosos en *La Revista,* dominical del diario *El Mundo),* sillas de enea, objetos decorativos populares, espacios que utiliza el director como crítica social.

Y su contrapunto, el piso de Madrid de Manuela, muebles modernos y funcionales, como la habitación de su hijo, o la casa de la madre de la hermana Rosa, un modernismo catalán mezclado con la vanguardia.

La moda sigue siendo una aspiración de muchas españolas proletarias con ese afán de aparentar del pueblo español. La Agrado ante la pregunta de Manuela sobre la autenticidad de un modelo que lleva puesto parecido a un Chanel: «es falso, con la de hambre que hay en el mundo».

Por último, la música, un elemento narrativo en el cine de Almodóvar tan vivo como sus personajes, adquiere en estas tres películas un carisma especial. Después de trabajar con compositores de la talla de Bernardo Bonezzi y el italiano Ennio Morricone, el realizador encuentra en Alberto Iglesias su *alter ego* y como en el caso de las composiciones de Bonezzi, la música se convierte en la proyección de la obra fílmica. Las bandas sonoras compuestas por Iglesias adquieren la categoría de sinfónicas, con una maestría compositiva e instrumental con la categoría de los grandes compositores de bandas sonoras del cine internacional.

Sus melodías, armonías e instrumentación beben tanto de las fuentes de la música clásica como de la popular y la clásica. Son tres elementos que influyen la música actual en todas sus parcelas. Ya estudiamos la función de la música en el cine en su capítulo correspondiente, ahora sólo nos queda subrayar la calidad de una música hecha con las emociones de unos personajes con el fin de acercarnos con exactitud a su experiencia vital.

Las bandas sonoras de Alberto Iglesias siguen el esquema tradicional:

La flor de mi secreto

Títulos:

«Casa con ventanas y libros»
«Brevemente»
«Retrato de Amanda Gris»
«Tango de Parla»
«En Madrid nunca es tarde»
«Fascinación»
«Existe»
«Interior»
«Escribe compulsivamente»
«Dúo»
«Ingenua»
«Mi aldea»
«Qué leo»
«Vértigo»
«Sola»
«La flor de mi secreto»

Los *scores* originales en sus títulos no dejan de sorprendernos en *Carne trémula*:

«Navidad 1970»
«Madrid»
«La llamada»
«Circular 1»
«Circular 2»
«La primera vez»
«Davis espía»
«Ensayo de un crimen»
«El flechazo»
«La ventilla»
«Ti sono molto vicino»
«El Fontanar»
«Carne de cañón»
«Por eso te disparó»
«Fuego»
«Tema de amor»
«Clara y Sancho»
«La carta»
«Arrastrándome»
«Navidad 1996»

Los títulos describen con exactitud y simplicidad los momentos claves de la película que acompañan, y en *Todo sobre mi madre* la maestría del compositor alcanza cotas de una gran obra musical:

«Soy Manuela»
«Tras el corazón de mi hijo»
«All about Eve»
«No me gusta que escribas sobre mí»
«Otra vez huyendo y sin despedirme»
«Todo sobre mi madre»
«La mecánica del trasplante»
«Esteban, mi hijo»
«¿Qué edad tiene usted?»
«Igualita que Eva Harrington»

«Le faltaba la mitad»
«¿Tú no tienes padres?»
«Pavana para Agrado»
«Ensayo en un teatro desocupado»
«Dedicatoria»

La música popular cobra de nuevo un gran papel. El cine de Almodóvar no sólo tiene sus propios *scores,* también adecua la música preexistente a su discurrir tanto espacial como temporalmente. Y de nuevo, la música sudamericana, especialmente boleros, y la popular española acompañan momentos sublimes. En estas tres películas aparecen Bola de Nieve, Chavela Vargas y Caetano Veloso, destacando por su adecuación al instante emocional de la protagonista «En el último trago» y «Ay amor» en *La flor...* En *Carne trémula* destacan: «Somos», un acompañamiento sensual para un encuentro erótico, de Chavela Vargas, «Sufre como yo», una interpretación de Albert Pla que parece compuesta expresamente para la película, como viene ocurriendo en el cine del realizador, composiciones que adquieren nuevo valor en la pantalla, y como toque *kitsch,* «El rosario de mi madre», interpretado por El Duquende, y «Ay mi perro», cantada por la Niña de Antequera.

El clasicismo musical de *Todo sobre...* lleva al director a rastrear una música popular con sentido folclórico internacional, como la misma ciudad de Barcelona, un mosaico de culturas y razas, por eso el bolero y la música popular española no tienen ninguna entidad. La música folclórica aquí tiene tintes árabes y franceses.

Discografía y publicaciones

DISCOGRAFÍA

Sus afinidades musicales y amistosas con multitud de músicos importantes de «La edad de oro madrileña» (Alaska y los Pegamoides, Zombies, Radio Futura, etc.) hicieron que Pedro Almodóvar empezase a pensar seriamente en el proyecto de formar un grupo y grabar algún disco. Primero fue con la excusa de componer un par de temas divertidos para que sonasen en *Laberinto de pasiones,* interpretados por los protagonistas en la ficción (muchos de ellos participantes también en la realidad). Por este motivo se formó *The black kiss dolls,* que agrupaba a gente tan dispar como Carlos García Berlanga, Bernardo Bonezzi, Fanny MacNamara y el propio Pedro; grupo que llegó a grabar una célebre maqueta con los temas «Suck it to me» y «Gran Ganga», y llegó a los lugares más altos del *Hit Parade* particular y *sui generis* del programa «Esto no es Hawai», en el Diario Pop de Radio 3. The black kiss dolls se convirtieron muy pronto en Almodóvar-MacNamara, una especie de dúo de *disco-music* cutre con banda de acompañamiento y bases pregrabadas.

La personalidad imprevisible de Fanny MacNamara convertiría sus actuaciones en directo en una serie de experiencias llenas de improvisados *gags* y «despendoles» varios. Pedro solía salir al escenario ataviado con bata y zapatillas con pompón, rulos y medias hasta las rodillas, como un ama de casa atacada de los nervios y la olla en el fuego. De nada servían los ensayos, ya que, una vez en directo y ante el público, cualquier cosa podía suceder.

Entre las actuaciones más señaladas del falso dúo se cuentan las de «La Fiesta», la de «La edad de oro» en televisión y un «Fin de Año» en compañía de Alaska, durante el cual interpretaron una versión *heavy* del *Rumore* de Rafaella Carrá, en el Rock-Ola.

Su corta discografía se compone de dos «Maxis» y un elepé, *La Gran Ganga, SatanaSA* y *Cómo está el servicio de señoras,* además, claro está, de las bandas sonoras de sus películas, de las que en *Tacones...* Almodóvar escribe la letra de una canción.

Las letras de estos tres discos tienen una clara influencia de Nina Hagen, Sex Pistols, Rolling Stones o los Velvet Underground.

La Gran Ganga

Vivo en continua
temporada de rebajas
sexo, lujo y paranoia.
Ése ha sido mi destino.

¿Quién soy yo?
y ¿a dónde voy?
¿Quién es él?

y ¿a dónde va?
¿De dónde vengo?
y ¿Qué planes tengo?
¿De dónde viene?
y ¿Qué planes tiene?

Gran Ganga, Gran Ganga
soy de Teherán.
Gran Ganga, Gran Ganga
él es de Teherán.
Calamares por aquí
boquerones por allá.

Mi vida es puro vicio
y esto me saca de quicio.
Y así voy y vengo
y por el camino
me entretengo.
¡Muéstrate ya!
Estoy aquí.
¡Muéstrate ya!
Él está aquí.
Te estoy buscando,
búscame a mí.
Te está buscando,
búscale a él.

Gran Ganga, Gran Ganga, etc.

Suck it to me

(Véanse «Las constantes de un collage», notas 3 y 4.)

SatanaSA

SatanaSA, SatanaSA
Yo te invoco, yo te invoco
desde casa, desde casa
con un moco, con un moco.

Un mundo de placer y sensaciones
donde reina el rencor y la discordia
Todos juntos en un bus
hacia Ibiza, al Nepal o hacia Galicia.

Matanasa-matanasa
en la olla está la grasa.
Tía, pasa de la Tass-A
que no pasa de la grasa.

La TASS no pasó
y así se quedó.
Un disco grabó
y nadie lo compró.
¡Qué divina es TASS!
¡Qué sílfide es TASS!
Todo el día en RAS,
porque eres lo más.

¿Dónde está la TASS?
La estás buscando tú,
la estoy buscando yo.
Está en RAS, está en RAS...

SatanaSA; SatanaSA, etc...

Voy a ser mamá

Sí. Voy a ser mamá.
Voy a tener bebé,
para jugar con él,
para explotarlo bien.

Voy a ser mamá.
Voy a tener un bebé.
Le vestiré de mujer,
le incrustaré en la pared.

Le llamaré Lucifer,
le enseñaré a criticar,
le enseñaré a vivir de la prostitución,
le enseñaré a matar.
Sí. Voy a ser mamá.

Sí. Voy a ser mamá.
Voy a tener un bebé.
Rechazo la espiral,
tiene derecho a vivir.

Sí. Va a ser mamá.
Va a tener un bebé.
Va a ser mamá, etc.

Murciana marrana

(Véase «Las constantes de un collage», nota 31.)

Me voy a Usera

Tía no pillo vena.
Qué mal, qué mal.
No me da «flash».
Tú te has puesto más.
Qué subidón.

Me voy a Usera
a hacer la carrera.
Me quitan el bolso
me rajan de arriba abajo,
me dejan tirada como un estropajo.

Me voy a San Blas.
Total, qué más me da.
Tengo cinco talegos
y tres gambas sueltas.
Con toda esta pasta
voy a invitar a toda la basca,
a meterse un pico
que está muy rico.

Somos la pesadilla de la Policía.
Tienen un vídeo nuestro en la comisaría
donde estamos comiendo en una marisquería
cigalas, gambas, bravas y más porquería.

El rock de la drogada.
El rock de la colgada.
El rock de la masoca.
El rock de la enganchada.
El rock de la marmota.

Me voy a la cárcel
que allí hay mucho ambiente
con que abras la boca
te parten los dientes.

Y ahora al revés,
rico muy está que

pico un meterse a
basca la toda a invitarla voy
pasta está toda con.
Sueltas gambas tres y
talegos cinco tengo.
De más qué total
San Blas a me voy, etc.

Moquito a moco

Tú me acostumbraste a amar,
moquito a moco.
Y contigo aprendí a discernir
entre el bien y el mal,
porque la sugestión está tirando a dar,
de mis caprichos.
Y tú me obligaste a tirar el poncho,
por la ventana.
Tú me acostumbraste a estar,
tó el día sentao,
en un poyetón,
sin importarte el hoy ni el ayer,
ni el mañana.
El sentido común podría evitar,
muchos divorcios.
Si las canas menoscaban tu belleza,
elimínalas, etc.

Tú me acostumbraste a odiar,
moquito a moco.

Susan get down

Visite nuestro estand en la planta 4.
Gran liquidación de revólveres, cuchillos y todos los complementos de la mujer inquieta.
Señorita Susan acuda, por favor, a planta 4., departamento
de la policía.

Susan get down
Susan where we dance?
Susan get down
Susan Where we dance? Please.

Susan get down.
Susan where we dance?

Susan quédate.
Susan deja eso.
Susan cállate.
Susan esfúmate.
Susan rómpete.
Susan mátalo.
Susan matarí.
Matarilerón.

Susan get down, etc.

Susan la marquesa.
Susan tipití.
Susan tipitesa.
la naturalesa.
Susan fontanera.
Susan peluquera.
Susan camionera.
Susan mercera.

Susan get down, etc.

Susan putón.
Susan putín.
Susan cutrón.
Susan two dreams.
Susan chumino.
Susan pikolín.
Susan rollo.
Susan pachulí.

Rock de la farmacia

Ahora que estoy preparada,
sólo tengo en el bolso
una pistola y una navaja,
para atracar una farmacia.

Ahora que tengo la farmacia,
necesito, necesito pagar
a cuatro chulos 5.000 pesetas
para que la roben por mí,

porque soy tan maricona
que no puedo robarla.

El país, el país, me quiere
deportar, y a mí encantaría
que me deportaran ya.

Estoy hasta el coño.
Estoy hasta el coño.
Quiero que me deporten.

Bragas, slips, ¡qué piezas! diamantes,
¡Ah! colmillos, ¡Ah! vampiros.
¡Ah! sangre a go-go. ¡Ah! colmillos.
¡Ah! vampiros a go-go.

Porque vampiros a go-go,
estamos perseguidos por la ley.

Rock, rock, rock,
rock de la farmacia.
rock de las anfetas
rock de las recetas
rock de Transilvania.

Rock de Transilvania,
viajo a Transilvania,
en una fría noche,
con mucho lujo y derroche.
Es que soy la reina del sadomasoquismo
y me encanta.
Porque soy la bruja de la noche,
lo más cutre, baby, que
se ha visto en un coche.

¡Ah! colmillos.
¡Ah! colmillos a go-go.
Viajo a Transilvania.
Viajo a Transilvania
en una fría noche con mucho lujo
en un carruaje.
Voy al cementerio,
a hacer adulterio.

Vampiros a go-go, a go-go,
es una droga para ti.
Soy Vamp, soy Vampira,
bebéis sangre pura...

Semos máquinas de Nueva Yorka.
Semos máquinas tragaperras,
y si tú eres una perra,
perra...
entraremos en guerra.

Semos máquinas de tacatá,
que estamos necesitando,
una buena reparación,
una buena reparación.

Semos máquinas de Nueva Yorka, etc.

Tanta, tanta, de tanta equivocación,
y nos llaman replicantas
por no tener corazón.

Semos máquinas de Nueva Yorka, etc.

Semos todo un error, un error, error.

Monja jamón

Esto es una monja,
y esto es un jamón.
L.S.D.,
causa la metamorfos.

Monja, jamón.
Monja, jamón.
Monja, monja, monja.
Jamón, jamón, jamón.
Monja, monja, monja.
Jamón, jamón, jamón.
Monja, monja, monja.
Jamón, jamón, jamón.

Esto es una monja,
travestí.
Esto es un jamón,
travestón.
L.S.D.,
maricón.
Causa la metamorfos.

Monja, jamón.
Monja, jamón.
Qué ilusión.

Monja, monja, monja, etc.

Todas estas canciones están recogidas en tres discos editados por Discos Victoria, S.A., Madrid, 1983.

Un año de amor

Lo nuestro se acabó,
y te arrepentirás,
de haberle puesto fin
A un año de amor.
Si ahora tú te vas,
pronto descubrirás,
que los días son eternos
y vacíos sin mí.

Y de noche, y de noche,
por no sentirte solo,
recordarás
nuestros días felices.
Recordarás,
el sabor de mis besos,
y entenderás
en un solo momento,
qué significa,
un año de amor.

Te has parado a pensar,
lo que sucederá,
todo lo que perdemos
y lo que sufrirás.

Si ahora tú te vas
no recuperarás,
los momentos felices
que te hice vivir.

Y de noche, y de noche, etc.

Esta canción, basada en los temas: «Es irreparable», de Nino Ferrer, y «Un año de amor», de G. Verlor, han servido de inspiración musical al texto creado *ex profeso* por el director para su film *Tacones lejanos,* y se encuentra editada y distribuida en la banda sonora original de la misma película por BMG Ariola, Madrid, 1991.

Todas estas canciones tienen su raíz en el rock, en el *heavy* y en el *punk*. Por ello veremos unos ejemplos de algunas canciones y letras donde reside el elemento que aglutina la máxima: sexo, droga y rock and roll, así como la relación del elemento satánico dentro de este tipo de música.

Punk

¿Estás amamonado?
No me puedes rebajar.
Aunque lo intentes todo.

Quieres que yo sea como todas las otras.
No, no, so viejo cerdo.
¿No notas que soy diferente?
Vete a la mierda, cabeza de chorlito.
Esto no lo aguanto más, las chicas son sólo buenas para el sexo.
Son la madre para el polvo, y gatas; tienen garras afiladas.

No soy tu máquina folladora; ¡salpica!, ¡salpica!

Caliente

Yo tengo calor.
yo estoy caliente.
¿Oh, por qué no están todos tan calientes como yo?

Estaba en mi casa bajo mi ducha fría
y de pronto apareció el señor casquete por debajo de mi grifo.
¡Oh!, qué total fue.
Se le escurría el sudor.
Él dijo:
Yo tengo calor, etc.

Entonces vino mi ligue,
bajo nuestra ducha fría
El señor casquete,

como ya se sabe, dijo:
¡Hace calor!
¡Necesito agua!
Porque sudo en la rendija.
Él dijo:
Yo tengo calor, etc.

Estas canciones se encuentran en el disco *Nina Hagen Band,* editado por CBS, Madrid, 1979.

Anarquía en G.B.

¡Derechos!
Soy una cresta vacía,
soy un anarquista,
no sé lo que quiero,
pero sé cómo conseguirlo.
Quiero destruir,
no trabajar,
porque yo quiero ser la anarquía.

Doy un número falso de mis impuestos a Hacienda.
Mi sueño del futuro es la compra gratis.

No hay futuro para los sueños de Inglaterra,
no estéis de acuerdo con lo que os digan,
sólo estés ansioso de conseguir lo que necesitas.
No hay futuro para ti.
No hay futuro para ti.
¡Dios salve a la reina!

Esta canción forma parte del disco *Never minds the bollocks here's The Sex Pistols,* editado por Virgin Records, Madrid, 1977.

Heroína

No sé bien adónde voy.
Pero voy a tratar de llegar al reino, si puedo.
Porque hace que me sienta un hombre.
Cuando me meto un pico en la vena.
Y os digo que las cosas ya no son igual.
Cuando tengo la subida.

Y me siento un hijo de Jesús.
Y supongo que no sé.
Y supongo que no sé.

He tomado una gran decisión.
Voy a tratar de anular mi vida.
Porque cuando la sangre empieza a fluir.
Cuando sube hasta el cuello de la jeringuilla.
Cuando estoy cercando a la muerte.
Nadie puede ayudarme, ni vosotros, tíos.
Ni todas las dulces chicas con su dulce conversación.
Os podéis ir todos a paseo.
Y supongo que no sé.
Y supongo que no sé.

La heroína es mi muerte.
La heroína es mi esposa y es mi vida.
Porque una dosis en mi vena.
Va hasta un centro de mi cabeza.
Y entonces me siento mejor que muerto.

Esta canción forma parte del disco *The Velvet Underground and Nico, produced by Andy Warhol,* editado por Polygram Ibérica, S.A., Madrid, 1966.

También existen otras canciones que explicitan esta influencia, como «Femme Fatale», de Lou Reed; «Simpathy for the devil», de Mike Jagger y Keith Richards, o «Horse», interpretada por Patti Smith.

PUBLICACIONES

Almodóvar siempre ha deseado escribir, pero nunca se ha considerado un verdadero literato. Entre sus más celebradas creaciones literarias están: una serie biográfica *Con ustedes Patty Diphusa,* personaje imaginario aparecido en *La Luna de Madrid,* que fue recopilada en un pequeño libro (citado en el cap. «A modo de biografía», pág. 45) y traducido a varios idiomas; una novela corta, *Fuego en las entrañas,* con ilustraciones de Mariscal, Ediciones La Cúpula, colección «Onliyú» para *El Víbora,* en Barcelona, año 1981; y una fotonovela sobre el personaje de Patty, con fotografías de Pablo Pérez Mínguez, protagonizada por Fabio de Miguel y realizada por Txomin Salazar.

En un principio, Patty Diphusa iba a aparecer en un par de números, pero fue tal el impulso que el propio personaje cogió en el segundo capítulo, que su autor no tuvo más remedio que rendirse a sus «múltiples» encantos y continuar durante algo más de un año.

Patty, en la ficción, es una célebre actriz porno, que busca siempre emociones fuertes. ¡Y vaya si las encuentra! Es violada por dos ex presidiarios en plena Casa de Campo, se montaba increíbles orgías en los lavabos públicos de cualquier sitio (de ahí su título francés de *Patty Diphusa la vénus des lavabos*), se lía con un «chicobien» aspirante a poeta y le utiliza como secretario particular; tiene una aventura con una ex compañera del colegio que se cambió de sexo por ella; tiene amigas como la demencial gorda «Ady Possa» y la insoportable «Mary Von Etica», y se enamora locamente de un taxista clavado al Robert Mitchum de *Regreso al pasado,* entre otras muchas aventuras, innumerables, ya que ella nunca duerme.

A lo largo de la serie, caracterizada por la alta temperatura de sus escenas de sexo, y porque todas las palabras obscenas se imprimían en mayúsculas, Patty Diphusa ejerce labores de consejera *hard* para medio Madrid *by night,* ahuyentando el fantasma del sida con una energía volcánica. Otra particularidad del personaje fue el que fuese personificado a través a nivel visual por Fabio de Miguel en toda una serie de fotografías delirantes.

Fuego en las entrañas, por su parte, relata una extraña historia de venganzas con epidemia de por medio. Una epidemia de furor intrauterino propagada por unas compresas adulteradas pertenecientes al magnate del ramo «Chu Ming Ho», que tuvo varias esposas, de las cuales quiere vengarse según una cláusula *post mortem.* Muchas mujeres al borde de un ataque de nervios, escenas de sexo crudo, canibalismo, relaciones personales, melodrama pasado de rosca... y unos dibujos de Mariscal igualmente «salvajes». Esta novela ha sido pirateada en Brasil, alcanzando una edición de 600 ejemplares que han sido vendidos en su totalidad.

Aparte de estos escritos, sus colaboraciones periodísticas

son innumerables: desde autoentrevistas (género muy suyo), a fotonovelas de sus propias películas, pasando por presentaciones en forma de textos de creación (uno diferente para cada medio) o publicidad directa en sus *press-books*. También ha escrito artículos y ha hecho de entrevistador de otros personajes.

En el verano del 93 retomó el personaje de Patty, situándolo como reflejo de la apatía, el desencanto y el hedonismo de la sociedad actual. Estos relatos fueron publicados por *El Mundo,* en su sección semanal «Cinelandia».

DISCOGRAFÍA, VIDEOGRAFÍA Y ÚLTIMAS PUBLICACIONES

Bandas sonoras

— *La flor de mi secreto.* Música original: Alberto Iglesias, 1995. El Deseo, S. A. Editado y distribuido por BMG Music Spain, S.A.

— *Carne trémula.* Música original: Alberto Iglesias. Editado y distribuido por BMG Music Spain, S.A., 1997. El Deseo, S.A.

— *Todo sobre mi madre.* Universal Music Spain, S.A., 1999. El Deseo, S.A. Editado y distribuido en España por Universal Music Spain.

Videografía

— *Pepi, Luci, Bom y otras chicas del montón.* Editado y distribuido en España por Polygram Vídeo, 1998.

— *¿Qué he hecho YO para merecer esto!* Editado y distribuido por Filmax. Colección cine de autor. Filmax Group, 1995.

— *Matador.* Editado y distribuido por Lola Films. Colección Nuevo cine español, 1998.

— *La flor de mi secreto.* Editado y distribuido por Polygram Vídeo, 1996.

— *Carne trémula.* Editado y distribuido en España por Filmax-home-video. BMG vídeo, 1997.

Publicaciones

— *La flor de mi secreto. Carne trémula* y *Todo sobre mi madre*. Guiones publicados por Editores Plaza y Janés 1995, 1997 y 1999, respectivamente.

— *Tout sur ma mère* está editado en versión bilingüe (francés-español) por La Petite Bibliothèque des Cahiers du cinéma, París, 1999.

Filmografía

Ver el material de Almodóvar de su época de Super 8 mm
es bastante difícil. El Pabellón de la Comunidad de Madrid
en el conjunto de la ciudad Expo-92, proyectó el corto
Salomé. Uno de los proyectos de Agustín Almodóvar es
precisamente pasar todo el material existente a vídeo, pero
hasta ahora no se ha hecho nada en ese sentido. Establecer
fichas técnicas de estas películas es una labor que sólo puede
realizar el director. De momento, lo más importante es
dejar constancia de la existencia de ese material, y la proyección de *Folle, folle, fólleme Tim* en San Sebastián 93.

1974 *Dos putas o historia de amor que termina en boda* (Super 8
  mm, 10 min.).
  Film político (Super 8 mm, 10 min.).

1975 *La caída de Sodoma* (Super 8 mm, 4 min.).
    Homenaje (Super 8 mm, 10 min.).
    El sueño o *La estrella* (Super 8 mm, 12 min.).
    Blancor (Super 8 mm, 5 min.).
1976 *Trailer de Who's Afraid of Virginia Woolf?* (Super 8
    mm, 5 min.).
    Sea caritativo (Super 8 mm, 5 min.).
1977 *Las tres ventajas de Ponte* (Super 8 mm, 5 min.).
    Sexo va, sexo viene (Super 8 mm, 18 min.).
    Complementos (serie de cortometrajes simulando noti-
    ciarios, *spots* publicitarios y *trailers* de películas, que
    incluye varios de los anteriormente mencionados,
    previstos para proyectarse como complementos en las
    sesiones de sus films).
1978 *Folle, folle, fólleme Tim* (L-M en Super 8 mm).
    Salomé (16 mm, 11 min.).

A partir de 1979-1980, su filmografía es conocida ya de
todos:

1979-80 *Pepi, Luci, Bom y otras chicas del montón.*
1982 *Laberinto de pasiones.*
1983 *Entre tinieblas.*
1984 *¿Qué he hecho YO para merecer esto!*
1985 *Trailer para amantes de lo prohibido* (para T.V.).
1986 *Matador.*
1987 *La ley del deseo.*
1988 *Mujeres al borde de un ataque de nervios.*
1989 *Átame.*
1991 *Tacones lejanos.*

PEPI, LUCI, BOM Y OTRAS CHICAS DEL MONTÓN

FICHA TÉCNICA

Dirección: Pedro Almodóvar. *Guión:* Pedro Almodóvar.
Ayudante de dirección: Miguel Ángel Pérez Campos. *Director
de fotografía:* Paco Femenia. *Operador de cámara:* Tote Trenas.

Fotocromos de *Pepi, Luci, Bom...*

Ayudantes de cámara: Chus Rambal, Javier Serrano. *Ayudantes de rodaje:* Pancho Alted, Carlos Lapuente, Armando Villar, Juan Guerra. *Fotofija:* Federico Ribes. *Script:* Uge Cuesta. *Montaje:* Pepe Salcedo. *Ayudantes de montaje:* Rosa Ortiz, Cristina Velasco, Juan Sanmateo. *Carteles:* Ceesepe. *Jefe de sonido:* Miguel Polo. *Ayudantes de sonido:* Antonio Bloch, José Bloch. *Sastrería:* Manuela Camacho. *Maquillaje:* Juan Luis Farsac. *Transportes y atrezzo:* Jim Contreras. *Laboratorio:* Fotofilm Sae. *Sonorización:* Cinearte. *Canciones:* «Tu loca juventud» y «Estaba escrito», cedidas por Hispavox. *Producción:* Fígaro Films. *Productor:* Pepón Coromina. *Producción:* Esther Rambal, Pastora Delgado. *Productor ejecutivo:* Félix Rotaeta. *Productor delegado:* Paco Poch. *Nacionalidad:* Española. *Año de producción:* 1980. *Duración:* 80 minutos. *Formato:* 16 mm, hinchada a 35 mm. *Pantalla:* 1:1,33. *Lugar de rodaje:* Madrid. *Estreno:* 27 de octubre de 1980.

Ficha artística

Pepi: Carmen Maura. *El policía:* Félix Rotaeta. *Bom:* Olvido Gara «Alaska». *Luci:* Eva Silva. *Con la colaboración de:* Concha Grégori, Kiti Manver, Cecilia Roth, Julieta Serrano, Cristina S. Pascual. *Con la actuación de:* José Luis Aguirre, Carlos Tristancho, Eusebio Lázaro, Fabio de Miguel, Assumpta Rodes, Blanca Sánchez, Pastora Delgado, Carlos Lapuente, Ricardo Franco, Jim Contreras, Ceesepe, Angela Fifa, el niño Diego Álvarez, Pedro Miralles, Agustín Almodóvar, Enrique Naya, Juan Carrero, Tote Trenas, Los Pegamoides. *Nuestro agradecimiento a:* Pablo G. del Amo, Ricardo Franco, Blanca Sánchez, Fernando Hilbeck, discoteca El Bo, la boutique Ararad. *Distribuida en España por:* Juan Esteban Alenda. *Clasificación oficial:* Mayores de 18 años.

FICHA TÉCNICA

Dirección: Pedro Almodóvar. *Guión:* Pedro Almodóvar.
Ayudante de dirección: Miguel Ángel Pérez Campos. *Director
de fotografía:* Ángel Luis Fernández. *Ayudante de cámara:*
Salvador Gómez Calle. *Auxiliar:* Miguel Fernández. *Regidor:* Félix Rodríguez. *Auxiliar:* Luis José Rivera. *Fotofija:*
Pablo Pérez Mínguez. *Script:* Terry Lennox. *Montaje:* José
Salcedo. *Ayudante de montaje:* Rosa María Ortiz, Cristina
Velasco. *Sonido directo:* Martín Mueller. *Ayudante de sonido
directo:* Armin Fausten. *Sastra:* Marina Rodríguez. *Maquillaje:* Beatriz Álvarez, Fernando Pérez. *Decoración:* Pedro Almodóvar. *Ambientación:* Virginia Rubio. *Jefe de eléctricos:*
Fulgencio Rodríguez. *Maquinista:* Antonio Fernández Santamaría. *Iluminador:* Carlos Miguel Miguel, Miguel Ángel
Rodríguez. *Mezclas:* Enrique Molinero. *Efectos de sala:* Luis
Castro. *Efectos especiales de estudio:* Jesús Peña. *Truca:* Sixto
Rincón. *Títulos:* Iskra. *Transportes:* Megino. *Atrezzo:* Vázquez Hermanos. *Grúas:* Vaquero. *Cámaras:* Cámara Rent.
Laboratorio: Madrid Film. *Montaje y sonorización:* Exa,
S.A.L.-Cinearte. *Canciones:* «Suck it to me» (Bonezzi-MacNamara-Almodóvar), «Gran Ganga» (de los mismos autores). *Músicos:* Ana «Pegamoide», Eduardo «Pegamoide»,
Nacho «Pegamoide». *Vestuario Helga Liné:* Alfredo Caral.
Producción: Alphaville. *Jefe de producción:* Andrés Santana.
Ayudante de producción: José Luis Arroyo. *Administración:*
Julio Liz. *Nacionalidad:* Española. *Año de producción:* 1982.
Duración: 100 minutos. *Formato:* 35 mm. *Pantalla:* 1:1,66.
Estreno: 29 de septiembre de 1982.

FICHA ARTÍSTICA

Sexilia: Cecilia Roth. *Riza Niro:* Imanol Arias. *Toraya:*
Helga Liné. *Queti:* Marta Fernández Muro. *Doctor:* Fernando Vivanco. *Susana:* Ofelia Angélica. *Eusebio:* Ángel Alcázar. *Angustias:* Concha Grégori. *Novia Eusebio:* Cristina

Sánchez Pascual. *Fabio:* Fanny MacNamara. *Sadec:* Antonio Banderas. *Tintorero:* Luis Ciges. *Hassan:* Agustín Almodóvar. *Remedios:* María Elena Flores. *Nana:* Ana Trigo. *Ángel:* Poch. *Santi:* Javier Pérez Grueso. *Gonzalo:* Santiago Auserón. *Manuel Ángel:* Paco Pérez Briam. *Alí:* José Carlos Quirós. *Azafata:* Eva Silva. *Señor:* Charly Bravo. *Paciente:* Zulema Katz. *Criada cubana:* Marcela Amaya. *Jaime Roca:* Jesús Cracio. *Ana:* Mercedes Juste. *Camarera hotel:* Lupe Barrado. *Camarero:* Javier Ulacia. *Madre Angustias:* Teresa Tomás. *Portera:* Socorro Silva. *Niña probeta:* María Carmen Castro. *Sexilia niña:* Eva Carrero. *Dependienta:* Elena Ramos. *Con la colaboración de los artistas plásticos:* Ouka Lele, Guillermo Pérez Villalta, Costus, Pablo P. Mínguez, Javier Pérez Grueso, Carlos Berlanga y Fabio de Miguel. *Con el agradecimiento a:* Hotel Barajas, lámparas Santiago y boutique Vanguardia. *Dedicatoria:* A Blanca Sánchez.

ENTRE TINIEBLAS

FICHA TÉCNICA

Dirección: Pedro Almodóvar. *Guión:* Pedro Almodóvar. *Primer ayudante de dirección:* Terry Lennox. *Segundo ayudante de dirección:* José María Cossío. *Secretaria de dirección:* Obdulia Beringola. *Director de fotografía:* Ángel Luis Fernández. *Ayudante de cámara:* José María Civit. *Auxiliar de cámara:* María Cruz Cores. *Fotofija:* Ana Muller. *Montaje:* José Salcedo. *Ayudante de montaje:* Rosa Ortiz. *Auxiliar de montaje:* Blanca del Rey. *Sonido directo:* Martin Mueller, Armin Fausten. *Registro de sonido:* Eduardo Fernández. *Repicaje:* Antonio Illán. *Decoración y ambientación:* Pin Morales, Ramón Arango. *Vestuario:* Teresa Nieto Morán. *Trajes bolero, Yolanda y vírgenes:* Francis Montesinos. *Ayudante vestuario:* Miguel Ordóñez. *Sastra:* Carmen Velasco. *Jefe de eléctricos:* Rafael G. Martos. *Jefe de maquinistas:* Ernesto Pérez. *Eléctricos:* Carlos Miguel, Francisco Durán. *Maquinistas:* Enrique Bello. *Operador de grúa:* Santiago Gordo. *Steadycam:* Andrés Vallés. *Música:* Cam España, S.A. *Canciones:* «Salí porque salí», de

Curel Alonso, editada por Música Latina; «Dime», de Morris Albert, editada por Ediciones Quiroga; «Encadenados», de Carlos Arturo Eritz y Lucho Gatica, editada por Emi Odeón. *Arreglos musicales:* «Salí porque salí» y «Dime», Miguel Morales, interpretadas por Sol Pilas. *Estudios sonorización:* Exa, S.A.L. *Laboratorio:* Madrid Film. *Color:* Eastmancolor. *Títulos:* Pablo Núñez. *Cámaras:* Cámara Rent. *Material eléctrico:* Mole Richardson: *Grúas:* Valero. *Atrezzo:* Mateos Hnos. *Tapicería:* Francisco Ardura. *Vestuario:* Peris. *Constructor de decorados:* Antonio López. *Jardinería:* Alonso. *Animales:* Circo México y su tigre «Alis». *Transportes:* Ángel Megino. *Asesoría jurídica:* Legiscine. *Producción:* Tesauro, S.A. *Producción:* Luis Calvo. *Director de producción:* Tadeo Villalba. *Jefe de producción:* Luis Briales. *Administrador:* José Astiárraga. *Nacionalidad:* Española. *Año de producción:* 1983. *Duración:* 115 minutos. *Formato:* 35 mm. *Pantalla:* 1:1,85. *Lugar de rodaje:* Madrid. *Estreno:* 3 de octubre de 1983.

Ficha artística

Yolanda: Cristina Sánchez Pascual. *Madre superiora:* Julieta Serrano. *Sor Estiércol:* Marisa Paredes. *Marquesa:* Mari Carrillo. *Sor Víbora:* Lina Canalejas. *Capellán:* Manuel Zarzo. *Sor Perdida:* Carmen Maura. *Sor Rata de Callejón:* Chus Lampreave. *Con la participación de: Jorge:* Wilmore. *Lina:* Laura Cepeda. *Madero:* Miguel Zúñiga. *Lola:* Marisa Tejada. *Antonia:* Eva Siva. *Merche:* Cecilia Roth. *Policía:* Rubén Tobías. *Sofía:* Concha Grégori. *Periodista:* Ángel Sánchez Harguindey. *Espe:* Mariela Serrano. *Madre Generala:* Berta Riaza. *Monja 1.ª:* Luisa Gavaza. *Monja 2.ª:* Alicia Altavella. *Monja A:* Carmen Giral. *Monja B:* Carmen Luján. *Sor A:* Lola Mateo. *Sor B:* Casimira Encinas. *Sor X:* Alicia González. *Sor Y:* Carmen Santonja. *Novicia:* Flavia Zarzo. *Tarzán:* Miguel Molina. *Con la colaboración de:* Luciano Berriatúa, Maite Guillamón, Ricardo del Amo, Tinín Almodóvar, May Paredes, Cecilia Paredes, Mavi Margarida, Tessa Arranz, Elena, Nieves García, Lucía Bosé, Jorge Megino, Marta Maier, Jaime Cortezo, Loreto Briales, Carlos Berlanga, Laura

Moreno, Beatriz Álvarez, Tadeo Villalba Jr. y Jorge Giner. *Con el agradecimiento a:* Excelentísimo Ayuntamiento de Madrid, Empresa Municipal de Transportes, Circo México y su tigre «Alis», boutique Dou y Alfredo Caral.

¿QUÉ HE HECHO YO PARA MERECER ESTO!

FICHA TÉCNICA

Dirección: Pedro Almodóvar. *Guión:* Pedro Almodóvar. *Primer ayudante de dirección:* Terry Lennox. *Segundo ayudante de dirección:* José María Cossío. *Secretaria de dirección:* Obdulia Beringola. *Auxiliar de dirección:* José Laragón: *Meritorio:* José María Bello. *Auxiliar:* Marta Maier. *Director de fotografía:* Ángel Luis Fernández. *Segundo operador:* José Luis Martínez. *Ayudante de cámara:* María Cruz Cores. *Auxiliar:* Arturo Pérez. *Fotofija:* Antonio de Benito. *Montaje:* José Salcedo. *Ayudante de montaje:* Rosa Ortiz. *Auxiliar:* Cristina Velázquez. *Ingeniero de sonido:* Bernardo Menz. *Microfonista:* Mario Gómez. *Registro de sonido estudio:* Enrique Molinero. *Repicaje:* Antonio Illán: *Música:* Bernardo Bonezzi. *Canciones:* «La bien pagá», de Perelló y Mostazo, cantada por Miguel de Molina, editada por Emi Odeón; «Nur nicht aus Lieben Weinen», de Theo Mackeben, Hanz Fritz Beckmann y Wizner Boheme, cantada por Zara Leander, editada por Ufaton-Verlagesellschaft Gmbh. *Decoración y ambientación:* Pin Morales, Román Arango. *Atrezzista:* Juan de la Flor. *Ayudantes de atrezzo:* Tadeo Villalba, Federico del Cerro. *Asistencias de rodaje:* Juan Ollero, Alfonso Tesoro. *Constructor de decorados:* Ramón Moya. *Figurinista:* Cecilia Roth. *Ayudante de vestuario:* Juan Carlos García. *Sastra:* Carmen Velasco. *Maquillador:* Ramón de Diego. *Peluquería:* Mercedes Gómez. *Jefe de eléctricos:* Rafael G. Martos. *Jefe de maquinistas:* Ernesto Pérez. *Eléctricos:* Rafael Castro, Miguel Ángel Rodríguez. *Maquinista:* Enrique Bello. *Operador de grúa:* Enrique Robles. *Encargado de estudios:* Marcelino Carla. *Efectos especiales:* Francisco Prósper. *Efectos:* Carlo de Malli. *Cámara:* José María López Sáez. *Truca y títulos:* Santiago

Gómez. *Estudios de rodaje y sonorización:* Cinearte. *Laboratorio:* Fotofilm Madrid. *Film:* Kodak Eastmancolor. *Cámaras:* Cámara Rent. *Material eléctrico:* Mole Richardson. *Grúas:* Valero. *Animales:* Esteban Aspiazu. *Transportes:* Ángel Megino. *Asesoría jurídica:* Legiscine. *Producción:* Tesauro, S.A. *Productor ejecutivo:* Hervé Hachuel. *Director de producción:* Tadeo Villalba. *Jefe de producción:* Luis Briales. *Ayudante de producción:* Jaime Cortezo. *Auxiliar:* Ana Alonso. *Administrador:* Ángel Izquierdo. *Contable:* Víctor Vega. *Secretaria:* Carmen Hernández. *Auxiliar:* Pablo Ballester. *Rodaje en Berlín:* Alianza Filmproduktion. *Nacionalidad:* Española. *Año de producción:* 1984. *Duración:* 102 minutos. *Formato:* 35 mm. *Pantalla:* 1:1,66. *Lugar de rodaje:* Madrid y Berlín. *Estreno:* 25 de octubre de 1984.

Ficha artística

Gloria: Carmen Maura. *Antonio:* Ángel de Andrés López. *Abuela:* Chus Lampreave. *Cristal:* Verónica Forqué. *Juani:* Kiti Manver. *Toni:* Juan Martínez. *Lucas:* Gonzalo Suárez. *Patricia:* Amparo Soler Leal. *Pedro:* Emilio Gutiérrez Caba. *Polo:* Luis Hostalot. *Vanessa:* Sonia Anabela Holiman. *Chica anuncio:* Cecilia Roth. *Chico anuncio:* Diego Careti. *Cliente strip-tease:* Jaime Chávarri. *Dentista:* Javier Gurruchaga. *Ingrid Müller:* Katia Loritz. *Profesor kendo:* Ryu Hiruma. *Colega barrio:* José Manuel Bello. *Playback La bien pagá:* Almodóvar-MacNamara. *Miguel:* Miguel Ángel Arranz. *Niño circo:* Beni. *Portera:* Carmen Girali. *Cajero:* Agustín Almodóvar. *El dealer:* «El Churri». *Clienta dentista:* Francisca Caballero. *Cliente bar:* Esteban Aspiazu. *Farmacéutica:* María del Carmen Rives. *Farmacéutica 2.ª:* Pilar Ortega. *Agente:* Luciano Barriatúa. *Agente 2.º:* Jesús Cracio. *Padre de Vanessa:* Carlos Miguel. *El lagarto:* «Carlitos». *Agradecimientos a:* Excelentísimo Ayuntamiento de Madrid, el Circo de los Muchachos y el Barrio de La Concepción.

FICHA TÉCNICA

Dirección: Pedro Almodóvar. *Guión:* Pedro Almodóvar. *Ayudante de dirección:* Rafa Monleón. *Equipo técnico:* Del programa *La edad de oro,* T.V.E. *Producción y equipo:* T.V.E. *Año de producción:* 1985. *Duración:* 25 minutos. *Formato:* Soporte vídeo. *Lugar de rodaje:* Madrid. *Estreno en T.V.E.:* 23 de febrero de 1985. *Estreno al público:* 22 de abril de 1992, Pabellón Comunidad de Madrid, Expo-92.

FICHA ARTÍSTICA

Madre: Josele Román. *Padre:* Paco Poch. *Hija:* Sonia Hoffman. *Lilí-Put:* Bibi Andersen. *Pintor:* Ángel Alcázar. *Agradecimientos:* Olga Guillot, Eartha Kitt, David Bowie, Bambino, Estela Rabal, Antonio Alvarado, Carlos Berlanga, Luis Cabezudo, Enrique Perpetuo, etc., y a todo el equipo.

MATADOR

FICHA TÉCNICA

Dirección: Pedro Almodóvar. *Argumento:* Pedro Almodóvar. *Guión:* Pedro Almodóvar, con la colaboración de Jesús Ferrero. *Ayudante de dirección:* Rafael Monleón. *2.º ayudante de dirección:* Eusebio Graziani. *Secretaría de rodaje:* Marisa Ibarra. *Regidora:* Esther Rambal. *Auxiliares de dirección:* Agustín Almodóvar, Carmen Martínez. *Director de fotografía:* Ángel Luis Fernández. *Ayudante de cámara:* Mari Cruz Cores. *Fotofija:* Jorge Aparicio. *Auxiliar de cámara:* José Ramón Delgado. *Montaje:* José Salcedo. *Ayudante de montaje:* Rosa María Ortiz. *Auxiliar de montaje:* Cristina Velasco. *Ingeniero de sonido:* Bernard Orthion, Tino Azores. *Microfonista:* Gilles Orthion. *Auxiliar de sonido:* Antonio Rodríguez. *Música:* Bernardo Bonezzi, grabada en Estudios Circus. *Arreglos orquestales:* Manuel Santisteban. *Canción:* «Espérame en el cielo, corazón», cantada por Mina. *Decoración:* Román Arango, José Morales, Josep Rosell. *Ambientador:* Fernando Sánchez. *Ayudante de decoración:* Alberto Puerta. *Atrezzista:* José Luis Álvarez. *Asistencia al rodaje:* Inocente Ruiz. *Atrezzo:* Mengíbar-Mateos-Vázquez Hnos. *Vestuario:* José María Cossío. *Sastra:* María de los Ángeles del Saz. *Vestuario de Assumpta Serna:* Francis Montesinos, Ángeles Boada. *Vestuario de Eva Cobo:* Francis Montesinos, Ángela Arregui Dúo. *Vestuario de Eusebio Poncela:* Antonio Alvarado. *Joyas de Assumpta Serna:* Chus Burés. *Vestuario:* Cornejo. *Maquillaje:* Juan Pedro Hernández. *Auxiliar de maquillaje:* Jorge Hernández. *Peluquera:* Teresa Matías. *Jefe de eléctricos:* Rafael G. Martos. *Eléctricos:* Ángel Granell, Fernando Bertrán. *Maquinistas:* Ángel Gómez, Rafael Castro. *Efectos especiales:* Reyes Abade, S.A. *Técnico de vídeo:* Javier Trueba. *Cámaras:* Cámara Rent. *Laboratorio:* Fotofilm Madrid. *Sonorización:* Cinearte-Enrique Molinero. *Material eléctrico:* Cegisa. *Repicado de sonido:* Sintonía. *Grupo electrógeno:* Umesa. *Transportes:* Félix Fontal. *Gestoría:* Legiscine. *Producción:* Andrés Vicente Gómez, Cía. Iberoamericana de T.V., S.A., en colaboración con T.V.E. *Productor ejecutivo:* Andrés Vicente Gómez. *Director de producción:* Miguel Gómez. *Ayudantes de producción:* Esther García, José Carlos Barranco. *Administración:* Francisco Amaro, Juan Campos. *Nacionalidad:* Española. *Año de producción:* 1986. *Duración:* 96 minutos. *Formato:* 35 mm. *Pantalla:* 1:1,85. *Lugar de rodaje:* Madrid. *Estreno:* 3 de marzo de 1986.

Ficha artística

María Cardenal: Assumpta Serna. *Ángel:* Antonio Banderas. *Diego:* Nacho Martínez. *Eva:* Eva Cobo. *Berta:* Julieta Serrano. *Pilar:* Chus Lampreave. *Julia:* Carmen Maura. *Comisario:* Eusebio Poncela. *Vendedora de flores:* Bibi Andersen. *Guardia:* Luis Ciges. *Asistenta Diego y María:* Eva Siva. *Periodista:* Verónica Forqué. *Secretaria María:* Pepa Merino. *Alumnas:* Lola Peno, Marisa Tejada, Mercedes Jiménez,

Francesca Romana. *Tipos:* Jesús Ruyman, Milton Díaz. *Sacerdote:* Jaime Chávarri. *Policías:* Marcelo G. Flores, Agustín Almodóvar. *Tata Ángel:* Concha Hidalgo. *Otros intérpretes:* Angie Gray, Alicia Mora, Laly Salas, Kika, Juan Sánchez, Antonio Passy, Kike Turmix, Julián Sánchez. *Nuestro agradecimiento a:* Concejalía y Club de la Tercera Edad del Distrito de Arganzuela (Club del Reloj), Escuela de Tauromaquia de Madrid. *Película subvencionada por:* Ministerio de Cultura. *Dedicatoria:* A mi hermano Tinín.

LA LEY DEL DESEO

FICHA TÉCNICA

Dirección: Pedro Almodóvar. *Guión:* Pedro Almodóvar. *Ayudante de dirección:* Rafael Monleón. *2.º ayudante de dirección:* Agustín Almodóvar. *Script:* Marisa Ibarra. *Regidor:* Federico Bermúdez de Castro. *Director de fotografía:* Ángel Luis Fernández. *Ayudante de cámara:* Mari Cruz Cores. *Auxiliar de cámara:* Eduardo Martín. *Fotofija:* José Aparicio. *Montaje:* José Salcedo. *Ayudantes de montaje:* Manuel Laguna, Antonio Pérez Reina. *Sonido directo:* James Willis. *Ayudante de sonido:* Manuel Ferreiro. *Efectos especiales de sonido:* Jesús Peña. *Repicado de sonido:* A. Illán. *Música:* Sinfonía núm. *10,* de Shostakovich; *Tango,* de Stravinsky; «Ne me quitte pas», de Jacques Brel, cantado por Maisa Matarazzo; «Guarda che luna», de Fred Bongusto; «Lo dudo», de Navarro, cantada por Los Panchos; «Déjame recordar», de Bola de Nieve; «La despedida», de Bernardo Bonezzi; «Susan get dow», «Voy a ser mamá» y «SatanaSA», de Almodóvar-MacNamara-Bonezzi. *Decoración:* Javier Fernández. *Ayudante de decoración:* Carlos C. Cambero. *Atrezzista:* Federico del Cerro. *Asistencia de rodaje:* Juan A. Torrijos. *Constructor de decorados.* Ramón Moya. *Atrezzo:* Vázquez Hnos. *Efectos especiales:* Reyes Abade, S.A. *Armería:* Roasa. *Vestuario:* Peris Hnos. *Maquillaje:* Juan Hernández. *Auxiliar:* Jorge Hernández. *Peluquería:* Teresa Matías. *Jefe de eléctricos:* Rafael G. Martos. *Jefe de maquinistas:* Ángel Gómez Martín. *Iluminadores:* Enrique Bello, Rafael Castro, Francisco Durán, Saturnino Fernández. *Mezclador:* Jacinto Cora. *Efectos de sala:* Luis Castro. *Cámaras:* Cámara Rent. *Laboratorio:* Madrid Film. *Títulos:* Story Film-Pablo Núñez. *Grupo electrógeno:* Luis Domínguez. *Material eléctrico:* Cinetel. *Grúas:* Cinegrúa, S.A. *Transportes:* Megino y Luis Martín. *Gestoría:* Legiscine. *Producción: El Deseo, S.A.,* en coproducción con Lauren Films. *Productor ejecutivo:* Miguel Ángel Pérez Campos. *Productor asociado:* Agustín Almodóvar. *Jefa de producción:* Esther García. *Ayudante de producción:* Rosa Menéndez. *Secretario de producción:* Domingo Sánchez. *Control de presupuesto:* Mauricio Díaz. *Nacionalidad:* Española. *Año de producción:* 1986. *Duración:* 100 minutos. *Formato:* 35 mm. *Pantalla:* 1:1,85. *Lugares de rodaje:* Madrid, Jerez, Conil y Faro de Trafalgar (Cádiz). *Estreno:* 6 de febrero de 1987.

Ficha artística

Pablo Quintero: Eusebio Poncela. *Tina Quintero:* Carmen Maura. *Antonio:* Antonio Banderas. *Juan:* Miguel Molina. *Ada:* Manuela Velasco. *Madre de Ada:* Bibi Andersen. *Inspector:* Fernando Guillén. *Doctor:* Nacho Martínez. *Madre Antonio:* Helga Liné. *Policía hijo:* Fernando G. Cuervo. *Cura:* Germán Cobos. *Hermana de Juan:* Maruchi León. *Groupy:* Marta Fernández Muro. *Sargento:* Alfonso Vallejo. *Abogado:* Tinín Almodóvar. *Enfermera:* Lupe Barrado. *Locutora de T.V.:* Roxi von Donna. *Guardia joven:* José Manuel Bello. *Chica terraza:* Angie Gray. *Chulo:* José Ramón Fernández. *Policía:* José R. Pardo. *Modelo:* Juan Antonio Granja. *Periodista:* Héctor Saurit. *Dependiente:* Pepe Patatín. *Nuestro agradecimiento a los pintores:* Juan Antonio Puertas, Dis Berlin, Manolo Quejido y Miguel Ángel Campano; *a los diseñadores:* Antonio Alvarado y Ángela Arregui Dúo; y a Aticc, Teresa Ramallal, Ferretería Gran Vía, B.M.W., Gispert, S.A., y a los vecinos de la Plaza del Cordón. *Película subvencionada por:* Ministerio de Cultura en colaboración con el Instituto Madrileño de Desarrollo de la Comunidad de Madrid.

Ficha técnica

Dirección: Pedro Almodóvar. *Guión:* Pedro Almodóvar. *Director de fotografía:* José Luis Alcaine. *Cámara:* Alfredo Mayo. *Ingeniero de sonido:* Gilles Orthion. *Decorador:* Félix Murcia. *Montador:* José Salcedo. *Figurinista:* José María Cossío. *Música:* Bernardo Bonezzi. *Canciones:* «Soy infeliz», cantada por Lola Beltrán (autor: Ventura Rodríguez, ed. *Música del Sur,* por cortesía R.C.A.) y «Puro Teatro», cantada por La Lupe (autor: C. Curet Alonso, por cortesía de S.B.K.). *Diseño de título y material gráfico del film:* Studio Gatti. *Ayudante de diseño:* Alicia González. *Decorador:* Félix Murcia. *2.º operador:* Alfredo Mayo. *Peluquero:* Jesús Moncusi. *Ayudante de dirección:* Julián Núñez, Miguel A. Pérez Campos. *Ayudante de producción:* Alejandro Vázquez. *Ayudante de cámara:* Joaquín Manchado. *Script:* Marisa Ibarra. *Ayudante de decoración:* Carlos G. Gambero. *Ayudante de montaje:* Rosa María Ortiz, Manolo Laguna. *Fotofija:* Macusa Cores. *Microfonista:* Antonio Rodríguez. *Regidor:* David Jareño, Daniel Miranda. *Atrezzista:* Federico del Cerro. *Asistente de rodaje:* Juan Carlos Garrido. *Secretaria de producción:* Fernanda Arnal. *Cajero pagador:* Alicia Moreno. *Sastra:* Josume Lasa. *Auxiliar de cámara:* Juan Carlos Rodríguez. *Auxiliar de dirección:* Tomás Corrales. *Auxiliar de producción:* Juan Carlos Caro, Carlos Lázaro. *Jefe de eléctricos:* Fulgencio Rodríguez. *Jefe de maquinistas:* Carlos Miguel. *Eléctricos:* Fernando Beltrán, Enrique Bello, Alberto Arnal. *Conductor de unidad móvil:* Ángel Frutos. *Conductor de cámara car:* Julián Hernández. *Figuración:* Nueva Agencia. *Permisos oficiales:* Alfonso Jadraque. *Cámaras:* Cámara Rent. *Laboratorio:* Madrid Film. *Sonorización:* Exa, S.A.L. *Estudio de grabación de música:* Audio Film. *Ingeniero de grabación de música:* Tino Azores. *Técnico de mezclas:* Eduardo Fernández. *Material eléctrico:* Cinetel y Peris Hnos. *Vestuario:* Cornejo. *Tapicería:* Emilio Ardura. *Atrezzo:* Vázquez Hnos. *Transportes:* Ángel Megino. *Unidad móvil:* Ángel Megino. *Grupo electrógeno:* Paulino Alonso. *Efectos especiales:* Reyes Abade, S.A. *Animales:*

Francisco Ardura. *Armas:* Roasa. *Gestoría:* Legiscine. *Truca:* Pablo Núñez. *Efectos de sala:* Luis Castro. *Decorados:* Decor Moya. *Encargado de construcción:* Emilio Cañuelo. *Forillos fotográficos:* Foto-Arte. *Estudios de rodaje:* Estudios Barajas, S.A. *Producción:* El Deseo, S.A. *Productor ejecutivo:* Agustín Almodóvar. *Productor asociado:* Antonio Llórens. *Jefa de producción:* Esther García. *Nacionalidad:* Española. *Año de producción:* 1987. *Formato:* 35 mm. *Pantalla:* 1:1,85. *Estreno:* 23 de marzo de 1988.

FICHA ARTÍSTICA

Pepa: Carmen Maura. *Iván:* Fernando Guillén. *Lucía:* Julieta Serrano. *Carlos:* Antonio Banderas. *Candela:* María Barranco. *Marisa:* Roxi von Donna. *Paulina:* Kiti Manver. *Cristina:* Loles León. *Portera Iván:* Chus Lampreave. *Taxista:* Willi Montesinos. *Germán:* Juan Lombardero. *Policía II:* Antonio Navarro. *Ana:* Ana Leza. *Ambite:* Ambite. *Madre Lucía:* Mary González. *Secretaria Paulina:* Lupe Barrado. *Policía I spot:* Joaquín Climent. *Policía II spot:* Chema Gil. *Cura:* Gabriel Latorre. *Locutora T.V.:* Francisca Caballero. *Empleado averías:* Carlos G. Cambero. *Empleado inmobiliaria:* Agustín Almodóvar. *Basurero:* Tomás Corrales. *Chica que baila:* Eva González. *Farmacéutica:* Susana Miraño. *Clienta enmascarada I:* Paquita Fernández. *Clienta enmascarada II:* Carmen Espada. *Dependiente farmacia:* Federico G. Cambero. *Médico:* Gregorio Ross. *Mensajero:* Paco Virseda. *Marido:* Imanol Uribe. *Otros:* Yayo Calvo, Ángel de Andrés López. *Nuestro agradecimiento a:* Ayuntamiento de Madrid, Marino García, Emiliano Piedra, Forlady, La Oca, Perfumería Hegar, agencia de viajes Nur Travel (Gral. Moscardó), galería de arte Vijande, Juan Luis Líbano-Decoración Internacional, Peugeot, Amper, inmobiliaria Urbis, Alcampo, S.A.

Dirección: Pedro Almodóvar. *Guión:* Pedro Almodóvar. *Director de fotografía:* José Luis Alcaine. *Figurinista:* José María Cossío. *Sonido:* Goldstein and Steinberg, S.A. *Montaje:* José Salcedo. *Música:* Ennio Morricone. *Directora de producción:* Esther García. *Productor ejecutivo:* Agustín Almodóvar. *Decorador:* Ferrán Sánchez. *Maquillaje:* Juan Pedro Hernández. *Peluquería:* Jesús Moncusi. *2.º operador:* Alfredo Mayo. *Diseño gráfico:* Studio Gatti. *Ayudante de dirección:* José Luis Escolar. *Ayudante del director:* Agustín Díaz. *2.º ayudante de dirección:* Raúl de la Morena. *Secretaria de rodaje:* Yuyi Beringola. *Auxiliar de dirección:* Juan Manuel Sánchez. *Ayudantes de producción:* Alejandro Vázquez, María José Maza. *2.º ayudante de producción:* Tino Pont. *Cajero pagador:* Lola García. *Secretaria de producción:* Paloma Martínez. *Auxiliares de producción:* Miguel de Casas, Esther Rodríguez. *Ayudante de cámara:* Miguel Ángel Muñoz. *Auxiliar de cámara:* Francisco Alcaine. *Técnico de vídeo:* Pablo Hernández. *Fotógrafos de escenas:* Jorge Aparicio, Mimmo Catarinich. *Ayudantes de montaje:* Rosa María Ortiz, Manuel Laguna. *Ambientador:* Carlos G. Cambero. *Ayudante de decoración:* Pepón Sigler. *Dibujante:* Arturo González. *Regidor:* Enrique Vázquez. *Jefe de Atrezzo:* Tadeo Villalba. *Atrezzistas:* Francisco Calonge, Luciano Romero, José Luis García, Juan E. Sánchez. *Asistencias:* Federico G. Cambero. *Pintor:* Salvador Comes. *Sastra:* María del Puy Uche. *Ayudante de maquillaje:* Jorge Hernández. *Ayudantes de peluquería:* Patricia Rodríguez, Alfonso Martínez. *Jefe de eléctricos:* Fulgencio Rodríguez. *Jefe de maquinistas:* Carlos Miguel. *Maquinista:* Agustín Grande. *Eléctricos:* Alberto Arnal, Enrique Bello, Antonio García, José Ferrándiz, Vladimiro Amor, Alberto Arnal M. *Efectos especiales:* Reyes Abade, S.A. *Maestro de armas:* José Luis María Chinchilla. *Doble de acción de Victoria Abril:* Pilar Navarro. *Doble de acción de Rossy de Palma:* Esther Flores. *Especialistas:* Alejandro Cobo, Andrés Parra. *Construcción de decorados:* E.G. Decoración Escénica, S.A. *Efectos de sala:*

Luis Castro. *Técnico de sala de doblaje:* Alfonso Pino. *Otros diseños gráficos:* Juli Capella and Quim, Larrea Disseny. *Ayudantes Studio Gatti:* Alicia González, Florencia Grassi. *Títulos de crédito:* O.F.E. Optical Effects Ltd. *Truca:* Story Film-Pablo Núñez. *Cámaras:* Camarent (Panavisión). *Laboratorio:* Madrid Film. *Estudio de montaje:* Exa, S.A.L. *Sonorización en España:* Tecnison, S.A. *Ingeniero:* Francisco Peramós. *Sonorización en Londres:* Pinewood Studios. *Ingenieros de sonorización:* Graham V. Harstone, Michael A. Carter, Kevin Tayler. *Transcripciones de sonido:* Dacasound, S.A. *Transcripciones de vídeo:* Atanor, S.A. *Iluminación:* Cinetel. *Vestuario:* Peris Hnos. *Pelucas y postizos:* Viuda de Ruiz. *Semovientes:* Francisco Ardura. *Atrezzo:* Vázquez Hnos., Mateos, Luna, Mengíbar. *Tapicería:* Emilio Ardura. *Plantas:* Fausto Alonso. *Transportes y unidad móvil:* Ángel Megino. *Grúa:* Cinegrip. *Grúa scorpio:* Servicevisión System, S.A. *Gestoría:* Legiscine. *Control presupuestario y asesoría fiscal:* Coprisa. *Suministro de material informático:* P.C.M. *Seguros:* Gil y Carvajal. *Servicios de seguridad:* Doberjusan. *Alquiler de casetas:* Alquimodul. *Rodaje en estudios:* Estudios Barajas, S.A., Tres Cantos, S.A. *Año de producción:* 1989. *Película:* Eastmancolor (Kodak España, S.A.). *Paso de proyector:* 35 mm. *Formato:* 1:1,85. *Sonido:* Dolby stereo. *Asesor de dolby stereo:* Ray Gillon. *Lugares de rodaje:* Madrid y Zarza de Granadilla (Cáceres). *Nacionalidad:* Española. *Estreno:* 22 de enero de 1990.

Ficha artística

Marina. Victoria Abril. *Ricki:* Antonio Banderas. *Lola:* Loles León. *Alma:* Julieta Serrano. *Médica:* María Barranco. *Chica de la moto:* Rossy de Palma. *Máximo Espejo:* Francisco Rabal. *Directora psiquiátrico:* Lola Cardona. *Periodista:* Montse García Romeu. *Decorador:* Emiliano Redondo. *Fantasma:* Oswaldo Delgado. *Farmacéutica:* Concha Rabal. *Productor:* Alberto Fernández. *Anciano psiquiátrico:* José María Tasso. *Montadora:* Angelina Llongueras. *Bailarín tango:* Manuel Bandera. *Bailarina tango:* Virginia Díez. *Dependienta bombone-*

ría: Juana Cordero. *Madre de Marina:* Francisca Caballero. *Hija de Lola:* Francisca Pajuelo. *Hermanos de Lola:* Víctor Aparicio, Carlos G. Cambero. *Negro:* Alito Rodgers. *Camello:* Tamaki. *Enfermera:* Almudena García. *Farmacéutico:* Agustín Almodóvar. *Guarda jurado:* Rodolfo Montero. *Gitano viejo:* Miguel García. *Gitano joven:* Pedro Losada. *Figuración:* Nueva Agencia, S.L. *Música original compuesta, orquestada y dirigida por:* Ennio Morricone. *Otras músicas:* «Canción del alma», de Rafael Hernández, versión de Los Coyotes, de Víctor Abundancia, interpretada por Loles León; «Resistiré», de Carlos Toro Montoro-Manuel de la Calva (cortesía de A.C.M. Ediciones Musicales, S.A.), cortesía de Discos C.B.S., S.A.; «Celos (Jalousie)», de Jacob Gade (cortesía de Canciones del Mundo, S.A., Madrid, editor original: Charles Brull Ltd.), cortesía de Teldec Record Service GmbH, Hamburgo; «SatanaSA», de Fabio de Miguel-P. Almodóvar-B. Bonezzi, cortesía de Victoria Ediciones Musicales, S.A. *Subvencionada por:* Ministerio de Cultura. *Colaboraciones:* Eduardo Arroyo, Dis Berlin (dibujos Ricki), Chus Burés (máscara fantasma), Pepe Rubio (traje fantasmas). *Agradecimientos:* Enrique Miret Magdalena, Francisco Nieva, Ricky Posner, Cristine Welker, Asociados de la Imagen, S.L., doctor Luis Martín, Alcampo, S.A., Artmis, S.A., Bang and Olufsen España, S.A., Calvo y Munar, La Casa del Libro-/Espasa-Calpe, S.A., Marta Rozas-Casa y Jardín, Hotel Castellana Intercontinental, Decoración Internacional, S.A.-Juan Luis Líbano, Doméstica Sede, Esti-Arte Ediciones, S.A., Eurostil, revista *Fotogramas,* perfumería Hegar, Leganés Motor, Rovi (R.Z.R.), Bonduelle (Contrapunto), Danone (R.C.P.), Tauro Samsonite, Vespa, S.A., Vídeo Colección, S.A.

TACONES LEJANOS

FICHA TÉCNICA

Director: Pedro Almodóvar. *Guión:* Pedro Almodóvar. *Productor ejecutivo:* Agustín Almodóvar. *Directora de producción:* Esther García. *Director de fotografía:* Alfredo Mayo.

Música: Riuichy Sakamoto. *Montador:* Pepe Salcedo. *Chanel* viste a: Victoria Abril. *Giorgio Armani* viste a: Marisa Paredes. *Diseño gráfico:* Studio Gatti. *Ayudante de dirección:* Yousaf Bokhari. *Ayudante de director:* Inma Hoces. *2.º ayudante de dirección:* Arantxa Aguirre. *Secretaria de rodaje:* Marisa Ibarra. *Auxiliar de dirección:* Eva Leira. *Meritorio de dirección:* Ramón Fernández de Tejada. *Ayudante de producción:* Tino Pont. *2.º ayudante de producción:* Miguel de Casas. *3.º ayudante de producción:* Lola García. *4.º ayudante de producción:* José María Fernández. *Cajero pagador:* Oscar Valero. *Auxiliar de producción:* Clarissa Couassi. *Meritorio de producción:* Toni Novella. *Ayudante de cámara:* Miguel Ángel Muñoz. *Auxiliar de cámara:* Cristina Noé. *Técnica de vídeo:* Roberto Coronado. *Fotógrafo de escenas:* Mimmo Cattarinich (Ram Studio). *Microfonista:* Denis Guilhem. *Ayudante de montaje:* Rosa Ortiz, Manolo Laguna. *Ambientador:* Carlos García Cambero. *Ayudante de decoración:* Patricia de Blas. *Regidor:* Julián Mateos. *Atrezzistas:* Federico García Cambero, Juan I. Viñuales, José L. García Quevedo. *Asistencias:* Leopoldo Báez. *Ayudante de sastrería:* Hugo Mezcua. *Sastra:* Puy Uche. *Ayudante de maquillaje:* Ana Lozano. *Auxiliar de peluquería:* Evaristo Ruiz. *Jefe de eléctricos:* Enrique Bello. *Jefe de maquinistas:* Carlos Miguel. *Maquinista:* Teodoro García. *Eléctricos:* Eugenio Martínez, Enrique Pérez, Rafael Castro, Anselmo Villalba. *Personal de administración:* Ana Vidal, Celia Mengíbar, Ana Sanz, Tomás Fernández. *Supervisión de producción en Francia:* Jean-Claude Fleury, Pierre Edelman, Yves Attal, Aude Girard. *Ayudantes Studio Gatti:* Alicia González, Florencia Grassi. *Objetos artesanales:* Mayrata O'Wisiedo. *Efectos especiales:* Reyes Abades, S.A. *Construcción de decorados:* E.G. Decoración Escénica. *Optical y títulos:* Story Film-Pablo Núñez. *Efectos de sala:* Jorge Rodríguez Inclán. *Estudio de montaje:* Exa, S.A.L. *Estudio de grabación de música:* Right Track Studios, Nueva York. *Estudios de mezcla de música:* Right Track Studios, Nueva York, Soundtrack Studios, Nueva York. *Cuerdas dirigidas por:* David Nadiem. *Grabación y mezcla de música:* Lolly Grodner and Riuichy Sakamoto. *Ingenieros de grabación de música:* Brian Pollack, Trish McCabe, Jim Viviano, Angelo Lo Coco. *Coordinador:*

Hal Grant. *Guitarra:* Basilio Georges. *Coordinador:* Roger Trilling. *Jefa de producción:* Norika Sky-Sora. *Agente del señor Sakamoto:* David Rubinson. *Estudio de grabación de canciones:* Cinearte, S.A. *Cantadas por:* Luz Casal. *Ingeniero de grabación de canciones:* Miguel de la Vega. *Sonorización en España:* Tecnison, S.A. *Ingeniero de sonido en España:* Francisco Peramós. *Sonorización en Londres:* Pinewood Studios. *Ingenieros de sonorización:* Graham V. Harstone, Michael A. Carter, Kevin Tayler. *Transcripciones de sonido:* Charly Sound. *Trabajos de vídeo:* Laya Producciones. *Cámaras:* Camararent (Panavisión). *Laboratorio:* Madrid Film. *Iluminación:* Cinetel. *Vestuario:* Peris Hnos. *Posticería:* Viuda de Ruiz. *Atrezzo:* Mateos, Luna Mengíbar, Vázquez Hnos. *Tapicería:* Emilio Ardura. *Transportes y unidad móvil:* Ángel Megino. *Grúa:* Cinegrip. *Grúa grande:* Cinegrúa, S.A. *Restaurantes de rodaje:* Rafael, Hostelería Internacional, Reni Catering, S.L. *Gestoría:* Legiscine. *Asesoría fiscal:* Coprisa. *Seguros:* Caser. *Servicios de seguridad:* Dibercon. *Rodaje en estudios:* Estudios Barajas, S.A. *Película:* Eastmancolor (Kodak España, S.A.). *Paso de proyector:* 35 mm. *Formato:* 1:85. *Sonido:* Dolby stereo (en salas seleccionadas). *Fecha de estreno:* 23 de octubre de 1991.

Ficha artística

Rebeca: Victoria Abril. *Becky del Páramo:* Marisa Paredes. *Juez Domínguez, Femme Letal, Hugo:* Miguel Bosé. *Alberto:* Pedro Díez del Corral. *Manuel:* Feodor Atkine. *Margarita:* Ana Lizarán. *Isabel:* Miriam Díaz Aroca. *Madre del juez:* Mayrata O'Wisiedo. *Paula:* Cristina Marcos. *Rebeca niña:* Rocío Muñoz. *Luisa:* Lupe Barrado. *Capellán hospital:* Juan José Otegui. *Enfermera hospital:* Paula Soldevila. *Regidor T.V.:* Javier Bardem. *Realizador T.V.:* Gabriel Garbisu. *Tata:* Eva Siba. *Maquilladora 1.ª:* Montse García Romeu. *Maquilladora 2.ª:* Lina Mira. *Novia de heroinómana:* Bibi Andersen. *Médico cárcel:* Abraham García. *Funcionaria I:* Angelina Llongueras. *Funcionaria:* Carmen Navarro. *Dealer:* Roxy Vaz. *Dependiente tienda fotos:* Javier Benavente. *Policía T.V.:* Rodolfo Montero. *Policía pañuelo:* Luigi Martin.

Sacerdote: José María Sacristán. *Negro isla Margarita:* Plácido Guimaraes. *Locutora:* María Pau Domínguez. *Locutor:* Hilario Pino. *Agente judicial:* Fernando Prados. *Bailarinas:* Victoria Torres, Ana García, Almudena de la Riva, Elia Camino, Raquel Sanchís, María Dolores Ibáñez, Yolanda Muñoz. *Figuración:* Strello. *Figuración:* El martillo de Lucifer. *Colaboradores:* Dis Berlin, *Diabéticas aceleradas,* Elena Benaroch, Sybilla, Antonio Pérez Reina, Simona Benzakeim (Publicidad Internacional), Marisol Muriel, Manuel Bandera, Willie Arroyo, José María Sánchez, Polo Villaseñor, Cinergia, Juan Bauza. *Nuestro agradecimiento a:* Doctor Luis Martín, doctor Izaguirre, Marieta, Schweppes, Renault, Comercial Mercedes Benz, Antoni Casadesús, Idea Madrid, La Oca, Ático, Alonso Mercader, Luis Vuitton, Enrique P. Ekseption, Misión Imposible Eric Yerno, Hewlett Packard, S.A., Plastic Omnium, S.A., Teatro María Guerrero, Tempo Cucine Parque Sur, Bang and Olufsen España, S.A., Tauro, Alcampo, S.A. (Getafe), Espasa-Calpe, S.A., Limousina Didac Enterprise, S.A., perfumería Hegar, Hospital Clínico San Carlos, Canciones del Mundo, S.A., Dirección General de Policía, Ayuntamiento de Elche, Escuela Taller Elche, Ayuntamiento de Madrid, Departamento de Parques y Jardines del Ayuntamiento de Madrid, Audiencia Provincial de Madrid, R.T.V.E., Dirección General de Instituciones Penitenciarias, a todo el personal del Centro de Yeserías, Madrid. *Localizaciones de rodaje:* Madrid y Elche. *Banda sonora distribuida por:* Island Records. *Otras músicas:* «Pecadora», interpretada por Los Hermanos Rosario, Kubaney Records, Kubaney Publishing Inc., Miami, Florida; «Piensa en mí», letra y música: Agustín Lara, editor original: Edward B. Marks Music, por cortesía de Canciones del Mundo, S.A., interpretada por Luz Casal, artista exclusiva de Hispavox, S.A.; «Un año de amor», basado en los temas «C'est irreparable» y «Un anno d'amore», compuesta por N. Ferrer-G. Verlor, texto en español de Pedro Almodóvar, interpretada por Luz Casal, artista exclusiva de Hispavox, S.A.; «Soleá» y «Saeta», autor: Gil Evans, (c) Copyright 1984 by: Solar Plexus Music, interpretada por Miles Davis, por cortesía de Sony Music Entertainment (Spain), S.A.; «Beyond my control», compuesta por George Fenton, editor original: Warner Bros Music Corp. (Canciones del Mundo, S.A.), por cortesía de Warner Bros Inc.; «A final request», compuesta por George Fenton, editor original de Warner Bros Music Corp. (Canciones del Mundo, S.A.), por cortesía de Warner Bros Inc.

KiKa

FICHA TÉCNICA

Director: Pedro Almodóvar. *Guión:* Pedro Almodóvar. *Director de fotografía:* Alfredo Mayo. *Montador:* Pepe Salcedo. *Directora de producción:* Esther García. *Productor ejecutivo:* Agustín Almodóvar. *Sonido:* Jean Paul Mugel. *Maquillaje:* Gregorio Ros. *Peluquería:* Jesús Mancusi. *Figurinistas:* José María Cossío. *Colaboración de:* Gianni Versace. *Decoradores:* Javier Fernández, Alain Bainee. *Montaje:* José Salcedo. *Director de cámara:* Alfredo Mayo. *Diseño gráfico:* Studio Gatti. *Ayudante de dirección:* Jesús de la Morena. *Ayudante del director:* Jorge Guerricaechevarría. *2.º ayudante de dirección:* Sergio Francisco. *Script:* Marisa Ibarra. *Auxiliar de dirección:* Susana González. *Meritorio de dirección:* Ramón Saralegui. *Jefe de producción:* Alejandro Vázquez. *Ayudantes de producción:* Tino Pont, Lola García, Toni Novella, Clarissa Couassi. *Cajero:* Oscar Valero. *Secretaria de producción:* Ana Vidal. *Promoción y prensa:* Paz Sufrategui. *Ayudante de cámara:* Miguel Ángel Muñoz. *Auxiliar de cámara:* Cristina Noé. *Meritorio de cámara:* Marco Besas. *Operador steadycam y making-off:* Joaquín Manchado. *Auxiliar steadycam:* Rafael de Santiago. *Técnico de vídeo:* Gorka Rotaetxe. *Fotógrafo de escenas:* Jean Marie Leroy. *Microfonista:* Denis Guilhem. *Ayudante de montaje:* Rosa Ortiz. *Ayudante de montaje:* Manolo Laguna. *Ayudantes de decoración:* Cristina Mampaso, Helena McLean, Nuria San Juan. *Regidores:* Marini Monje, Enrique Vázquez. *Dibujantes:* Arturo González, Rafael de Unamuno. *Atrezzistas:* Federico G. Cambero, Juan Ignacio Viñuales. *Asistencia de rodaje:* José Luis Navarro, Paco

Escribano. *Ayudante de vestuario:* Hugo Mezcua. *Sastra:* Puy Uche. *Ayudante de maquillaje:* Ana Lozano. *Meritorio de maquillaje:* Susana Sánchez. *Técnicos de efectos especiales:* Yves Domenjoud, Olivier Gleyze, Jean Baptiste Bonetto. *Ayudante de efectos especiales:* Lucas Klinglenberg. *Especialista:* Ignacio Carreño. *Jefe de eléctricos:* Rafael García. *Jefe de maquinistas:* Carlos Miguel. *Maquinista:* Teodoro García. *Eléctricos:* Rafael Castro, Ángel Granel, Fernando Beltrán, Carlos Pedro García. *Gruista:* Alfredo Díaz Viña. *Conductores:* José María Sánchez, Miguel Sánchez. *Personal de administración:* Ana Sanz, Susana Gordo, Luisfer Machi. *Supervisión de producción en Francia:* Aude Girard. *Construcción de decorados:* Enrique García. *Estudio de montaje y doblaje:* Exa, S.A.L. *Jefe de mezclas:* Graham V. Harstone, A. M. P. S. *Mezclador:* Nic Lemussurier, A. M. P. S. *Grabación de mezcla final:* Pinewood Studios, Londres, Inglaterra. *Efectos de sala:* Luis Castro. *Casting de dobladores:* Ramiro de Maeztu. *Doblador de Peter Coyote:* Ángel Quislant. *Transcripciones de sonido:* Charly Sound. *Posproducción de vídeo:* Molinare. *Cámaras:* Cámara Rent. *Cámaras de vídeo:* Stico, Laya Producciones. *Laboratorio:* Madrid Film. *Optical y títulos:* Carlos Santos. *Iluminación:* Cinetel. *Realización de vestuario:* Ana Lacoma, Amelia Moya. *Posticería:* Viuda de Ruiz. *Atrezzo:* Vázquez Hnos., Mengíbar. *Tapicería:* Emilio Ardura. *Casting:* Aplauso. *Transportes y unidad móvil:* Ángel Megino. *Grúa conndor:* Cinegrip. *Restaurante de rodaje:* Rafael Hostelería. *Gestoría:* Legsicine. *Asesoría fiscal:* Coprisa. *Transporte internacional:* Procoex, Castelleti-La Vascongada, Agdojavi-Transmobel. *Estudio de rodaje:* Estudios Los Ángeles.

Ficha artística

KiKa: Verónica Forqué. *Nicholas Pierce:* Peter Coyote. *Andrea Caracortada:* Victoria Abril. *Ramón:* Alex Casanovas. *Juana:* Rossy de Palma. *Pablo (Paul Bazzo).* Santiago Lajusticia. *Amparo:* Anabel Alonso. *Amante de Nicholas:* Bibi Andersen. *Policía:* Jesús Bonilla. *Policía:* Karra Elejalde. *Madre de Ramón:* Charo López. *Doña Paquita:* Francisca

Caballero. *Paca:* Mónica Bardem. *Asesino:* Joaquín Climent. *Asesinada:* Blanca Li. *Modelo:* Claudia Aros. *Colaboradores:* Dis Berlin, Simona Benzakeim, Marisol Muriel, Anthony Carregal, Michel Ruben, Luchi López, Pablo Pro Álvarez, Fernando Estrella, Mila Bentabol, Miguel Montero, Tino Roig, Abraham García, Rocío García, Pura López, Ángela Navarro, Antoni Casedesús, Alfonso Sicilia, Brigada Castellanos. *Agradecimientos:* Acme de Diseño, S.L., Carlos Aragonés-Isabel Labrador, Acolgar, A.D. Comunicación, Aide Group, Albahaca, Alivar España, Almacén de Loza, Alonso Mercader, American Prints, Antoni Casedesús Design, Antonio Almerich, Antonio Santos, Arte y Ritual, Arquitect, Aspectos, Ático, Bang and Olufsen España, S.A., Basseti, Baume and Mercier, B.D., Borgia Conti, Canon España, S.A., Capucine Puerari, Caracol Cuadrado, Carlos Luna, S.A., Carrillo, Casa Carril, Casa del Libro, Cerámicas Beulloch, Cielo Raso, Clemente Gómez de Zamora, S.A., Compañía de la Moda, Cosmética Selecta, S.A. (Cacharel), Dauphin, Diesel, Diseño Import, S.A., Driade, Dugopa, S.A., El Picaporte, Enrique P., Ekseption, Eymy, S.L., Factor Humano, Fagor, Fotocasión, Galerías Preciados, Gaultier House-V.I.A. Difusion, Giorgio Armani, Grin-Gho, S.A., Grupo 13, Guadarte, Guarro Casas, Helios, Idea Madrid, Imasoto, Importaciones Anatol, Invisel, Inthai, Keram Cetycer, La Casa de las Estufas, La Casa del Libro, La Mediterránea, La Oca, La Perla, Laure Japy Diffussion, Letraset, Levis Strauss, L'Oreal, Louis Vuitton, Luxottica Group, S.A., Mairea I.D., María Luisa Sotes, Montesa Honda, S.A., Mudanzas Alce, Muebles de Calidad de Soria, S.L., Opel General Motors, Panama Jack, Paul Smith, Pava Muebles, Paya Hnos., Pepsi-Cola España, S.A., Permanent, Piamonte, Plein Sud, Polaroid, Poltrona Frau, Pomellato, Port Said Ediciones, S.A., Praia, Radisa, Reforma, Ricky Pizarro, Samsonite, Schindler, S.A., Scooter, Seagram España, Seat, S.A., Shantou Guanzu, Tandon Computer, Tapsa N.W. Ayer, Teklassic, Treca de España, Venini, Vía Láctea, Yves Saint Laurent, Zanotta, Ayuntamiento de Madrid-Departamento de Mobiliario Urbano, Juntas municipales de distritos Centro, Salamanca y Chamartín, Círculo de Bellas

Artes, Dirección General de la Guardia Civil-Intervención de Armas, Jefatura Provincial de Tráfico, Subsectores de la Guardia Civil de Guadalajara, Alcalá de Henares y Leganés, Estación de Trenes de Atocha (R.E.N.F.E.-A.V.E.), destacamento de la Guardia Civil de Leganés, Empresa Mixta de Servicios Funerarios de Madrid, Cementerio de la Almudena. *Músicas: Danza Española núm. 5,* autor: Enrique Granados Campiña, editor: Unión Musical Ediciones, S.L., interpretado por London Symphony Orchestra, dirigida por Ataúlfo Argenta, editada en Decca: CD «Embrujo», 436 448-2, distribuido por Polygram Ibérica, S.A.; «Se nos rompió el amor», interpretado por Fernanda y Bernarda de Utrera, por cortesía de Pasarela, S.A.; «Concierto para bongo», autor: Dámaso Pérez Prado, Copyright: 1966 by Peer International Corp., Permusic Española, S.A., por cortesía de West Side Latino Records Ltd.; «Guaglione», autores: Nisa-G. Fanciulli, editor original: Accordo Ediz Music, autorizado por Curci de España, S.L.-Warner Chappel, por cortesía de R.C.A., una división de B.M.G. España; «Mamá yo quiero», autor: Jararaca y Vicente Paiva, interpretado por Pérez Prado, editores: Emi Music Publish in Spain-Manhione Filhos and Cia., por cortesía de R.C.A., una división de B.M.B. España; «Luz de luna», autor: Álvaro Carrillo, interpretado por Chavela Vargas, Copyright: 1959 by E.M.M.M.I. México, Permusic Española, S.A., por cortesía de Turner Records; «The car lot, the package», fragmento de *Suite from Psycho,* autor: Bernard Herrmann, editor original: Famous Music Corp., autorizado por Canciones del Mundo, S.A., grabación y mezclas realizadas en los Estudios de Sintonía, S.A. (Madrid-España), técnico: José Vinader, ayudantes: Benito Gil «Benny», Eduardo Ruiz-Joya, arreglos: Juan Carlos Cuello, dirección orquesta: Tomás Garrido, productor: Juan José Valorisco, ayudante de producción: Patricia Segovia; «Youkali tango Habanera», autor: Kurt Weill, interpretado por el Armedillo String Quartet, arreglo para cuarteto de cuerdas, editores: European American Music Corporation, agente de la Kurt Weill Foundation for Music Inc.-Heugel, S.A., una grabación de A&M Record Inc., distribuida en España por

Polygram Ibérica, S.A.; «La Cumparsita», autor: Mateos Rodríguez, interpretado por Xavier Cugat, editor: Ediciones Musicales Clippers, S.L., por cortesía de Sony Music España. *Exteriores rodados en:* Madrid y los Santos de la Humosa. *Película:* Kodak Eastmancolor. *Formato:* 1:1,85. *Rodada en:* Panavisión. *Sonido:* Dolby stereo. *Banda sonora distribuida por:* Polygram. *Distribuida por:* Warner Española, S.A., (c) El Deseo, S.A., Ciby 2.000, 1993. *Fecha de estreno:* 29 de octubre de 1993.

LA FLOR DE MI SECRETO

FICHA TÉCNICA

Dirección: Pedro Almodóvar. *Guión:* Pedro Almodóvar. *Productor ejecutivo:* Agustín Almodóvar. *Directora de producción:* Esther García. *Director de fotografía:* Affonso Beato. *Montaje:* José Salcedo. *Música original:* Alberto Iglesias. *Sonido:* Bernard Menz. *Decorados:* Wolfgang Burmann. *Ambientación:* Manuel López Pelegrin. *Maquillaje:* Juan Pedro Hernández. *Peluquería:* Antonio Panizza. *Vestuario:* Hugo Mezcua. Max Mara y Sportma visten a Marisa Paredes. Ermenegildo Zegna viste a Juan Echanove. *Ayudante de dirección:* Pedro Lazaga. *2.º ayudante de dirección:* Ana Muñoz, Marta Calvo. *Ayudante del director:* Pedro Paz. *Script:* Marisa Ybarra. *Auxiliar de dirección:* Covadonga R. Gamboa. *Jefe de producción:* Alejandro Vázquez. *Ayudante de producción:* Lola García, Toni Novella, Manuel de Casas. *Administrador:* Óscar Valero. *Promoción y prensa:* Paz Sufrategui. *Prensa internacional:* Simona Benzakeim. *2.º operador:* Michael Levine. *Ayudante de cámara:* Juan Benet. *Auxiliar de cámara:* Marc Benería. *Foto escena:* Jean Marie Leroy. *Técnico vídeo:* Mónica Hernández. *Ayudante de montaje:* Rosa Ortiz, Manolo Laguna. *Microfonista:* Aitor Berenguer. *Ayudante de decoración:* Antoni Laguna. *Ayudante de ambientación:* Fere G. Cambero. *Regidora:* María Rodríguez. *Ayudante de regidora:* Chusa Martínez. *Atrezzista:* Juan Ignacio Viñuales, Juan Vicente Rocre, José Altit, Mikel Izaguirre. *Ayudante de vestuario:* Ana Morales. *Sastra:* Rosa Para-deda. *Maquillador:* Jorge Hernández. *Jefe de eléctricos:* Enri-que Bello. *Jefe de maquinistas:* Carlos Miguel. *Eléctricos:* Ra-fael Castro, Ángel José Granell. *Maquinista:* Toni Gil. *Making off:* Daniel Cebrián. *Personal administración:* Ana Sanz, Ixer Ortiz de Zárate, Beatriz Gordo, Diego Pajuelo, Luisfer Maché. *Meritorio de producción:* Óscar Raúl Tugores. *Meritorio de cámara:* Nacho Chanade. *Supervisión produc-ción Francia:* Aude Girard. *Diseño gráfico:* Studio Gatti. *Pro-ducción musical:* Alberto Iglesias, Lucho Godoy. *Violonce-llo:* Marien Casacu. *Viola:* Cristian Ifraim. *Violín:* Vladimir Mentamu. *Ingeniero mezclas músicas:* José L. Crespo. *Inge-niero producción músicas:* Antonio Olarraga. *Copista:* Juan Villarrubia. *Orquesta:* Camareta del Prado. *Director orques-ta:* Tomás Garrido. *Estudios mezclas:* Pinewood Studios. Lon-dres. *Mezclador:* Graham V. Haststone Amps. *Ayudante mez-clador:* Michael A. Carter, Tony Cleal. *Estudios montaje, sonorización y grabación músicas:* Cinearte. *Mezclador:* José A. Bermúdez. *Ayudante mezclador:* Carlos Garrido. *Efectos sala:* Luis Castro. *Transcripciones magnéticas:* Antonio Illán. *Figuración:* 2.001. *Laboratorios:* Madrid Film. *Director técnico de laboratorio:* Alfonso Aguirre. *Estudios rodaje:* 20 × 300. *Cámaras:* Cámara Rent. *Material eléctrico:* Cinetel. *Grúa:* Cinegrip. *Fisher:* Car-grupfilms. *Grúa cóndor:* Cama-ragrup internacional. *Transportes:* Megino. *Vestuario:* Peris, Isabel Brez, Proesa. *Atrezzo:* Vázquez Hnos. *Efectos especia-les:* Molina. *Tapicería:* Emilio Ardura. *Diseño cabecera:* Juan Gatti. *Edición:* Molinare. *Títulos:* Pablo Núñez. *Trucos ópti-cos y títulos finales:* Vídeo Efect. *Posticería:* Viuda de Ruiz. *Gestoría:* Legascue. *Asesoría fiscal:* Coprisa. *Plantas y flores:* Alejandro Heeven, Jardín de Sala, S.L. *Agencia de viajes:* Via-jes Halcón.

FICHA ARTÍSTICA

Leo Macías/Amanda Gris: Marisa Paredes. *Ángel:* Juan Echanove. *Betty:* Carmen Elías. *Rosa:* Rossy de Palma. *Ja-cinta:* Chus Lampreave. *Paco:* Imanol Arias. *Antonio:* Joaquín Cortés. *Blanca:* Manuela Vargas; Kitty Manver; Gloria Muñoz; Juan José Otegui; Nancho Novo; Jordi Mollá; Alicia Agut; Marisol Muriel; Teresa Ibáñez; José Palau; Abraham García. *Colaboradores:* Michael Ruden. José María Sánchez. Carmen Segovia.

Agradecimientos: Decoración: Aldaba. Arredaese. Arte San Patricio (chimeneas). Athenea-Joyeros, S.L. Barbie. Bo. Becara Bourjois. Canon. Capellini. Carlos Berlanga. Carlos Luna, S. A. Cartier. Chanel. Ciclop, S.L. Crisol. Disform. El Desván de Almagro. El Rincón de la Abuela. Esselte, S.A. (Dymo). Foscarini. Gargot. Gastón y Daniela. Grundig. Íñigo Maluquer. Javier Muñoz. Kilika. La Esfera del Arte. Librería Antonio Machado. Librería Berkalia. Manufacture Familiale de Muebles. Mape, S.L. Marquesa de Portugalete. Mondo. Muebles Bercely (cocina rosa). Muebles Ébano (cocina Leo). Mulberry Polygram. Proyecto 4. Restaurante Viuda de Vacas. Samsonite. Santa & Cole. Solac. Sony España. Teka. Telefónica (cabina teléfono). Tendederos El Sol. Tiempos Modernos. Tresserra. Tupperware. Ulim (Masso-Alvaro Fontanals). Unisys España, S.A. Unitalia. Vadya. Villalar. *Editoriales:* Alhambra Longman. Alfaguara. Alianza Editorial. Anagrama. Cátedra. Edhasa. Ediciones B. Harlequin. Lumen. Penguin España. Salvat Editores. Siruela. Visor. *Producción:* Organización Nacional de Trasplantes. ABC. El Mundo. El País. FNAC. J & B-Anglo Española de Distribución. MRW Mensajeros. Onda Cero Radio. Radio Olé. Renault. Citylux e Iberia Ixx Jet. Cadena Ser. Solán de Cabras. Sociedad General de Autores de España. Teletaxi. Tinte Roma. T.V.E. Comunidad de Madrid. Hotel Escuela de la Comunidad de Madrid. Ayuntamiento de Madrid. Junta municipal de Distrito Centro, de Arganzuela, de Chamberí. Ayuntamiento de Parla. Jefatura Provincial de Tráfico. Ayuntamiento de Almagro. *Vestuario:* Adolfo Domínguez. Ágata. Bonaventure. Bulgari. Cerrutti. Chevignon. Diesel. Fiorucci. Hermes. Isabel Berz. Lotusse. Luxotica Group. Omega. Panama Jack. Paul Smith. Sybilla. Wolford. *Bolsos:* Cristina Hugarte. Piamonte. *Zapatos:* Robert Clerguerie. J. Forestrier. Thimoty-Ho-Box. *Músicas:* «Soleá» by Gil Evans. *Intérprete:* Miles Davis, por cortesía de Sony Music. «En el último trago». *Autor:* José Alfredo Jiménez Sandoval. Ariola.

Intérprete: Chavela Vargas, grabación realizada durante la actuación en el Teatro Albéniz. «Ay amor». *Autor:* Ignacio Jacinto Villa (Bola de Nieve). *Intérprete:* Ignacio Jacinto Villa (Bola de Nieve). Editora Musical de Cuba. La Habana (Cuba). «Tonada de Luna Llena». *Autor:* Sharon Díaz. *Intérprete:* Caetano Veloso. Selemúsica C.A. Polygram. «Concurso de Gritos». Imágenes cedidas por T.V.E.

Exteriores rodados en Madrid y Almagro. Película Kodak Eastman Color. Formato 1.1'85. Rodada en Panavisión. Sonido Dolby Stereo. El Deseo, S.A./Ciby 2.000. 1995. Fecha de estreno: 22 de septiembre de 1995.

CARNE TRÉMULA

FICHA TÉCNICA

Dirección: Pedro Almodóvar. *Guión:* Pedro Almodóvar, basado en la novela de Ruth Rendell *Live Flesh. Productor ejecutivo:* Agustín Almodóvar. *Directora de producción:* Esther García. *Director de fotografía:* Affonso Beato. *Montador:* José Salcedo. *Música:* Alberto Iglesias. *Sonido:* Bernard Menz. *Director artístico:* Antxon Gómez. *Vestuario:* José María de Cossío. *Maquillaje:* Juan Pedro Hernández. *Peluquería:* Fermín Galán. Con la colaboración en guión de Ray Loriga y Jorge Guerricaechevarría. *Ayudante de dirección:* Pedro Lazaga. *Segundo ayudante de dirección:* Ana Muñoz, Alvar de Armiñán. *Script:* Marisa Ibarra. *Auxiliar de dirección:* Covadonga R. Gamboa. *Ayudantes de director:* Lola García, Pedro Pae. *Directora de casting Ocuranda Films:* Katrina Bayonas. *Jefe de producción:* Alejandro Vázquez. *Ayudantes de producción:* Toni Novella, Pilar Pérez. *Asistente del productor:* Michel Ruben. *Auxiliares de producción:* Nicolás Tapia, Sergio Díaz. *Administrador:* Óscar Valero. *Promoción y prensa:* Paz Sufrategui. *Prensa en Europa:* Simona Benzakeim. *Segundo operador:* Julio Madurga. *Segundo operador y Steady Cam:* Joaquín Manchado. *Ayudante de cámara:* David Carretero. *Foto escena:* Daniel Martínez. *Téc-*

nico vídeo: Jacobo Escamilla. *Ayudantes de montaje:* Rosa Ortiz, Manolo Laguna. *Microfonista:* M.ª del Mar González. *Ayudantes de decoración:* Agustí Camps, Ion Arreche. *Ambientador:* Felipe de Paco. *Ayudante de ambientación:* Federico G. Cambero. *Regidores:* Imanol Echevarría, Belén Bernuy, Carola Angulo. *Atrezzistas:* Juan Ignacio Viñuales, Juan Vicente Riuve, José Altit, Gonzalo Ansó. *Ayudante de vestuario:* Alejandro Van Rody. *Sastra:* Eva Salas. *Ayudante de maquillaje:* Patricia Rodríguez. *Gaffer:* Francesc Frualla. *Jefe de eléctricos:* Enrique Bello. *Jefe de maquinistas:* Carlos Miguel. *Eléctricos:* Rafael Castro, Fernando Beltrán, Enrique Pérez, Eugenio Martínez, Ángel Gómez, Alberto Arnal, Luis Hidalgo. *Making off:* Francisco Javier Roa. *Ayudante de making off:* Cristina Rodríguez. *Personal administración:* Ana Sanz, Adela Donamaría, Beatriz Gordo, Rosa M.ª Serrano. *Ayudantes de casting Ocuranda Films:* Natalia Lukig, Isabel Martínez. *Meritorio de dirección:* Luisfer Machí. *Meritorios de cámara:* Águeda Baloch, Ignacio Charrade. *Meritorios de sonido:* Pablo Bueno, Sergio Corral. *Meritoria de decoración:* M.ª Pilar Castellano. *Supervisión producción Francia:* Aude Girard. *Diseño gráfico y títulos:* Studio Gatti. *Producción musical:* Alberto Iglesias, Lucio Godoy. *Estudios montaje, sonorización, grabación músicas y mezclas:* Cinearte. *Mezclador:* J. A. Bermúdez. *Efectos sala:* Luis Castro. *Transcripciones magnéticas:* Antonio Illán. *Construcción de decorados:* Enrique García. Figuración 2.001. *Laboratorios:* Madrid Film. *Director técnico:* Alfonso Aguirre. *Corte negativo:* Felisa Catalinas. Cámara Rent. *Material eléctrico:* Cinetel. *Grúa:* Cinegrip. *Transportes:* Megino. *Vestuario:* Cornejo. *Atrezzo:* Vázquez Hermanos. *Efectos especiales:* Molina. *Tapicería:* Emilio Ardura. *Edición y posproducción vídeo:* Molinare. *Trucos ópticos y Rótulo final:* StoryFilms. *Posticería:* Viuda de Ruiz. *Gestoría S. S.:* Legiscine. *Asesoría fiscal:* Coprisa. *Traducción guión francés:* Dalila García. *Conductores:* Miguel Ángel López, Bernardino Villanueva, Julián Hernández Carmelo Morón, Agustín Ruiz, Juan Luis Grande, Javier Sánchez, Ángel Frutos.

Víctor: Liberto Rabal. *David:* Javier Bardem. *Elena:* Francesca Neri. *Clara:* Ángela Molina. *Sancho:* Pepe Sancho. *Doña Centro:* Pilar Bardem. *Isabel:* Penélope Cruz; Alex Angulo, Mariola Fuentes, Yael Be, Daniel Lanchas y María Rosenfeldt.

Nuestro agradecimiento a:
Fundación ONCE. Rafael de Lorenzo. Equipo de Baloncesto en silla de ruedas: Fundosa-Once. Tienda Tecnicarol. Asociación española de baloncesto. Entrenadores de Javier Bardem: Juan Lara, Ángel García y Víctor Bustaviejo. Diego de Paz. Emilio Rodríguez. Antonio Henares. Liga Nacional de Fútbol Profesional, C. Atl. de Madrid SAD. F.C. Barcelona. Comunidad de Madrid. Nicolás Díaz Chico. Federación de organismos o entidades de radio y televisión autonómicos (FORTA), Canal Sur Televisión, S.A. Televisió de Catalunya, S.A. Televisión Autonomía de Madrid, S.A. Televisión Autonómica Valenciana, S.A. Televisión de Galicia, S.A. Euskal Televista-Televisión Vasca, S.A. Javier Giner. Juan Carlos Crespo. Canal+. Matías Prat. Miguel Navarro. Antonio de Felipe. RNE. TVE. Mariano Sánchez. Fernando Iglesias. Carlos Aguado y Rafaela. Fabián de Torres. Serafín y Miguel de la Residencia Manzanares.

Han colaborado: Brandy. Fortuna, Habitat. Peugeot. Nicoletta Estefanel. Tinte Roma. Telefónica. Zanussi. Tresserra. Acordarte. Roca. San Miguel. Santa y Cole. Philips España. Canon España. Ban & Olufsen. Piaggio. Coca-Cola. Cristóbal Martín. Nuevo Futuro. De papel. Fabio Mac Namara. Elena Benaroch. Emporio Armani. Precchio. Autocares Herranz. Fiorucci. Giorgio Armani. Revista Gigantes del Baloncesto. Cassana. Cervezas Águila. Citröen Hispania. Dom. Editorial Planeta. Chevignon. Hannes. Imperio Clandestino. Jocomomola. John Galliano. Lee Cooper. Luis Miguel Vega. Ediciones S.M. Luxotteca. Matías Rodríquez. Pizza Hut. No Name. Grundig. La Continental. Juteco. Luna. Champion. Flex. JVC Española. Agatha. Amaya Arzuaga. Larrea. Manuela Vargas. Marga Lantero, S.L. Blanco. Bonaventure. Solano Muebles de Caña. Paloma Arístegui. Adolfo Domínguez. Renault FASA

Autocar. Cecilia Paniagua. Zenith. Chanel. Teka. ABC: Joaquín Amado. Plein Sud. Panama Jack. Hugues Chevalier. Mila Rentador. Espuñes Platería. Larrea. Guerlain París. Carola Cervera. Robert. Austral Sport, S.A. Babilonia. Omega. Pomellato. Francesca Medias. Rado. Robert Clergerie. Santi Short. Scooter. Sybilla. Sweater House. Tissot.

Excmo. Ayuntamiento de Madrid. Alumbrado Público. Dpto. Parques y Jardines. Área de Circulación y Transportes. Juntas Municipales de Chamberí, Centro, Salamanca, Retiro, Tetuán y Chamartín. Asociación de comerciantes de Preciados, de Callao (Apreca). Ayuntamiento de Guadarrama. Policía Local de Guadarrama. Cementerio de La Almudena. Dirección General de la Guardia Civil. Empresa de servicios funerarios de Madrid. Empresa Pública de Gestión de Programas de la Junta de Andalucía. Fundación Pedro Fernández. Hemeroteca de la Villa. Hospital de la Paz. Ministerio de Asuntos Exteriores. Policía municipal de Tráfico e infraestructuras de Madrid. Samur. Servicio municipalizado de autobuses de Burgos. (S.A.M.U.R.). Servicio Histórico y Museo del Ejército. Colegio Santa María (Aranda de Duero). Colegio San Fernando. Centro de Parapléjicos de Toledo. Aldeas Infantiles. Mensajeros de la Paz.

BANDA SONORA

Temas compuestos por: Alberto Iglesias. *Interpretados por:* la Orquesta Sinfónica de Madrid. *Director de orquesta:* Tomás Garrido. *Grabación de músicas:* Antonio Olarriaga y Raquel Fernández. *Mezcla músicas:* José Luis Crespo. Solistas: *Armónica:* Antonio Serrano. *Mandolina:* Antonio García de Diego y Miguel Iniesta. *Flauta:* Lucio Godoy. *Percusión:* Alfredo Anaya. *Piano:* Lilián María Castillo. *Arpa:* Susana Cermeño. *Clarinete:* Antonio Goig. *Oboe, corno inglés:* Cayetano Castaño. *Guitarra portuguesa:* Armenio de Melo.

«Ay mi perro». *Letra y música:* J. del Valle Domínguez, Manuel Gordillo Ladrón de Guevara, A. Algueró. *Intérprete:* La Niña de Antequera. Por cortesía de BMG Music Spain, S.A.

«Sufre como yo». Extraído del libro *Ciudad de Nueva York. Autor de la letra:* J. M. Follonosa. *Autor de la música e intérprete:* A. Pla Álvarez. Por cortesía de BMG Music Spain, S.A.

«El rosario de mi madre». *Autor:* Mario Cavagnaro Llerena. *Intérprete:* El Duquende. Por cortesía de Divucsa.

«Somos». *Autor:* Mario Claveli. *Intérprete:* Chavela Vargas. Por cortesía de Warner Music.

«Whirl-Y-Reel 2» (Folk police mix). *Written by:* Simon Emerson & Dave Spillane & Performed by The Afro Celt Sound System. *Published by:* Real World Music Ltd./EMI.

Ensayo de un crimen. Película mejicana producida por el Sindicato de Trabajadores de la Producción Cinematográfica. Escrita por Eduardo Ugarte y Luis Buñuel sobre la novela homónima de Rodolfo Vigil. *Realización:* Luis Buñuel 1955.

Exteriores rodados en Madrid. Developped with the support of the European Script Fund. As iniciative of the media programme of the European Union. Película Kodak Eastman Color. Formato Scope. Rodada en Panavisión. El Deseo, S.A. Ciby 2.000. France 3. Fecha de estreno: 10 de octubre de 1997.

TODO SOBRE MI MADRE

FICHA TÉCNICA

Dirección: Pedro Almodóvar. *Guión:* Pedro Almodóvar. *Productor ejecutivo:* Agustín Almodóvar. *Directora de producción:* Esther García. *Productor asociado:* Michel Ruben. *Director de fotografía:* Affonso Beato. *Montaje:* José Salcedo. *Música:* Alberto Iglesias. *Sonido:* Miguel Rejas. *Director artístico:* Antxón Gómez. *Ayudante de dirección:* Pedro Lazaga. *Segundo operador de cámara:* Joaquín Manchado. *Maquillaje:* Juan Pedro Fernández. *Vestuario:* José María de

Cossío. *Peluquería:* Jean Jacques Puchu. *Ayudantes de dirección:* Álvaro de Armiñán, Covadonga R. Gamboa, Susana Fernández. *Script:* Yuyi Beringola. *Ayudantes del director:* Lola García, Pedro Paz. *Directora de casting:* Sara Bilbatúa. *Auxiliar de dirección:* Luis Fernando Machi, Ignacio Charrade. *Jefe de producción:* Tino Pont. *Ayudante de producción:* Toni Novella. *Auxiliares de producción:* Nicolás Tapia, Sergio Díaz. *Prensa y promoción:* Paz Sufrategui. *Ayudante de producción (Barcelona):* Xavier Guallar. *Administrador:* Óscar Valero. *Ayudante de cámara:* José Ramón Delgado. *Auxiliar de cámara:* Roberto Miguel. *Foto escena:* Teresa Isasi. *Técnico vídeo:* Alberto Poveda. *Ayudantes de montaje:* Rosa Ortiz, Manolo Laguna. *Microfonista:* Jaime Fernández. *Decorador:* Federico García Cambero. *Ayudante de decoración:* Luis Aferré. *Regidora:* María Rodríguez. *Regidor (Barcelona):* Jorge Pérez. *Atrezzistas:* Juan Ignacio Viñuales, Juanvi Riuve, José Altit, Gonzalo Ansó. *Sastra:* Inma Artigas. *Segundo maquillador:* Jorge Hernández. *Jefe de eléctricos:* Enrique Bello. *Jefe de maquinistas:* Carlos Miguel. *Eléctricos:* Rafael Castro, Fernando Beltrán, Eugenio Martínez, José Luis Martínez, Luis Hidalgo, Ángel Gómez, Álvaro Gómez. *Personal administración:* Ana Sanz, Adela Donamaría, Beatriz Gordo, Rosa María Serrano, Amaya Valero. *Coordinador especialistas:* Antonio Lemos. *Especialista:* Ismael Martínez. *Storyboard:* Marcos de Aguilar. *Ayudante de casting:* Macarena Pombo. *Meritorio de producción:* Borja Rodríguez Gamboa. *Meritorio de producción (Barcelona):* Carlos Pastor, Juan de Haro. *Meritorio de cámara:* Raúl Manchado. *Meritorio de decoración:* Javier Rodríguez. *Meritorio de sonido:* David Rodríguez. *Encargado de almacén El Deseo:* Luis Miguel Segura. *Conductor de producción:* Miguel Ángel García. *Reserva de espacio:* Carlos Machi, Alfonso Holguín, Francisco Javier Prieto. *Reserva de espacio (Barcelona):* Miguel Ángel Vivas. *Peones:* Pedro Luis Arias, Emilio García, María del Carmen Rodríguez, Adelaida Huete, Alberto Pereira, Tomás Corbacho, Jesús Arroyo, Raúl Fernández. *Diseño gráfico y títulos:* Óscar Mariné/OMB Madrid/*Producción música:* Lucio Godoy. *Estudios montaje, sonorización y mezclas:* Cinearte. *Mezclas:* José A. Bermúdez, Diego Garrido. *Efectos sala:* Luis Castro.

Construcción de decorados: Enrique García. *Figuración:* 2.001. *Laboratorios:* Madrid Film. *Director técnico:* Alfonso Aguirre. *Etalonaje:* Yolanda Cáceres. *Corte negativo:* Felisa Catalinas. *Material eléctrico:* Cinetel. *Efectos especiales:* Molina. *Grúa:* Cinegrip. *Transportes:* Megino. *Vestuario:* Cornejo. *Atrezzo:* Vázquez-Mateos Mengibar. *Tapicería:* Emilio Ardura. *Postproducción digital:* Molinare. *Inferno:* Aurelio Sánchez-Herrero. *Trucos ópticos:* Storyfilms. *Pelucas y postizos:* Viuda de Ruiz. *Gestoría S. S. Asesoría fiscal:* Coprisa. *Conductores:* Miguel Ángel López, Bernardino Villanueva, Julián Hernández, Carimelo Morón, Agustín Ruiz, Juan Luis Grande, Javier Sánchez, Ángel Frutos.

Ficha artística

Manuela: Cecilia Roth. *Huma Rojo, Blanche Dubois:* Marisa Paredes. *Nina, Stella:* Candela Peña. *La Agrado:* Antonia San Juan. *Hermana Rosa:* Penélope Cruz. *La madre de la Hermana Rosa:* Rosa María Sardá. *Con la colaboración especial de:* Fernando Fernán-Gómez, Fernando Guillén, Toni Cantó, Eloy Azorín, Carlos Lozano, Manuel Morón, José Luis Torrijo, Juan José Otegui, Carmen Balagué, Malena Gutiérrez, Yael Barnatán, Carmen Fortuny, Patxi Freytez, Juan Márquez, Michel Ruben, Daniel Lanchas, Rosa Manaut, Carlos G. Cambero, Paz Sufrategui, Lola García, Lluís Pasqual.

Nuestro agradecimiento a:
Cayetana Guillén Cuervo. Lluis Pasqual. Rodolfo Olmedo. Mamen Segovia. Reni Zanundio. Pierre Edelman.

Tau Cerámica. Organización Nacional de Trasplantes. Barcelona Plató. Teatro Auditorio Federico García Lorca. Aeropuerto de Torrejón. Colegio Mayor Universitario San Juan Evangelista. Asociación para la Prevención y Reinserción de la Mujer Prostituta. Casa de América. Cariplo. Zurich. Hospital Ramón y Cajal. Centro Comercial Pasillo Verde. Cafetería Marqués de Casa Riera. Teatro Bellas Artes. Ilustre Colegio Oficial de Médicos de Madrid. RENFE. AVE. Círculo de Bellas Artes. Renault C.E.A.S.A. Airtel. Häagen Dasz. Evax.

Seiko. Pans and Company. Solán de Cabras. Coca-Cola. Mahon. Mobiliario Urbano. Cemusa. Imes. Licuas. Fundación García Muñoz. Crisol. R.G.B. Medical Device, S.A. Louis Vuitton. Bric's. Kipling. EMI-Odeon, S.A. Unisys España, S.A. Philips. Nicoleta. Plein Sud. Hierba Monesal, S.A. Roca. The Ralph Lauren Home Collection. Casa Jardín. Ayuntamiento de Madrid: Ventanilla Única y Policía Municipal. Ayuntamiento de Leganés: Policía Municipal y Unidad de Seguridad Ciudadana, Patrulla Rural. Ayuntamiento de Fuenlabrada: Jefatura de Policía Local. Cuartel General del Aire. Audelli. Arbora/Ausonia. Televisión Española. Anagramar Hospital del Mar. Parc D'Atraccions Tibidabo, S.A. Cementeri de Montjuic de Barcelona. Teatro Tívoli de Barcelona. Templo de la Sagrada Familia de Barcelona. Iluminación Sagrada Familia: Gregorio Martínez. Cooperativa de Radio Taxi de Barcelona. Palau de la Música. Estudio Canal. Farmacia Doña María Díaz Laviada. El Palau del Color. Rubatec. Xefo Guasch. Cáritas. El País. Radio Barcelona. Cadena SERT Soundtrack. Coses de Casa. Bebe Ampa Hispania. Teresa Ramallal. Aline y Nachy. Momi Mokuba. Comunidad de Propietarios del inmueble 16 de la calle de la Princesa (Barcelona). Confitería Escribá. Ayuntamiento de Barcelona. Gobierno Militar de Barcelona. Guardia Urbana de Barcelona. Sociedad General de Aguas de Barcelona. Emporio Armani. Gafas Armani. Levi's. Chevignon. Torradas. TCN. Caramelo. Elena Benarroch. Replay. John Galiano. Helena Rohner. Hush Puppies. Duyos y Paniagua. Tinte Roma. Champion. Hanes. Pret-Maman. Clave 2. FCB/Tapsa. Hispano Foxfilm. Outumuro. Tiempo/BBDO-Bayer. Mac.

BANDA SONORA

Música compuesta por: Alberto Iglesias. *Interpretada por:* The City of Prague Philarmonic. *Dirigida por:* Mario Klemens. *Grabado en:* Recording Studio Smecky (Praga) y Red Led Madrid. *Grabación y mezclas de músicas:* José Luis Crespo. *Asistente de estudio en Madrid:* Iñaki del Olmo. Solistas: *Clarinete:* Enrique Pérez. *Trompeta:* Patxi Urtegui. *Guitarra:*

Fernando Egozcue. *Batería:* Patrick Goraguer. *Bajo eléctrico:* Paco Bastante. *Vibráfono:* Alfredo Anaya. *Piano:* Alberto Iglesias. *Flauta:* Manuel Tobar.

Temas

«Gorrión». *Autor:* Dino Saluzzi. *Intérpretes:* Dino Sluzzi/M. Johnson/J. Saluzzi. 1997 ECM Records. Tema extraído del disco *Cité de la musique.*

«Coral para mi pequeño y lejano pueblo». *Autor:* Dino Saluzzi. *Intérpretes:* Dino Sluzzi/M. Johnson/J. Saluzzi. 1997 ECM Records. Tema extraído del disco *Cité de la musique.*

«Tajabone». *Escrita y compuesta por:* Ismael Lô. *Publicada por:* Éditions de Bertholéne. *Interpretada por:* Ismael Lô 1996, Mercury France. *Por cortesía de:* Polygram Ibérica, S.A., una compañía Universal Music Group.

Haciendo Lorca es una obra de Lluís Pascual sobre textos del poeta. Comunidad de Herederos de Federico García Lorca. Licenciada por la SGAE.

Marc Chagall, Vegap, 1998.

Quotations from *Music for Chameleons,* by Truman Capote, 1979, used by permission of the Truman Capote Literary Trust. Alan U. Schwartz, Trustee. *A Streetcar Named Desire.* 1947 renewed 1975 The University of the South. By special arrangement with The University of the South, Sewane, Tennessee. Portrait of Miss Bette Davis by Skrebneski, 1971.

Frootage from *All about Eve,* courtesy of Twenty Century Fox Film Corporation. All rights reserved. Courtesy of the Estate of Betty Davis and Bette Davis Foundation.

Película Kodak Eastman Color

Formato Scope. Cámara Panaflex y lentes Cámara Rent International-Panavision.

Sonido Dolby Digital.

El Deseo, S.A./RENN Productions/France 2 Cinema. 1999. Con la colaboración de Vía Digital.

Festivales, presentaciones y premios internacionales

Éstas son las Semanas y Festivales Internacionales de Cine en donde se han presentado las películas de Pedro Almodóvar hasta el 30 de junio de 1994.

PEPI, LUCI, BOM Y OTRAS CHICAS DEL MONTÓN

— Festival Internacional de San Sebastián, septiembre de 1980.

— Festival Internacional de Cine de Sevilla, octubre de 1980.

— Ciclo de Pedro Almodóvar en la Cinemateca de Bogotá (Colombia), 9-18 de diciembre de 1985.

— Retrospectivas Pedro Almodóvar en la Cinemateca de Buenos Aires (Argentina), 11-17 de junio de 1987.

— Festival Internacional de Cine de Toronto (Canadá), Ciclo Pedro Almodóvar, 10-19 de septiembre de 1987.

— Festival Internacional de Cine de Tyneside (Inglaterra), 8-18 de octubre de 1987, sección retrospectiva.

— Quincena de Cine Español de Annecy (Francia), 24 de noviembre-6 de diciembre de 1987.

LABERINTO DE PASIONES

— Festival Internacional de Cine de San Sebastián, septiembre de 1982.

— Ciclo de Pedro Almodóvar en la Cinemateca de Bogotá (Colombia), 9-18 de diciembre de 1985.

— Festival de Cine Underground de Nancy (Francia), 18-22 de marzo de 1986.

— Festival de Cine «Ecrans Gays 86» en París, 11-24 de junio de 1986.

— El Nuevo Cine Español y las Películas de Carlos Saura en la Universidad de Los Ángeles (U.C.L.A.), en Los Ángeles (California), 1 de agosto-13 de septiembre de 1986.

— Festival Internacional de Cine de Tyneside, en New Castle, 8-19 de octubre de 1986.

— Retrospectiva de Pedro Almodóvar en la Cinemateca de Buenos Aires (Argentina), 11-17 de junio de 1987.

— Festival Internacional de Cine Lesbiano y Gay de San Francisco, 19-28 de junio de 1987.

— Homenaje a Pedro Almodóvar en Caracas (Venezuela), 11-18 de julio de 1987.

— Festival Internacional de Cine de Toronto (Canadá), 10-19 de septiembre de 1987, Ciclo Pedro Almodóvar.

— Quincena de Cine Español en Annecy (Francia), 24 de noviembre-6 de diciembre de 1987.

ENTRE TINIEBLAS

— Mostra de Venecia, 31 de agosto-11 de septiembre de 1983.

— Festival de Cine de Miami, 3-12 de febrero de 1984.
— Semana de Cine Español en Atenas, 3-10 de mayo de 1984.
— Festival de Cannes, 11-23 de mayo de 1984, Muestra de Cine Español en la Sala Star 2.
— Semana de Cine Español en Nápoles (Italia), 28 de mayo-1 de junio de 1984.
— Festival Internacional de Cine de Reykjavik (Islandia), 1-12 de febrero de 1985.
— Ciclo de Cine Español en Grenoble (Francia), 5 de febrero-15 de marzo de 1985.
— Panorama del Cine Español, organizado por la Cinemateca Real en el cuadro de Europalia 85-España, en Bruselas, 1985, sección humor negro.
— Ciclo de Pedro Almodóvar en la Cinemateca de Bogotá (Colombia), 9-18 de diciembre de 1985.
— Festival de Cine Underground de Nancy (Francia), 18-22 de marzo de 1986.
— Festival de Cine Europeo de Hamburgo (República Federal Alemana), 10-14 de junio de 1987.
— Retrospectiva de Pedro Almodóvar en la Cinemateca de Buenos Aires (Argentina), 11-17 de junio de 1987.
— Homenaje a Pedro Almodóvar en Caracas (Venezuela), 11-28 de julio de 1987.
— Festival Internacional de Cine de Toronto (Canadá), 10-19 de septiembre de 1987, Ciclo Pedro Almodóvar.
— Festival Internacional de Cine de Tyneside (Inglaterra), 8-18 de octubre de 1987, sección retrospectiva.
— Quincena de Cine Español en Annecy (Francia), 24 de noviembre-6 de diciembre de 1987.

¿QUÉ HE HECHO YO PARA MERECER ESTO!

— Festival de Cine de Montreal (Canadá), 16-27 de agosto de 1984, a competición.
— Muestra de Cine Español de Rimini (Italia), 22-30 de septiembre de 1984.
— Festival de Cine de Miami, 1-10 de febrero de 1985.

— Filmex-85 de Los Ángeles, 14-28 de marzo de 1985.

— Semana de Cine Español en la Cinemateca de México, 26 de marzo-2 de abril de 1985.

— Festival de Nuevos Directores y Nuevos Films de Nueva York, 30 y 31 de marzo de 1985.

— Semana de Cine Español en México, 11-18 de abril de 1985.

— Semana de Cine Español en Toulouse (Francia), 24-30 de abril de 1985.

— Festival Internacional de Cine de Cannes, 8-20 de mayo de 1985, Ciclo de Cine Español en la Sala Star 2.

— Festival de Cine Español en Roma, 3-9 de junio de 1985, Ciclo de Cine Actual.

— Festival Internacional de Cine de Cartagena de Indias, 14-20 de junio de 1985, sección informativa.

— Bergamo Film Meeting de Bergamo, 7-14 de julio de 1985.

— Proyección en Il Comune de Florencia, «Asesoramiento Cultura», 9 de septiembre de 1985.

— Panorama del Cine Español, organizado por la Cinemateca Real en el cuadro de Europalia 85-España, en Bruselas, 1985, sección de humor negro.

— Simposio Internacional «Literatura, Arte y Democracia: España en los años 80», en la Universidad de Ohio (Estados Unidos), 3-5 de octubre de 1985.

— Festival Internacional Cinematográfico de Flandes, en Gante, 4-15 de octubre de 1985.

— Festival Internacional de Cine de Tyneside, en New Castle, 11-20 de octubre de 1985.

— Semana de Cine Español en San Antonio (Texas), 18-24 de octubre de 1985.

— Ciclo de Pedro Almodóvar en la Cinemateca de Bogotá (Colombia), 9-18 de diciembre de 1985.

— Semana de Cine Español en Bolonia (Italia), 30 de enero-3 de febrero de 1986.

— Festival de Cine Underground de Nancy (Francia), 18-22 de marzo de 1986.

— Semana de Cine Español en Nimes (Francia), 23-29 de abril de 1986.

— Homenaje al Cine Español en París por el Centro Nacional de la Cinematografía Francesa, 28 y 29 de abril de 1986.

— Festival de Cine de Medianoche, de Helsinki, 13-19 de junio de 1986.

— Semana de Cine de Avignon (Francia), 1-8 de julio de 1986.

— El Nuevo Cine Español y las películas de Carlos Saura en la Universidad de Los Ángeles (U.C.L.A.) en Los Ángeles (California), 1 de agosto-13 de septiembre de 1986.

— Festival de Cine de Biarritz, 23-28 de septiembre de 1986, fuera de competición.

— Semana de Cine Español en Berlín (en la Fundación Friederich Naumann), 5-14 de octubre de 1986.

— Ciclo de Cine Español en la Cinemateca de Colonia (República Federal Alemana), 17 de noviembre-19 de diciembre de 1986.

— Semana de Cine Español en Río de Janeiro, 11-18 de diciembre de 1986.

— Semana de Cine Español en San Pablo (Brasil), 4-11 de diciembre de 1986.

— Semana de Cine Español en la Cinemateca de Londres (N.F.T.), 5-31 de enero de 1987.

— Festival de Cine Europeo de Hamburgo (República Federal Alemana), 10-14 de junio de 1987.

— Retrospectiva de Pedro Almodóvar en la Cinemateca de Buenos Aires (Argentina), 11-17 de junio de 1987.

— Festival Internacional de Cine Lesbiano y Gay de San Francisco, 19-28 de junio de 1987.

— Festival Internacional de Cine de Toronto (Canadá), 10-19 de septiembre de 1987, Ciclo Pedro Almodóvar.

— Quincena de Cine Español en Annecy (Francia), 24 de noviembre-6 de diciembre de 1987.

MATADOR

— Festival Internacional de Cine de Cannes, 8-19 de mayo de 1986, Ciclo de Cine Español en la Sala Star 2.

— El Nuevo Cine Español y las películas de Carlos

Saura en la Universidad de Los Ángeles (U.C.L.A.) en Los Ángeles (California), 1 de agosto-30 de septiembre de 1986.

— Muestra de Cine Europeo de Rimini «Europacinema» (Italia), 19-27 de septiembre de 1986.

— Festival Internacional de Cine de Tyneside, en New Castle, 8-19 de octubre de 1986.

— Festival de Cine Nacional en Mérida (Venezuela), 25-31 de octubre de 1986.

— Festival de Cine de Londres, 13-20 de noviembre de 1986.

— Festival Internacional de Cine, T.V. y Vídeo «Fest-Río» de Río de Janeiro (Brasil), 19-20 de noviembre de 1986.

— Semana de Cine Español en Puerto Rico, 21 de noviembre-4 de diciembre de 1986.

— Premio «Liage d'Or» en la Cinemateca Real de Bruselas, 1-15 de diciembre de 1986.

— Unión Latina: Festival de Cine Taurino en París, 8 de diciembre de 1986-25 de enero de 1987.

— Festival Internacional de Cine de Oporto, 6-14 de febrero de 1987. Premio a la mejor película, Premio al mejor director (P. Almodóvar), Premio a la mejor actriz (Julieta Serrano).

— Festival de Cine Emisor en Nueva York, 27 de marzo-2 de abril de 1987.

— Festival de Cine Europeo de Hamburgo, 10-14 de junio de 1987.

— Retrospectiva de Pedro Almodóvar en la Cinemateca de Buenos Aires (Argentina), 11-17 de junio de 1987.

— Festival Internacional de Cine de Cartagena de Indias (Colombia), 19-26 de junio de 1987, sección informativa.

— Festival Internacional de Cine de Toronto (Canadá), 10-19 de septiembre de 1987, Ciclo Pedro Almodóvar.

— Festival Internacional de Cine de Expresión Ibérica de Arcos de Valdevez (Portugal), 2-11 de octubre de 1987.

— Festival de Nuevo Cine y de Vídeo de Montreal, 22 de octubre-1 de noviembre de 1987.

— Semana de Cine Español en Porto Alegre (Brasil), 16-22 de noviembre de 1987.

— Festival de Cine Español en París (Francia), 18-24 de noviembre de 1987.

— Semana de Cine Español en Florianópolis (Brasil), 4-10 de diciembre de 1987.

— «Tribute to Pedro Almodóvar», Darmouth College, New Hampshire, Estados Unidos, octubre de 1988.

— «Cine Español: Pedro Almodóvar», extensión universitaria, Universidad de Sevilla, 20 de marzo-5 de abril de 1990.

— Festival Pedro Almodóvar, «Toujours et encore», Entrepot, París, 1991-1992.

LA LEY DEL DESEO

— Festival Internacional de Cine de Miami (Estados Unidos), 6-15 de febrero de 1987.

— Festival Internacional de Cine de Berlín, 20 de febrero-3 de marzo de 1987, sección oficial.

— Festival de Cine Español de Salso (Italia), 8-14 de abril de 1987.

— Festival Internacional de Cine de Cannes, 7-19 de mayo de 1987, Ciclo de Cine Español en la Sala Star 2. Premio de la revista *Fil Reporter*.

— Festival de Cine Español en Buenos Aires (Argentina), 18-24 de junio de 1987.

— Festival Internacional de Cine Lesbiano y Gay de San Francisco, 19-28 de junio de 1987.

— Premios para la distribución de películas de calidad en Bélgica, en la Filmoteca Real de Bruselas, 1-15 de julio de 1987. Premio de Calidad.

— Festival Internacional de Cine de Montreal, 21 de agosto-1 de septiembre de 1987, Sección Cine de Hoy y de Mañana.

— Festival Internacional de Cine de Toronto (Canadá), 10-19 de septiembre de 1987, Ciclo Pedro Almodóvar.

— Festival Internacional de Cine de Tyneside (Inglaterra), 8-18 de octubre de 1987, a competición.

— Festival de Cine de Londres, 12-29 de noviembre de 1987.

— Festival Internacional de Cine, T.V. y Vídeo «Festival» de Río de Janeiro, 19-28 de noviembre de 1987. Premio «Glauber Rocha» al mejor director (P. Almodóvar).

— Muestra Internacional de Cine de México, 19 de noviembre-9 de diciembre de 1987.

— Premio «Nueva Generación» de la Asociación de Críticos de Los Ángeles, 1987.

— Festival Internacional de Cine de Bogotá (Colombia), 1988. Premio al mejor director (P. Almodóvar), mejor actriz (Carmen Maura), mejor guión cinematográfico y mejor montaje.

— «Tribute to Pedro Almodóvar», Darmouth College, New Hampshire, Estados Unidos, octubre de 1988.

— «Cine Español: Pedro Almodóvar», extensión universitaria, Universidad de Sevilla, 20 de marzo-5 de abril de 1990.

— Festival Pedro Almodóvar, «Toujours et encore», Entrepot, París, 1991-1992.

MUJERES AL BORDE DE UN ATAQUE DE NERVIOS

— Premio «John Labatt Classic Film» a la película más popular, Festival Internacional de Cine de Toronto, 1988.

— Premio «CIAK» a la mejor actriz (Carmen Maura), Festival Internacional de Cine de Venecia, 1988.

— Premio al mejor argumento y guión cinematográfico, Festival Internacional de Cine de Venecia, 1988.

— Seleccionada por el Lincoln Center of the Performing Arts para la inauguración del XXVI Festival Internacional de Cine de Nueva York, 1988.

— Premio Europeo de Cine, Berlín, 1988. Mejor película joven y mejor actriz.

— Premio mejor película extranjera del año 1988 por el Círculo de Críticos Cinematográficos de Nueva York (New York Film Critic's Circle).

— Premio «D. W. Griffith» a la mejor película en lengua extranjera por el Comité Nacional de Escritores Cinematográficos, 1988 (The National Board of Review of Motion Pictures).

— Nominada para el Globo de Oro a la mejor película extranjera, 1988.

— Nominada para el Oscar a la mejor película extranjera por la Academia de Artes y Ciencias Cinematográficas de Hollywood, 1989.

— Nominada para los Premios «A.C.E.» (Asociación de Cronistas de Espectáculos de Nueva York), a la mejor película, mejor director, mejor actriz (Carmen Maura), mejor coactuación femenina: María Barranco y Rossy de Palma.

— Nominada para los Premios «Onda Madrid» 1988, con seis nominaciones.

— Premios «Goya» de la Academia de Ciencias y Artes Cinematográficas de España, con 15 nominaciones.

— Premio «Fotogramas» 1989 a la mejor actriz (Carmen Maura) y al mejor actor (Antonio Banderas).

— Premio «Claqueta» Radio Miramar de Barcelona, por votación popular, mejor película española de 1988.

— Elegida mejor película española 1988 por la Asociación de Escritores Cinematográficos de Andalucía, España, 1989.

— Premios «De película» (programa de T.V.E.), por votación de público y crítica: mejor película, mejor director y mejor actriz (Carmen Maura).

— Nominada como mejor película extranjera a los Premios «Cesar», París, 1989.

— Nominada como mejor película extranjera al «David de Donatello», Roma, 1989.

— «Cine Español: Pedro Almodóvar», extensión universitaria, Universidad de Sevilla, 20 de marzo-5 de abril de 1990.

— Festival Pedro Almodóvar, «Toujours et encore», Entrepot, París, 1991-1992.

ÁTAME

— Festival Internacional de Cine de Berlín, a competición, 1990.

— Premio Nacional de Músicos de Cine a Ennio Morricone, 1991.

— Nominada al Premio «Goya», 13 nominaciones, 1991.

— Premio a la mejor película española de 1990 por A.S.E.C.A.N. (Asociación de Escritores Cinematográficos de Andalucía), 1991.

— Festival Pedro Almodóvar, «Toujours et encore», Entrepot, París, 1991-1992.

TACONES LEJANOS

— Premio «Sirena del Mediterráneo» a Pedro Almodóvar por el conjunto de su obra, 1991.

— Nominada por la Academia Española para los Oscar como mejor película extranjera, 1991.

— Premio a la mejor actriz (Marisa Paredes) de 1991.

— Nominada para los Premios «Goya» 1992, 14 nominaciones.

— Festival Pedro Almodóvar, «Toujours et encore», Entrepot, París, 1991-1992.

— Nominada al Premio Europeo del Cine 1992.

— Premio «Cesar» a la mejor película extranjera de 1992.

KIKA

— Ocho nominaciones a los Premios «Goya» 1994.

— Premio Goya a la mejor actriz a Verónica Forqué por *KiKa*.

— *Fotogramas* de plata a la mejor actriz del año (Verónica Forqué).

— Festival de San Sebastián 1993, homenaje a Almodóvar y presentación de *KiKa*.

— Festival de Bruselas 1994.

— Festival de Rennes 1994, homenaje al director.

— IV Festival de Cine de Sochi, Kinotauro'94, fuera de concurso.

— Premio «Diálogo de cooperación Hispano-Francesa» *ex aequo* con Mme. Bouygues (productora de Ciby 2.000).

— Premio «Golfinho de Ouro» a su trayectoria. Troia, 1994.

— Oficial de la Orden de las Artes y las Letras del Ministerio de Cultura Francés.

— Premio Asociación de corresponsales de Prensa Extranjera, al español con mayor impacto en la prensa internacional, 1994.

— Premio Europa del Festival de Cine de Alfaz de Pi, 1996.

— Premio a la Brillantez votado por los lectores de Ajoblanco.

— Orden de Caballero de la Legión de Honor Francesa, 1997.

— Medalla de Oro de Castilla-La Mancha, 1997.

— Medalla de Oro al Mérito en las Bellas Artes, 1998.

— César Honorífico. Francia, 1999.

— Elegido con Rafael Moneo como representante de la cultura española en Estocolmo, 1998.

— Elegido como concursante al Festival de Cannes, 1999.

Almodóvar visto por sí mismo
y por la crítica

Declaraciones y opiniones del director, sus colaboradores y los críticos:

«Ha sido una experiencia encantadora, pero no me gustaría volver a repetirla en estas condiciones. Los defectos que pueda tener la película los firmo yo solo. El trabajo resultó muy duro, pero conseguí que la atmósfera del rodaje tuviera que ver con la película. Los productores tendrían que cambiar de criterio, no tienen olfato.»

Pedro Almodóvar, *Fotogramas,* núm. 1.661, 10 de julio de 1981, pág. 18.

«Fuimos a ver a Diego Galán, que era amigo nuestro. En una noche se leyó el guión y se quedó fascinado. Nos animó mucho. Conectamos con Rotaeta y empezamos la larga historia de *Pepi...* que duró año y medio. Hubo momentos muy duros. Trabajando todos los días éramos muy pocos. El resto cambiaba continuamente.

Yo entonces no sólo era una chica que empezaba, era, además, una niña bien. No había conocido nunca a nadie como Pedro ni parecido a él. Colomo y los modernos no tenían nada que ver.»

Nuria Vidal, entrevista a Carmen Maura, *El cine de Pedro Almodóvar,* Destino, S. A., Barcelona, 1989, pág. 17.

«*Pepi...* es sobre todo, una película divertida, desenvuelta, viva, descarada, civilizadamente provocativa y educadamente guarra. Tiene defectos que se compensan por el gran entusiasmo que demuestran cuantos en ella han intervenido, entusiasmo que se trasluce en la pantalla. Cine a veces tosco, pero nunca torpe, en el que se inscribe *Pepi...* resulta, en cualquier caso, más estimulante, en especial para las generaciones más jóvenes, que el pulidamente académico que con frecuencia nos ofrecen nuestros santones.»

César Santos Fontela, *Sábado Gráfico,* Madrid, octubre, 1980, pág. 43.

«Pocas películas en la historia del cine español han llegado, como ésta, a tal grado de corrosión, libertad, imaginación, frescura y humor. En pocas también han podido unirse con tanta inteligencia la caricatura de una forma de vida en decadencia con la propuesta de un nuevo concepto de las relaciones. Aquí no se perdona nada, se cita todo, estableciéndose con el espectador una comunicación insólita que puede conducir tanto al rechazo indignado como al aplauso incondicional. Se piense lo que se piense de *Pepi, Luci, Bom...,* nadie podrá discutir que estamos ante una obra sorprendente y, hasta ahora, única.

Aquí tenemos desde el *comic* de nuestros días hasta el más legendario de "Mariló", pasando por las novenas, los seria-

Almodóvar en la prensa, de sus comienzos a la actualidad

les radiofónicos, los cuentos de policías y ladrones, la zarzuela, las mesas-camilla, los cojines informales, la droga y sobre todo el amor.»

Diego Galán, *El País,* Madrid, 30 de octubre, 1980, página 37.

«Han pasado cinco años desde que se estrenó *Laberinto de pasiones* y no ha dejado de proyectarse ininterrumpidamente desde entonces. Sigue en las sesiones nocturnas del "Alphaville" y en Barcelona creo que también. *Laberinto...* es una especie de catálogo de modernidades. Como las generaciones se van sucediendo unas a otras, cada año hay gente que tiene quince años por primera vez y quiere ser modernilla. *Laberinto...* es como una especie de bautismo para todos los que se inician en lo de ser modernos. Todas las nuevas generaciones van a verla porque resume lo que era "ser moderno" en Madrid. Lo de la "movida" es una creación de los medios de información. Pero hay algo cierto: se puede hablar de la gente que trabajamos en Madrid haciendo cosas muy modernas en unos años muy determinados, 1977-1982.

Lo que es cierto es que formábamos parte del mismo ambiente porque íbamos a los mismos sitios y nos divertíamos con las mismas cosas.

Ahora mismo en el resto del mundo no está ocurriendo nada y en Madrid ha pasado ya esa fiebre. Una fiebre muy creativa en la que había mucha gente que sólo hizo una cosa, un disco, un desfile de modelos, un cuadro, y que luego no tuvo cuerda para más. Después de esta fiebre continúa trabajando la gente que vale por sí misma. Ya no hay modas, ahora es tu propia capacidad la que te mantiene.

En cualquier caso *Laberinto...* ha quedado como un documento, porque está toda la gente que era algo en ese momento.»

Nuria Vidal, *El cine de Pedro Almodóvar,* Destino, S. A. Barcelona, 1989, págs. 39 a 43.

«Lo cierto es que ella ha elegido una ciudad y unos personajes muy concretos, difícilmente imaginables en Badajoz, Ohio o Murcia. Tama conocida por su afición a incluir en sus obras fragmentos de la vida privada —recuérdese el album de fotos inserto en *Un caníbal en Manhattan,* la última de sus novelas—, no desaprovechó la ocasión de enchufar en este proyecto a algunos de sus amigos, conformando todo un muestrario equiparable a *Laberinto de pasiones,* de Almodóvar: buena parte de la vanguardia artística neoyorquina.»

Silvia Grijalba, «Ivory se mete a dirigir en el mundo de Almodóvar», *El Mundo,* 1 de marzo, Madrid, 1990, pág. 33.

«*Laberinto de pasiones* es película iconoclasta, dirigida esencialmente a los "modernos", desmadrada dentro de un orden y pasablemente chirriante. Y precisamente el defecto que puede ponérsele, más patente en una segunda visión que en la primera, es el de no chirriar lo suficiente o el de resultar, a la postre, más ordenada que desmadrada.»

César Santos Fontela, *ABC,* 1 de octubre, Madrid, 1982, pág. 45.

«De cualquier manera el cine de Almodóvar tiene una frescura y una originalidad admirables que no deben pasar inadvertidas.»

Diego Galán, *El País,* 1 de octubre, 1982, Madrid, pág. 34.

«La fotonovela, los ambientes *punk,* las revistas del corazón, los grupos musicales y la temática de Tennessee Williams son algunos de los ingredientes utilizados por Almodóvar en este guiso picante y algo indigesto, condimentado con asumida sensibilidad *gay.*»

Jorge de Cominges, *El Noticiero Universal,* 23 de octubre, Madrid, 1982, pág. 45.

«En torno a 1955, el término de *Pop Art* fue avanzando para designar las inquietudes comunes a varios artistas británicos (entre ellos, un americano trasplantado, Kitaj), de extraer partido pictórico de la "nueva cultura popular", tal cual lo manifiestan la moda de las revistas ilustradas, de los *comics-strypes* (bandas de dibujo), de la *science-fiction,* del *rock'n roll* y del cine en la pantalla grande.»

José Pierre, *El Pop Art,* Editorial Gustavo Gili, S. A., Barcelona, 1971, pág. 6.

«Mis seguidores, en el caso de que tenga alguno, deberían saber que no me pueden exigir nada y mucho menos un determinado tipo de película. Por el contrario, deben sentirse agradecidos si no es lo que esperaban. Después de *Laberinto...* me apetecía hacer una película que hablara de la ausencia de Dios en plan síndrome. Quería hacer una película religiosa donde Dios brillara por su ausencia y el objeto de adoración fuera algo de carne y hueso. Una historia de amor simplemente, pero convenientemente confundida con Dios y las drogas.»

Betty López, entrevista a Almodóvar, *Fotogramas,* número 1.690, octubre de 1983, Barcelona, pág. 91.

«El film es provocativo, delirante y transgresor, en cuanto expresa con toda naturalidad y sin juicios morales la sordidez, las humillaciones y las debilidades del curioso convento y sus huéspedas. Suma también delirante de comedia *pop,* melodrama con boleros y farsa (religiosa en el fondo), *Entre tinieblas* es además un film lleno de inventiva y excepcionalmente divertido.»

J. A. Mathieu, *Fotogramas,* núm. 1.690, Barcelona, 1983, pág. 91.

«Hay en Madrid tres conventos destinados a la corrección. Los hay para monjas reclusas, y para las religiosas que viven en comunicación con el mundo y en batalla ruda con la miseria humana, en estas órdenes modernas derivadas de San Vicente de Paúl, cuya mortificación consiste en recoger ancianas, asistir enfermos o cuidar niños.»

Benito Pérez Galdós, *Fortunata y Jacinta,* Editorial Cátedra, Letras Hispánicas, 2 tomos, Madrid, 1985, págs. 590 y 591.

«Yo desde que rodé *Pepi, Luci, Bom...* me quedé bastante colgado con el personaje de Luci; el mundo del ama de casa

Almodóvar y su proyección nacional e internacional

de extracción social baja siempre me ha interesado porque tiene mucho que ver con toda la iconografía del mundo *pop,* que ya sabes nace cuando los objetivos de consumo se muestran de un modo artístico. En *Yo maté a mi marido,* el consumo está muy presente, más por ausencia que por presencia. Es como el reverso de las comedias de Doris Day y Rock Hudson, en las que el mundo del hogar se convertía en un paraíso en el que los electrodomésticos les ayudaban a ser muy felices. En mi película, por el contrario, los frigoríficos son enanos, no tienen casi luz y cuando los abres lo único que encuentras es una lata de sofrito pasada de fecha. Ésta va a ir por la comedia agridulce, casi negra. Otra referencia inevitable va a ser Billy Wilder. También puede que tenga algo de las películas de Berlanga, aunque no me gustaría, más que nada por aquello de no parecerte a nadie excepto a ti mismo.»

Betty López, «Se rueda», *Fotogramas,* núm. 1.694, febrero, Barcelona, 1984, pág. 51.

«Un revoltijo de ideas diversas, desquiciadas y templadas, originales y vistas, que ingeniosamente Almodóvar expone como si formaran parte de una monotonía existencial, tan familiares como el televisor en el saloncito, los horrorosos dibujos del empapelado o ese lagarto prohijado que circula ileso, salvado siempre del pisotón hasta que llegan los visitantes inesperados. Porque, en realidad, el verdadero drama no está en los acontecimientos, ni los vecinos, ni las correrías de los componentes de la familia, sino en que la protagonista lava, cose, barre, cocina y trabaja constantemente, amparada en las anfetaminas y la resignación por su propia incapacidad de triste mujer (...).

Una mezcla heterogénea de crítica social, comedia de costumbres, tragedia de vivir, fantasía, humor negro y humor disparatado, ante la que habría que preguntarse "¿Qué ha hecho Almodóvar para agradecerle esto?".»

Víctor Vadorrey, *Hoja del Lunes,* 4 de noviembre, Madrid, 1984, pág. 45.

«Hay un momento en que todo director siente una tentación irresistible a hablar de sí mismo, y otro momento, igualmente difícil, en el que cree que debe hablar de la muerte. Y yo no quiero ser una excepción. Hasta ahora he vencido sin dificultad la tentación de recurrir a mi biografía: un niño manchego que recostado en un molino decide ser un nuevo Quijote y sueña conseguir un día el "Fotogramas de Plata" al mejor director de cine. Pero no ha querido vencer la tentación de hablar de la muerte. Si Woody Allen, Bergman y Buñuel lo hicieron, ¿por qué yo no, que según algunos soy su más directo heredero?

De no haberla hecho ya nuestro genio aragonés yo hubiera querido inventarme *Archibaldo de la Cruz* o *Pepping Tom,* de otro genio, aunque sea inglés, Michel Powell. Pero como yo respeto mucho a Buñuel, y no me siento nada sajón, sino que cada día me siento más yo mismo, me he inventado *Matador,* una historia donde la gente ama y mata por placer, porque cada cual tiene derecho a encontrar su propio sentido al hecho de vivir en este valle de lágrimas.

Estoy harto de que me vinculen al cutrerío. La belleza en todas sus manifestaciones va a ser un elemento clave en *Matador.* La de la luz, la de la música, la de los decorados, la de las palabras, la de sus intérpretes.»

Pedro Almodóvar, «Los directores cuentan su película», *Fotogramas,* núm. 1.717, marzo, Barcelona, 1986, págs. 35 y 36.

«Almodóvar sigue sorprendiendo. El "rey" de la comedia "cutre y escatológica" había confesado en más de una ocasión su interés por el cine clásico de géneros, y ya en *Entre tinieblas* intentó el melodrama de costumbres conventuales, aunque aún predominase lo burlesco. Pero yo creo que pocos de sus fieles se esperaban *Matador,* en la que (más allá de algunos apuntes cómicos proporcionados por esas dos extraordinarias actrices que son Julieta Serrano y Chus Lampreave) lo que se cuenta, seria y apasionadamente, es un *thriller* pasional de sangre, sexo y sino.

Matador es a mi juicio lo mejor de Almodóvar, su película más controlada, más brillantemente narrada, y la que tiene un mayor equilibrio entre el *ying* y el *yang* genuinamente almodovarianos, es decir, entre un principio femenino arrasadoramente activo y una pasividad masculina hecha de culpabilidad. En *Matador* los hombres, especialmente el policía *voyeur* de Eusebio Poncela y el bello atormentado que hace Banderas, son personajes ricos, complejos, y no meros replicantes de las mujeres.»

Vicente Molina Foix, *Cambio 16,* 31 de marzo, Madrid, 1986, pág. 42.

«Fíjense cuando vean *Matador* (y si ya la han visto véanla otra vez o repasen la moviola de la memoria) en su abundancia de picados. Es la clave de la película; a mi modo de ver Almodóvar con gran dominio de la técnica de los puntos de vista, sitúa en numerosos momentos-punta la cámara en lo alto, y enfoca desde arriba a sus protagonistas en intensidad. El picado, como saben los estudiantes de cinematografía y los aficionados más despiertos, es una figura estilística que subraya románticamente a los actores al sumirlos en el hueco de la tierra que pisan, y sirve de forma expresionista al realce de lo real, a su deformación. Hitchcock hizo uso de ella en situaciones memorables (en *Marnie...* hay uno espectacular, tras la caída del árbol en la oficina); De Palma la domina.

Con esto que decimos ya se insinúa que Almodóvar ha cambiado de tercio en *Matador*. Aquí no son John Waters ni Paul Morrisey ni el *slapstick* ni siquiera el Cukor más femenino sus modelos de referencia; estamos ante un juguete criminal, un romance de valentía vestido de grana y oro, en el que el director tanto piensa en Bataille como en Mario Cabré (el de *Pandora...,* claro), tanto en Mishima como en Andalucía. Y si nos fijamos bien, ya lo señala el propio director cuando confiesa: "Después de la glorificación de la bata de guata, a la que me reconozco adicto, he sucumbido a la tentación en la que incluso Cultura e Industria han caído últimamente, y no siempre con buen criterio". Se refiere, desde luego, a la moda, a la Moda.»

Vicente Molina Foix, *Fotogramas,* núm. 1.718, abril, Barcelona, 1986, pág. 6.

«Aceptado, pues, que Almodóvar es una marca estilística, todo lo opinable que se quiera desde el punto de vista de la

Mujeres..., espaldarazo artístico-comercial en todo el mundo

calidad, el primer ejercicio que debemos proponernos ante cada una de sus nuevas películas es la comprobación de hasta qué punto la fama, el prestigio, en definitiva ese estilo propio se conserva, enriquece o transforma en cada nuevo paso de su filmografía. En lo que respecta a *Matador,* la respuesta a tal indagación es necesariamente ambigua: mientras que por algunos motivos resulta evidente que detrás del guión y la realización está la fuerte —otra cosa sería saber si sincera, aunque esto último tal vez no importe demasiado— personalidad de Almodóvar, lo cierto es que tampoco puede afirmarse que nos mantengamos en una rigidez estilística carente de innovaciones o evoluciones. Esa rigidez, en todo caso, imposibilitaría el paso de una película como *Pepi, Luci, Bom y otras chicas del montón* a un film como *Matador* subvencionado por el Ministerio de Cultura y realizado con el patrocinio de T.V.E., como si de cualquier adaptación literaria de Camus o Picazo se tratara. *Matador* sirve, pues, para demostrar que el cine de Almodóvar ha recorrido ya un cierto camino, que su estilo hecho de la ausencia de lo que habitualmente se conoce como tal —lo que algunos reconocían como un inaguantable feísmo— y de un rico juego de referencias subculturales y guiños a un cierto público próximo a los ambientes conocidos como la "movida", se ha ido decantando hacia una mayor perfección estética dentro de los considerados cánones ortodoxos, hasta el punto de que la calidad de la fotografía o el *look* final de la producción ha abandonado claramente las connotaciones contra o subculturales de las primeras películas para aproximarse a la consabida noción del cine de calidad hecho con una "digna" factura.

En cierto modo esa tendencia hacia una homologación formal más convencional había empezado ya con *Entre tinieblas,* alcanzando una primera culminación en *¿Qué he hecho YO para merecer esto!* Con este título Almodóvar daba la señal de que, pese a quedarse a mitad de camino en muchas cosas, su manera peculiar de hacer cine no tenía que estar necesariamente reñida con la capacidad de establecer un discurso sobre temas que desbordan el interés de amigos y fans. Todo el aspecto *kitsch* o el mal gusto estético de que hacía gala *¿Qué he hecho YO...* entroncaba hábilmente con la aproximación a un mundo no por deformado menos real.»

José Enrique Monterde, *Dirigido por,* núm. 134, marzo, Barcelona, 1986, pág. 26.

«A pesar de estar en continua evolución, no he cambiado. De hecho *La ley del deseo* significa mi vuelta a los orígenes. Mis principios están ligados a la luz natural, al calor. Todos mis Super 8 mm y *Pepi...* están rodados en verano. A *El deseo* el calor y el verano le van muy bien. Por otra parte vuelvo a producirme yo, la única diferencia es que los Super 8 mm costaban 2.000 pesetas y esta película 100.000.000 de pesetas. ¡Qué caro está todo!, ¿verdad?

—Te decía que me interesaba mucho más *Mogambo* cuando por avatares de la censura, Grace Kelly y Clark Gable eran hermanos. Carmen Maura y Eusebio Poncela hacen de hermanos, de esos que han tenido un pasado común y tormentoso, que se adoran y no se soportan. Que se quitan los novios el uno al otro, que se vampirizan y no se toleran... estos típicos papeles que si lo hacen bien se llevan muchos premios. Dos aventureros que navegan juntos por los procelosos mares del deseo.

—Circula el rumor de que el guión es para mayores con reparos.

—¿Te refieres a que también podríamos llamarla *Todos los hermanos son homosexuales?*

—Algo de eso.

—Bueno, ella es transexual y lesbiana, a él le gustan los chicos, pero no creo que esto sea una gran novedad. Lo que sí es cierto es que en ese terreno todo es muy claro, muy sincero. Además de mucha acción, hay mucha verbalización del asunto, probablemente sea la primera película española donde alguien dice: Fóllame.

—No sé si Carmen es con la mejor actriz que he trabajado, pero desde luego es la que mejor me entiende. Cuando trabajamos juntos ambos somos mejores, nos crecemos.»

Betty López, entrevista a Almodóvar, *Fotogramas,* número 1.723, octubre, Barcelona, 1986, pág. 51.

«*La ley del deseo* es la película más homogénea, más regular y se diría más trabajada de Pedro Almodóvar. Es la más madura, la mejor. Y así me lo parece no porque sus virtudes sean más resplandecientes que nunca —que lo son—, sino porque sus defectos están más atenuados que en ninguna otra ocasión.

La ley del deseo es la historia de una pasión homosexual y en ella —como en la frase anterior— la homosexualidad, siendo esencial, es a la vez adjetiva. De modo que puede decirse, volviendo atrás, que *La ley del deseo* es la historia de una pasión. A secas.

Esta pasión se desenvuelve en las coordenadas del romanticismo: apoteosis de las emociones, subjetivismo radical de los sentimientos, sufrimiento, ansiedad, tragedia fatalista, desenlace turbulento.

Estas claves, en la historia de la cultura, se pueden acoger al aristocratismo intelectual, a la legitimación del arte mayúsculo o bien a expresiones subculturales próximas al melodrama y al folletín. Ni qué decir tiene que Almodóvar opta visceralmente y de buen grado por la segunda opción, aunque guiñe un ojo a la primera.

Y así queda planteado el gran dilema que hasta ahora viene condicionando el cine de Almodóvar y que en *La ley del deseo* se muestra, más que nunca antes, en un resultado mucho más armonizado. Si lo traducimos a otros términos, la dualidad se presenta bajo los conceptos de la tragedia y la crónica. A la tragedia pertenecen el núcleo central de protagonistas, la pretensión de intensidad, el áurea romántica y fatalista, determinadas imágenes, determinados pasajes musicales, determinados emblemas. A la crónica corresponde el paisaje de fondo y el coro de personajes, el lenguaje que emplean, los apuntes cotidianos —Madrid, terrazas, drogas—, un determinado humor, otras determinadas imágenes, otras músicas... Yo siempre pensé que Almodóvar tendría que renunciar a esta segunda mitad de sí mismo —o domesticarla al máximo— para hacer buen cine. Rectifico. No hace falta...»

Manuel Hidalgo, *Diario 16,* 7 de enero, Madrid, 1987, pág. 45.

«Como decía Raphael "los hombres también lloran", pero yo creo que las mujeres lloran mejor. Esta es la razón de *Mujeres al borde de un ataque de nervios* y no *Hombres al borde de un ataque de nervios*.

Cuando empecé a escribir el guión de *Mujeres al borde de un ataque de nervios* pretendía hacer una versión muy libre del monólogo de Cocteau.

En la obra, el amante ausente no tiene voz, incluso cuando llama por teléfono y ella le responde a él no se le oye. *La voz humana* es la de ella, relatando un largo catálogo de dolores cotidianos, en cuya contemplación se ahoga como en un pozo sin fondo. Porque eso es la ausencia: un espejo negro y cristalino que sólo refleja la angustia del que mira.

Al contrario que Cocteau, no sólo le he dado voz al ausente sino que lo he convertido en un profesional de la voz.

Pepa abusa del tacón y de la falda tubo. La verdad es que la favorecen, pero la obligan a ciertos andares que a Susan Sontag (según declaró a la revista *Elle,* después de asistir al rodaje) no le parecen propios de una mujer contemporánea y autónoma. Entiendo y estoy de acuerdo con Sontag cuando se opone a la polarización de los sexos, pero esto no va con Pepa. Una mujer debe ser libre incluso a la hora de elegir sus modelos.

Se lo comenté a Carmen Maura.

—¿Con tanta acción, no te resultarán incómodos esos tacones y la falda estrecha?

Carmen me respondió:

—Claro que será incómodo, pero yo pondré cara de lo contrario. Para un personaje como el de Pepa los tacones son la mejor forma de sobrellevar su angustia. Si Pepa descuida su aspecto, su ánimo se vendrá irremediablemente abajo. El ejercicio de la coquetería supone una disciplina y representa su principal fuerza. Significa que los problemas todavía no han podido con ella.»

Press-book de *Mujeres al borde de un ataque de nervios,* editado por El Deseo, S. A., 1987.

«En este su octavo largometraje, Pedro Almodóvar deja como la más visible muestra de su cinefilia un homenaje a *Johnny Guitar* y a los actores de doblaje. La voz y el hipócrita hilo conductor del teléfono son ingredientes importantes en un argumento que hace buena la afirmación del cineasta de que, aunque los hombres también lloran, las mujeres lo hacen mejor.

La protagonista, de nuevo Carmen Maura, sufre un revés amoroso; ella será el motor que mueve el argumento, lo que no es impedimento para que otros personajes femeninos den sentido a su historia en una comedia coral donde aparecen las constantes del autor de *La ley del deseo*, y donde flota la atmósfera del melodrama sin que impida la presencia de la carcajada.

Las ideas de Almodóvar fluyen en los diálogos, y el consumo de tranquilizantes, el teléfono, los policías, el televisor, las canciones, vuelven, vuelven a aparecer coherentemente como herencia del manifiesto fílmico de Almodóvar, *Pepi, Luci, Bom y otras chicas del montón*.

Almodóvar, guionista *underground* del *comic* nacional, miembro de *Los Goliardos*, peculiar rockero de MacNamara, escritor creador de Patty Diphusa y después cineasta, ha encontrado en el cine el camino adecuado para expresar sus obsesiones, preocupado por el universo femenino, apoyándose en el trabajo de la actriz Carmen Maura. Su ternura hacia los personajes hace que el público admita instantáneamente las peripecias sentimentales de las protagonistas, cuyas desventuras recuerdan las de los consultorios sentimentales.»

Ángel Luis Inurria, *El País*, 25 de marzo, Madrid, 1988, pág. 36.

«Almodóvar, en síntesis, ha confeccionado una comedia atractiva, en la que sus constantes permanecen, integradas, eso sí, en un conjunto más homogéneo y cuidado que en otros títulos anteriores. Demostrando que puede evolucionar sin dejar de ser fiel a su singularidad.»

Pedro Crespo, *ABC*, 25 de marzo, Madrid, 1988, pág. 47.

«El conjunto formado por todas estas mujeres, nerviosas y encerradas en un piso de lujo, compone un cuadro eminentemente teatral. Aspecto éste que el director ha querido subrayar con el empleo de decorados como telón de fondo, los cuales resaltan el artificio propio de una comedia de puertas y de teléfonos; la utilización constante del teléfono lo mismo puede tratarse de un homenaje a Cocteau que una alusión directa al antiguo empleo del director en la Compañía Telefónica. En cualquier caso, el teléfono, o más exactamente la angustia por una llamada que nunca se recibe, es el eje en torno al cual gira el enredo.

Pero *Mujeres...* es también un pretexto para dar rienda suelta a la fauna habitual del director. Un conjunto de personajes dislocados y extravagantes que se mueven a ritmo de bolero entre situaciones de *comic,* y que Almodóvar sabe tratar con una particular combinación de crueldad y de ternura. Puede que ello no sea mucho, pero transformar unos materiales casi de derribo en la crónica esperpéntica de un determinado sector social, agudizar las aristas del feísmo hasta convertirlo en su propia caricatura o saber mostrar el lado absurdo y surreal de la vida cotidiana son algunos de los méritos indiscutibles que el director madrileño, por más que nacido en Ciudad Real, ostenta en exclusiva.

Señalemos, por último, que una vez más Almodóvar se revela como un magnífico director de actores, y en especial de actrices. Ello, unido al ya mencionado regusto escénico del guión, hace pensar en los logros que con similares elementos conseguía ese gran maestro de la comedia que fue George Cukor, quien por cierto dirigió un film llamado *Mujeres,* que posiblemente es el único que existe con un reparto exclusivamente femenino. Por supuesto, en el caso de Almodóvar se trataría de un Cukor castizo que cambia la sofisticación y la elegancia por la marginalidad y la provocación.»

Rafael Miret Jorba, *Dirigido por,* núm. 157, abril, Barcelona, 1988, págs. 66-67.

«Yo soy más exigente que nunca, pero ésa es mi propia evolución. Creo que el más crítico con mi obra soy yo mismo y que, a la hora de trabajar, el éxito no me ha afectado especialmente; lo ha acusado más mi vida privada. Sigo haciendo las películas que quiero hacer y habría hecho *Átame* independientemente del éxito de *Mujeres...* A la hora de decidirme por una película me impulsan razones muy personales y, muchas veces, inconscientes. Siempre tengo varios argumentos y llega un momento en que uno de ellos me posee, se impone, y entonces ya me debo a él y tiro adelante. Hago siempre la película que yo, casi psicológicamente quiero hacer.

En *Átame* aparecen casi todos los elementos de mis películas anteriores, pero comprendo que mi mirada es distinta de la que había en *Pepi...* Por ejemplo, la forma en que hablo de las drogas es completamente opuesta, y al mismo tiempo, igualmente auténtica... Es como me sentía yo hace diez años y cómo me siento ahora. Mis películas van cambiando conmigo; no es el éxito el que las cambia. Porque, como te decía antes, una de las grandes bazas del éxito es que cuando lo tienes, te liberas de él y continúa la auténtica preocupación, la que realmente importa, que es la obra en sí misma.»

Paula Ponga, entrevista a Almodóvar, *Fotogramas,* número 1.760, febrero, Barcelona, 1990, pág. 31-32.

«No tiene que ser una empresa fácil rodar un nuevo film después del éxito sin fronteras de *Mujeres al borde de un ataque de nervios,* máxime cuando ante la película siguiente se ha creado, como en este caso, una expectación sin precedentes.

Pueden comprenderse las dudas del cineasta en el momento de decidirse por el nuevo proyecto: ¿tratar de explotar una vez más los recursos que han cimentado anteriores éxitos?, ¿liarse la manta a la cabeza y tirar por un camino completamente nuevo? Una vez vista *Átame,* parece evidente que Almodóvar, que debe ser un hombre práctico pero también un artista inquieto, optó por la fórmula (difícil porque, a pesar de las apariencias, pocas veces se lleva a cabo con resultados positivos) de intentar nadar y guardar la ropa. Lo feliz del caso es que el talento del director ha salvado el compromiso con absoluta dignidad, y hasta

Fiestas, rodajes y premios

podría decirse que de manera sobresaliente, si no fuera por las debilidades que contiene la parte final del film.»

Francisco Moreno, *Reseña,* núm. 203, febrero, Madrid, 1990, pág. 14.

«A lo mejor no ha meditado suficientemente lo que hacía; es posible que Almodóvar —y los que le rodean, protegen y adulan— necesitase tener otro film en las pantallas para aprovechar los últimos estertores de la espléndida carrera de sus *Mujeres...* y de ahí las precipitaciones argumentales, guionísticas, de rodaje y montaje, etc. Pero para quien está —por méritos discutibles, pero propios— donde está Almodóvar, no existen ya excusas; ése es el precio de la fama. Un genio no hace finales como el de *Átame* (...).»

José Enrique Monterde, *Dirigido por,* núm. 177, febrero, Barcelona, 1990, pág. 37.

«Almodóvar no renuncia al *collage* que va implícito a su personalidad, pero existe una estructura férrea dando sentido a esa dispersión de universos.

La sinceridad de este hombre, su constante inspiración, su humor, su personalidad singular, su talento y su imaginación han alcanzado la mejor madurez.»

Carlos Boyero, *El Mundo,* 24 de enero, Madrid, 1990, pág. 44.

«Revisar su filmografía desde *Pepi...* a *Átame,* supone comprobar de inmediato la originalidad del "único realizador salido de la Telefónica". Almodóvar, guionista de todas sus películas (excepción de *Matador,* cuyo guión está firmado conjuntamente por el novelista Jesús Ferrero), presenta una cosmovisión propia, un estilo personal, una temática vinculada a la cultura española tradicional de la que ofrece una personal visión aplaudida por españoles y extranjeros.»

Rafael Utrera, *Juan Ciudad,* junio, Sevilla, 1990, pág. 32.

«La búsqueda (nostalgia) del padre (o de la madre) es un tema clásico, eterno. Ha servido de argumento para muchos melodramas, antiguos y contemporáneos.

En el cine actual el uso de la palabra no es habitual, es algo que se ha perdido, con la excepción de Woody Allen, Eric Rohmer, Spike Lee, Soderberg *(Sex, lies...)*, Gonzalo Suárez, el primer Trueba, y algún otro. A diferencia de ellos (con la excepción del inclasificable Suárez) mis diálogos no son de corte naturista. Mi modelo estaría más cerca de Mankiewicz (si se me permite la pretensión).»

Press-book de *Tacones lejanos,* editado por El Deseo, S.A., Madrid, 1991.

«Cada cosa en su sitio. Almodóvar es buen cineasta, pero todavía no domina sus limitaciones ni sabe dosificar su fértil ingenio. Tiene sentido de la ocurrencia y es un director inteligente [si se escora, como en el caso de Alan Parker, esta palabra más hacia la listeza que al talento (...)], pues sabe intuir los gustos ambientales y, gracias a ésta su intuición, alcanza una meritoria popularidad internacional que beneficia mucho al cine español, incapaz de romper fronteras, incluidas las propias. Pero ya que estamos en el terreno del melodrama —que es el género cinematográfico que mayor rigor y pureza de estilo exige de sus creadores— el simple hecho de nombrar a *Tacones lejanos* junto a *Imitación a la vida* es cómico a la manera almodovariana: un equívoco con aire esperpéntico.»

Ángel Fernández-Santos, *El País,* 24 de octubre, Madrid, 1991, pág. 39.

«La nueva entrega del genio de la autopromoción, del director europeo actual con más olfato para prever las demandas de los mercados exquisitos, las modas existenciales y el ritmo de la calle. Supone un cocktail de géneros, un puzzle en el que cada pieza está colocada con mimo y con estrategia.

También un deslumbrante ejercicio de estilo y un muestrario exhaustivo de sus obsesiones. La dispersión argumental, las alteraciones del tono narrativo, la mezcla de explosiones emocionales y gags cómicos dentro de la misma secuencia de irreverente naturalidad y sofisticación genuina, de realismo y de mitomanía asumida, están brillantemente acopladas en *Tacones lejanos,* que ayer se presentó a la prensa.

Listo como el hambre, con una vista y un oído que han alcanzado la perfección al reflejar el lenguaje de la calle y la neurosis colectiva, Pedro Almodóvar utiliza simultáneamente el melodrama más furioso y las referencias sobre la actualidad, el diseño y las marcas (el protagonismo de Chanel es tan evidente como excesivo) y los componentes anímicos de esa sensación conocida como "la vida misma", Luz Casal y Miles Davis, Sakamoto y Los Hermanos Rosario, la melancolía exhibicionista del bolero y el vitalismo desgarrado de la "salsa", los inconfundibles y muy reídos *touch* y gracejo Almodóvar y el lujoso formato del cine importante europeo, su admirable capacidad para extraer lo mejor de los actores y la conciencia artística y comercial de que cada nueva entrega está más relacionada con el suceso que con el cómodo "sólo se trata de una película".

La inspiración de Almodóvar sabe que todas las historias ya han sido contadas inmejorablemente, que lo único a lo que se puede aspirar es a que el estilo individual les integre en el propio universo. Al igual que los Coen, que Jonathan Demme, que los individuos más valiosos del cine moderno, Almodóvar recurre al vampirismo de los clásicos.

Douglas Sirk reconocería gustosamente ante *Tacones lejanos* que su paso por el melodrama no fue en vano, que además de hacer llegar a varias generaciones de público convencional y de la *intelligentsia* con sus subversivas tragedias, sus huellas serían veneradas por la modernidad.

En *Tacones lejanos* hay Edipos inaplazables y sentimientos a flor de piel, gritos que salen de lo más hondo y desgarro con claves. Todo ello está brillantemente contado pero yo no encuentro esa intensidad mágica que toca las entrañas.

Hay ingenio y espectáculo, talento y legítimo cálculo, personalidad y sabiduría. Veo *Tacones lejanos* con admiración. Preferiría verla con amor.»

Carlos Boyero, *El Mundo,* 16 de octubre, Madrid, 1991, págs. 1 y 39.

«Coronado "Cesar" en Francia por *Tacones lejanos,* que competía con Woody Allen, Altmann, Ivory y Annaud, Pedro Almodóvar sigue despertando pasiones en el país vecino, de donde ha regresado eufórico y con renovadas energías para iniciar a finales de este mes el esperado rodaje de *Las uñas del asesino.*»

Juan Conejo y Paula Ponga, *Nuevo Fotogramas,* número 1.796, abril, Barcelona, 1993, pág. 27.

«Es muy significativa la funesta acogida que, casi unánimemente, se le ha dedicado en nuestro país a la última película de Pedro Almodóvar, porque no hace sino confirmar el acentuado carácter de "obra de riesgo" de este singular *KiKa,* con que el siempre inquieto cineasta ha tratado de practicar un imprevisto y sinuoso camino en su filmografía, que es casi un resumen de la misma.»

Daniel Monzón, *Nuevo Fotogramas,* núm. 1.803, diciembre, Barcelona, 1993, pág. 12.

«Visuellement le plus riche et le plus mouvementé des films d'Almodóvar, *KiKa* est aussi celui où l'esthétique sert le plus directement à la compréhension d'une histoire dont elle traduit clairement la logique de collage...

C'est un film-somme et évidemment personnel (au bénéfice de l'émotion unique qui en surgit), le plus en avance sur son temps que l'on puisse imaginer.»

Frédéric Strauss, «Les films du mois», *Cahiers du Cinéma,* núm. 475, enero, París, 1994, pág. 28.

«Parece que Almodóvar ha logrado su consolidación europea y su primer fracaso de crítica en España. ¿Deberíamos hablar, una vez más, del socorrido vicio español del "ninguneo"...?

No es casual que, a dos meses de haber visto *KiKa,* sea incapaz de contar, con un mínimo orden, la catarata de acontecimientos que allí se sucedían. Pero ¿qué importa? Un creador no se equivoca, simplemente, camina.»

Javier Maqua, «Cinelandia», *El Mundo,* año II, núm. 30, sábado 15 de enero, Madrid, 1994, pág. 5.

«Vous avez des points communs avec le grand cinéaste Billy Wilder *(Certains l'aiment choud).* Comme Billy Wilder, dans *La Garçonnière,* vous mélangez en une seule séquence, celle du viol de Kika, le rire, les larmes et l'énergie...»

Luc Honorez, *Le Soir,* 19 de enero, Bruselas, 1994, página 8.

«Almodóvar es, sin duda, el director europeo del momento, el mayor cineasta español de todos los tiempos. Y lo es tanto por motivos comerciales (...) como estilísticos (...). Su cine ha sido tachado equivocadamente de frívolo y superficial».

Carlos Fresneda, entrevista a Paul Yulian Smith, autor de un ensayo sobre Almodóvar, «Deseo ilimitado», *El Mundo,* jueves 31 de marzo, Madrid, 1994.

«La gran novedad de *La flor de mi secreto,* lo que la convierte no sólo en una de sus mejores películas sino en la más compacta, nítida y consistente, es que aquí la mixtura no se produce entre el melodrama y su parodia sino entre dos modelos genéricos, estables, "serios", que mezclados, y eso sí, mezclados por la mano inevitablemente corrosiva de Almodóvar, producen un todo suavemente paradójico, a veces ácido, pero rotundamente unitario.»

Vicente Molina Foix, *Nuevo Fotogramas,* núm. 1.823, septiembre, Barcelona, 1995, pág. 9.

«C'est qu'à l'instar de quelques très rares actrices au monde, Katharine Hepburn hier ou Gena Rowlands aujourd'hui, Marisa Paredes est l'incarnation d'une lutte féminine typiquement moderne.»

Jean-Jacques Bernard, *Première,* octubre, París, 1995, página 22.

«El vacío de *La flor de mi secreto* es tan patente, que agudiza irremediablemente·los numerosos defectos que films precedentes de Almodóvar habían dejado ver.»

Antonio Castro, *Dirigido,* núm. 239, octubre, Barcelona, 1995, pág. 22.

«Si hubiese sido rodada en la Edad de Oro tendría consideración de film de culto en la misma medida que, por ejemplo, las obras americanas de Fritz Lang. Por otra parte

Almodóvar demuestra el más difícil todavía: demuestra que su talento puede y debe exceder a su leyenda. El geniecillo oficial de la industria ha cedido finalmente su puesto al maestro del cine.»

Terenci Moix, «Carne trémula», *Nuevo Fotogramas*, número 1.349, noviembre, Barcelona, 1997, pág. 13.

«El hecho de que tan llamativo esfuerzo de rigor y de contención esté al servicio de una historia articulada, de unos personajes que funcionan, simultáneamente, como figuras de género y como criaturas heridas por la vida, hambrientas de cariño y de carnalidad, explica que el film aparezca, con toda nitidez, como la mejor película de su autor desde los tiempos de *La ley del deseo*.»

Carlos F. Heredero, «Carne trémula», *Dirigido,* núm. 261, octubre, Barcelona, 1997, pág. 23.

«Comme dans ses précedents films, Almodóvar fait le pari très excitant de nouer le destin, sur un mode tragicomique, de quelques personnages autour d'une scène primitive. Mais chaque individu a sa propre scène primitive.»

«La valoración de Almodóvar no sólo no disminuye, sino que su prestigio se incrementa y los juicios sobre su cine se depuran. Por citar una caso muy significativo, la revista *Sight and sound,* británica, una de las más relevantes publicaciones especializadas del mundo, dedica su portada del mes de abril a *Carne trémula,* como en su día hiciera la francesa *Cahiers du cínema,* e incluye una elogiosísima crítica del film, previa a su estreno en mayo en las islas. El hecho no es baladí si se tiene en cuenta que *Carne trémula* se basa en una novela de una escritora británica, Ruth Rendell, y que su adaptación ha sido libérrima.»

Manuel Hidalgo, «El Nautilus», *El Mundo,* domingo 12 de abril, Madrid, 1998.

«Cuánto talento para la ortodoxia abusiva. El director mitológico de las dos últimas décadas del cine español, el permanentemente obligado al "más difícil todavía" da un salto mortal con *Todo sobre mi madre*... Estoy convencido, y juro que no exagero, de que Almodóvar no tiene nada que envidiar a un George Cukor al dirigir actrices... Un fulano que sabe "mogollón" de la naturaleza humana, de la vida y del cine.»

Carlos Boyero, *El Mundo,* viernes 16 de abril, Madrid, 1999, pág. 53.

«Este melodramón, filmado por otro, sería impresentable. Como *La gallina ciega* de Goya, pintado por uno que no sea Goya se queda en una ilustración costumbrista.»

Francisco Umbral, «Los placeres y los días», *El Mundo,* lunes 19 de abril, Madrid, 1999, pág. 40.

«Delicioso gatillazo. *Todo sobre mi madre* sigue un itinerario híbrido de melodrama y comedia, que Almodóvar conoce bien: él lo inventó y es un signo distintivo de su estilo.»

Ángel Fernández-Santos, *El Espectador, El País,* domingo 18 de abril, Madrid, 1999, pág. 3.

«Almodóvar nos regala ahora un desatado, brillante, conmovedor y divertido melodrama, seguramente su mejor película, una obra compacta y soberbia... Sin sombra alguna que oscurezca su impecable progresión dramática, *Todo sobre mi madre* puede equipararse sin desdoro con los más refinados productos de Douglas Sirk, Vincent Minnelli y Leo McCarey.»

Jorge de Cominges, *Nuevo Fotogramas,* núm. 1.867, mayo, Barcelona, 1999, pág. 9.

Y por fin, una buenísima crítica de la revista *Dirigido,* la única especializada española que nunca trató bien al director: «*Todo sobre mi madre* fluye dramáticamente con envidiable naturalidad y justa intensidad... La riqueza del film, el más completo de Almodóvar para quien esto firma, reside en su facilidad para atrapar la conciencia del espectador en un melodrama puro, vertebrado a su vez en pequeños dramas individuales... Nada, precisamente, está dejado al azar. Almodóvar busca simetrías emocionales, imágenes con-catenadas, miradas en paralelo. Sugiere y avisa cuando debe hacerlo.»

Quim Casas, *Dirigido,* núm. 278, abril, Barcelona, 1999, págs. 22, 23 y 24.

Bibliografía

GENERAL

Cine

GUBERN, Roman, *Historia del Cine*, Editorial Lumen, Barcelona, 1973.

MÉNDEZ-LEITE, F., *Historia del cine español*, Editorial Rialp, Madrid, 1965.

VARIOS AUTORES, *Cine español, 1986-1988*, edita Ministerio de Cultura, Madrid, 1989.

Literatura

ALBORG, J. L., *Historia de la Literatura Española*, varios tomos, Editorial Gredos, Madrid, 1966.

LAVALLTI, Robert, *Historia de la Literatura Universal*, Ediciones Destino, Barcelona, 1970.

LESKY, Albin, *Historia de la Literatura Griega*, Editorial Gredos, Madrid, 1968.

Arte

ARNASON, H. H., *Historia del Arte Moderno*, Ediciones Daimon, Barcelona, 1972.

BRECHT, Bertolt, *El compromiso en Literatura y el Arte*, Editorial Península, Barcelona, 1973.

BOZAL, Valeriano, *Historia del Arte en España*, Ediciones Itsmo, Madrid, 1973.

—, *El lenguaje artístico*, Ediciones Península, Barcelona, 1970.

PIJOAN, y otros, *Historia del Arte*, 10 tomos, Editorial Salvat, Barcelona, 1970.

Sociología, estética y lenguaje del cine

EINSENSTEIN, S., *Teoría y técnica cinematográfica*, Editorial Rialp, Libros de Cine, Madrid, 1989.

JARVIE, I. C., *Sociología del cine,* Editorial Guadarrama, Madrid, 1974.

KRACAUER, Siegfried, *Teoría del Cine,* Editorial Paidós, Barcelona, 1989.

MARTIN, Marcel, *El lenguaje del cine,* Editorial Fundamentos, Madrid, 1979.

MITRY, Jean, *Estética y sociología del cine. Las estructuras. Las formas,* Editorial Siglo XXI, Madrid, 1978.

PERKINS, V., *El lenguaje del cine,* Editorial Gedisa, Barcelona, 1992.

Sociolingüística y lenguaje literario

LEPSCHY, C. Giulio, *La Lingüística estructural,* Editorial Anagrama, Barcelona, 1971.

SAUSSURE, Ferdinand, *Curso de Lingüística General,* Alianza Editorial, L.B. 1.227, Madrid, 1987.

VIDAL LAMIQUIZ, *Sociolingüística andaluza. Metodología y estudio,* Universidad de Sevilla, Sevilla, 1985.

Posmodernidad

AA.VV., *La posmodernidad,* Editorial Kairós, Barcelona, 1985.

CUETO, J., *Mitologías de la modernidad,* Editorial Salvat, Barcelona, 1982.

GALLERO, J. L., y otros, *Sólo se vive una vez,* esplendor y ruina de la «movida» madrileña, Ediciones Ardora, Madrid, 1991.

LYOTARD, J. F., *La condición posmoderna,* Editorial Cátedra, Madrid, 1989.

UMBRAL, F., *Guía de la modernidad. Crónicas, personajes e itinerarios madrileños,* Ediciones Temas de Hoy, S. A., Madrid, 1987.

Cómics

AA.VV., anónimos y colectivos, *Historia de los* comics, 3 tomos, Toutain Editor, Barcelona, 1983.

Música

PARAIRE, Philippe, *50 años de música de rock,* Ediciones del Prado, Madrid, 1992.

ROBERTSON, A. Stevens, *Historia general de la música,* 3 tomos, Editorial Itsmo, Madrid, 1985.

VALLS, Gorina, y PADROL, J., *Música y Cine,* Biblioteca Básica Salvat, Salvat Editores, Estella (Navarra), 1986.

Moda

LAVER, James, *Breve historia del traje y de la moda,* Editorial Cátedra, Madrid, 1969.

Diseño industrial

DORFLES, Gillo, *Diseño industrial y su estética,* Editorial Labor, S. A., Barcelona, 1968.

HESKETT, John, *Breve historia del diseño industrial,* Editorial Serbal, Barcelona, 1985.

Otras obras

ANGER, Kenneth, *Hollywood Babilonia,* 2 tomos, Tusquets Editores, Barcelona, 1984.

ANTAL, F., *Clasicismo y romanticismo,* A. Corazón Editor, Madrid, 1978.

ARANDA, Francisco J., *Luis Buñuel: biografía crítica,* Editorial Lumen, Barcelona, 1970.

ARTAUD, Antonin, *El cine,* Alianza Editorial, L.B. 490, Madrid, 1973.

ASTRE, George Albert, *El universo del western,* Editorial Fundamentos, Madrid, 1975.

BATAILLE, Georges, *La literatura y el mal,* Editorial Taurus, Madrid, 1977.

BOURBON, David, *Warhol,* Editorial Anagrama, Barcelona, 1989.

BRASÓ, Enrique, *Carlos Saura,* Taller Ediciones J. B., Madrid, 1974.

BUKOWSKI, *Hollywood,* Editorial Anagrama, Barcelona, 1989.

BUÑUEL, Luis, *Viridiana,* Ediciones Era, S. A., México, 1973.

—, *Mi último suspiro,* Plaza & Janés Editores, S. A., Barcelona, 1982.

CELA, Camilo José, *La familia de Pascual Duarte,* Editorial Destino, Colección Destinolibro, vol. 4, Barcelona, 1982.

CASTRO, Antonio, *El cine español en el banquillo,* editor Fernando Torres, Valencia, 1974.

COLLINS y PAPADAKIS, *Post-Modern Design,* Editorial Rizzoli, Nueva York, 1989.

DAWN, Ades, *El dadá y el surrealismo,* Editorial Labor, S. A., Barcelona, 1983.

DELIBES, Miguel, *Mi idolatrado hijo Sisí,* Editorial Destino, Destino-libro, vol. 31, Barcelona, 1982.

DUFLOT, Jean, *Conversaciones con Pier Paolo Pasolini,* Editorial Anagrama, Barcelona, 1971.

DUPLA, Antonio, e IRIARTE, Ana, *El cine y el mundo antiguo,* edita Universidad País Vasco, Vizcaya, 1989.

DUROZOI, G., y LECHERBONIER, B., *El surrealismo,* Ediciones Guadarrama, S. A., Madrid, 1974.

FOTOGRAMAS, *40 años de cine. Álbum de plata,* Editor Edna Empresa Periodística, Barcelona, 1986.

GARCÍA ESCUDERO, José María, *Vamos a hablar de cine,* Salvat-Alianza Editorial, Madrid, 1970.

GARCÍA MÁRQUEZ, Gabriel, *Cien años de soledad,* Editorial Cátedra, Letras Hispánicas, núm. 215, Madrid, 1985.

GUBERN, Román, *Carlos Saura,* edita Festival Iberoamericano de Huelva, Huelva, 1979.

—, *Cine español en el exilio,* Editorial Lumen, Barcelona, 1976.

GUBERN, Roman, y DOMENEC, Font, *Un cine para el cadalso,* Editorial Euros, Barcelona, 1975.

HAUSER, Arnold, *Historia social de la literatura y del arte,* Ediciones Guadarrama, Madrid, 1974.

KESSEL, Joseph, *Belle de jour,* Editorial Argos Vergara, S. A., Barcelona, 1978.

LESKY, Albin, *La tragedia griega,* Editorial Labor, S. A., Barcelona, 1973.

PIERRE, José, *Pop Art. Pintura surrealista, I y II,* Editorial Gustavo Gili, S. A., Barcelona, 1971.

PLAUTO, *Anfitrión. La comedia de la olla,* Espasa-Calpe, S. A., Colección Austral, núm. 1.388, Madrid, 1969.

RENDELL, Ruth, *Live Flesh,* Arrow Books, Londres, 1986.

RENTERO, Juan Carlos, *Woody Allen,* Ediciones J. C., Madrid, 1980.

REWALD, John, *Historia del impresionismo,* 2 tomos, Editorial Seix Barral, S. A., Barcelona, 1972.

SÁNCHEZ CASADO, Antonio, *El kitsch español,* Ediciones Temas de Hoy, S. A., Madrid, 1988.

SAURA, Carlos, *Cría cuervos...,* Elías Querejeta Ediciones, Madrid, 1975.

Torres, Augusto María, *Cine español, años 60,* Editorial Anagrama, Barcelona, 1973.

Warhol, Andy, *Ma philosophie de A à B,* Flammarion, Saint-Amand-Montrond, 1990.

Específica sobre el autor

Boquerini, F., *Pedro Almodóvar,* Ediciones J. C., Madrid, 1989.

García de León-Maldonado, *Pedro Almodóvar, la otra España cañí,* edita Área de Cultura, Excma. Diputación Provincial de Ciudad Real, Ciudad Real, 1989.

Strauss, Frédéric, *Pedro Almodóvar, conversations avec Frédéric Strauss,* Éditions Cahiers du Cinéma, París, 1994.

Vidal, Nuria, *El cine de Pedro Almodóvar,* Ediciones Destino, Colección Destinolibro, vol. 285, Barcelona, 1989.

Obras de Almodóvar

Almodóvar, Pedro, *Toda tuya,* Ediciones El Víbora, enciclopedia, vol. 4, núm. 32, Barcelona, 1982.

—, *Fuego en las entrañas,* Ediciones La Cúpula, Barcelona, 1981.

—, *Patty Diphusa y otros textos,* Editorial Anagrama, Barcelona, 1991.

Periódicos y revistas consultados

La Vanguardia, El País, Diario de Barcelona, Diario 16, Noticiero Universal, ABC, Ya, Variety, Hoja del Lunes, Guía del Ocio, Informaciones, El Correo Catalán, El Correo de Andalucía, Avui, El Periódico, Diario de Barcelona, El Mundo, El Sol, El Independiente, Il Corriere della Sera, Il Messaggero, Le Monde, The Times, The New York Times y *The Sun.*

Fotogramas, Casablanca, Cinema 2002, Dezine, Dirigido por, Fan Fatal, Film Reporter, La Luna, Reseña, Revista de Cine, Zine Zine, Diez Minutos, Hola, Garbo, Tiempo, Interviú, Biba, Vogue, Première, The New Yorker y *Mujeres.*

Apéndice gráfico

Este apéndice, complemento indispensable del estudio realizado sobre la obra de Pedro Almodóvar, se compone de una serie de cuadros ejecutados por el mismo autor del texto. Los *collages* que acompañan al texto son también del propio autor.

Desde su concepción es un intento de transposición iconográfica del mundo almodovariano en todas sus facetas: cinematográfica, pictórica, literaria, musical, periodística e incluso didáctica.

Abaniquero conteniendo un abanico con los carteles de los films de Almodóvar.
Acrílico sobre madera y tela (52 × 32). Obra ejecutada desde 1984 a 1994.
Esta obra representa la rica variedad estilística y cromática (dentro de un
formalismo español) de los carteles en paralelismo con la obra del director

407

La Capilla Sixtina de la modernidad. Tríptico. Acrílico sobre lienzo (146 × 82, 163 × 82, 146 × 82). 1989. Recreación de un boceto del fresco que realizó Pérez Villalta (y que coloreó Almodóvar) para el film *Laberinto de pasiones.* Inspirado en la obra de Miguel Ángel para el Vaticano, es una transgresión vanguardista sobre la modernidad, y fuente del almodovarismo

Positivo-Negativo. Acrílico sobre lienzo (80 × 46). 1992. Composición del cartel de *Tacones lejanos,* partiendo del mundo femenino de Andy Warhol

Las señoritas de Avignon de la modernidad. Acrílico sobre lienzo y *collage* (93 × 65). 1985. Recreación vanguardista sobre los títulos de crédito de *Pepi, Luci, Bom y otras chicas del montón*. Cézanne como precursor del cubismo. Picasso con la primera obra cubista de la historia del arte, y Almodóvar abriendo un nuevo movimiento fílmico-pictórico heredero de la posmodernidad: el almodovarismo, último ismo del siglo xx

Becky multiplicada. Composición serigráfica (120 × 50). 1992. Nueva multiplicación basada en Warhol y el test de Rocha. Homenaje a Warhol y el mundo del glamour

Las raíces del cine de Almodóvar. Acrílico sobre papel (82 × 62). 1985. Recreación de una serie de insertos realizados para sus primeras películas, que contienen sus raíces: artísticas (el *pop*), literarias (el *comic*) y cinematográficas (el *underground* y el mudo)

Visión de Sor Estiércol. Acrílico sobre papel (38 × 32). 1987. Transposición pictórica warholiana de una escena de *Entre tinieblas*

La Piedad. Acrílico sobre papel (80 × 40). 1987. Escena fílmico-pictórica extraída de *La ley del deseo*. De nuevo dos mundos forman parte de una idea: el clásico y el *pop* (el *kitsch* español), teniendo como fondo la iconografía religiosa andaluza. Miguel Ángel y Erro en la obra de Almodóvar

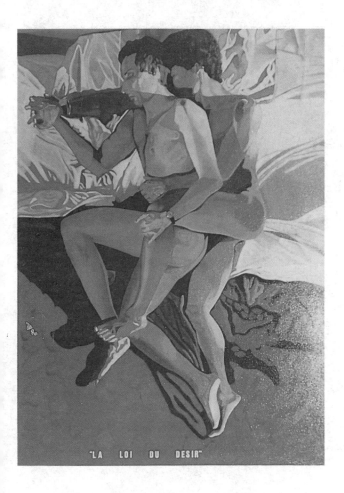

"LA LOI DU DESIR"

Amanecer. Acrílico sobre lienzo (93 × 65). 1989. Recreación pictórica de una escena de *La ley del deseo*. Primer amanecer fílmico y pictórico de la historia del arte. Con claros tonos hiperrealistas, fue un pretendido *affiche* prohibido en Francia

Manila. Acrílico sobre papel (33 × 27). 1987. Trasposición pictórica de una escena de *La ley del deseo*. El hiperrealismo y la obra de Hopper, paralelos al mundo almodovariano

Corazones multiplicados. Composición serigráfica (60 × 50). 1990. Homenaje de Almodóvar a Warhol

El psiquiátrico. Acuarela sobre papel (100 × 70). Recreación de un edificio de toque hiperrealista. Homenaje a Hopper y a *Psicosis* de Hitchcock

La meta de Ricky. Acrílico sobre papel (100 × 70). 1991. De nuevo, el *comic* en el cine de Almodóvar. Recreación del realizado por Dis Berlin para *Átame*

Venus dormida. Acrílico sobre papel (100 × 70). 1991. Recreación abstracta de una pintura de Dis Berlin para *Átame*

La chimenea de Almagro. Acrílico sobre papel (63 × 49). 1993. Composición colorista mondrianesca de una chimenea con colosos de una casa de la calle de Almagro de Madrid

Escenografía de Átame. Acrílico sobre papel (100 × 70). 1991. Mezcla de clásico-geométrico en la escenografía almodovariana

El sufrimiento de Becky. Acrílico sobre lienzo (163 × 96). 1992. Retrato de una escena de Marisa Paredes en la película *Tacones lejanos*, de marcada tendencia *pop*, como toda la cinta

Scarface: dressed to kill. Acrílico sobre papel (42 × 32). 1993. El cine negro, el *comic* y la moda en *KiKa*

Andrea se viste de gala. Acrílico sobre lienzo y cartón fallero (en colaboración con Olga Florido en el trabajo sobre cartón) (200 × 180). 1993. Variación sobre el anterior, con acentuado toque neopunk

Bibi abriendo una puerta. Acrílico sobre lienzo (100 × 81). 1993. Recreación de una escena de Bibi Andersen en *KiKa,* en homenaje al popista americano Roy Lichtenstein, muy presente en toda la obra del cineasta

De izquierda a
derecha y de arriba
abajo: Rosa Ortiz
(admón.), Esther
García (directora
de producción),
Beatriz Gordo
(admón.), Lola
García (jefa
oficina), Adela
Donamaría (secret
producción),
Óscar Valero (jefe
de contabilidad),
Paz Sufrategui
(prensa), Agustín
Almodóvar
(productor),
Pedro, Ana Sanz
(secretaria
del productor),
y Michel Ruben
(internacional)

Almodóvar: premios, estrenos, con Chavela Vargas, su madre
y su productora

Almodóvar y el cine español en el extranjero. Con Billy Wilder, Johnny Deep, los españoles que van con él a Cannes 99, con John Waters (el «Almodóvar de Baltimore») y Tarantino

Pintura basada en el cartel de *La flor de mi secreto,* su obra
de inspiración pictórica

Homenaje a Marisa Paredes. Retratada como en los cuadros
de las grandes actrices

Sobre *La flor de mi secreto*

Sobre *Todo sobre mi madre*

La cinefilia de Almodóvar y el teatro

Carne trémula y tres pinturas sobre otros carteles

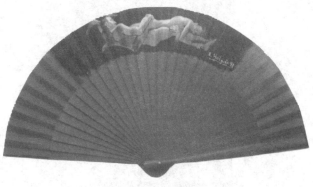

Escenas pictóricas. *Todo sobre mi madre,* hiperrealismo.
Carne trémula, renacimiento y barroco italiano sobre un soporte
netamente español

Índice

Signo e Imagen / Cineastas

Títulos publicados

DE PRÓXIMA APARICIÓN

Claude Chabrol, ALDO VIGANÒ